JN226664

感情や行動を コントロールできない 子どもの理解と支援

児童自立支援施設の実践モデル

大原天青 [著]

金子書房

はじめに

　本書では，情緒や行動上の問題を示す子どもの内面の理解を中心としたミクロ領域における実践と理論，家族や地域といったメゾ領域における実践と理論，それらを包括する社会のシステムや法制度といったマクロ領域の働きかけの実践と理論についても取り上げた。すなわち本書の構成は，ミクロ領域における実践から始まりメゾ，マクロ領域における実践へと視点を広げ，情緒や行動上の問題を示す子どもと家族を支援するための理論と方法について述べた。理論と実践の対象は，情緒や行動上の問題を示す子どもや青少年とその家族である。

　筆者は情緒や行動上の問題を示す子どもが全国から入所する児童自立支援施設[1]で勤務している。この児童自立支援施設における筆者の仕事は，職員養成所における教育を一部担っているものの，多くの時間は情緒や行動上の問題を示す子どもに対する個別支援，新入生に対するアセスメント，在所生に対する心理面接や家族支援，退所後の支援などである。

　児童自立支援施設に入所してくる子どもの多くは，幼少期から逆境的な体験（身体的虐待，心理的虐待，ネグレクト，両親の離婚や収監，依存症等）があり，ADHD 等の生物学的要因を併せもっている。発達過程の中で徐々に情緒や行動上の問題を示すようになり，地域社会の枠組みでは適応することが困難になった子どもたちである。様々な背景を抱え，必死で生きてきた子どもたちの思いを感じながらも，一方で行動化に対してはどのような理由があろうと認めることができないという強い姿勢を示す必要性を迫られる実践現場である。

　その中で，子どもたちや保護者にどのような支援ができるのだろうか，よりよい支援とは何か。筆者はそんな思いを抱えつつ日々の実践に取り組んできた。しかし，こうした問題意識をもつ職員は筆者だけではなく，多くの職員が日々悪戦苦闘しながら情緒や行動上の問題を示す子どもや家族の支援に取り組んでいるこ

1　児童福祉法（昭和 22 年法律第 164 号）

　第 44 条　児童自立支援施設は，不良行為をなし，又はなすおそれのある児童及び家庭環境その他の環境上の理由により生活指導等を要する児童を入所させ，又は保護者の下から通わせて，個々の児童の状況に応じて必要な指導を行い，その自立を支援し，あわせて退所した者について相談その他の援助を行うことを目的とする施設とする。筆者の勤務する児童自立支援施設には，入所支援機能に加えて，職員を養成する 1 年間の養成所や全国の児童自立支援施設や児童福祉領域の現役職員を対象とした研修機能などもある。

とを知る多くの機会があった。

　本書では，こうした現場での取り組みや問題意識から導き出されたテーマについて，理論的な視点を含めてまとめた。この内容が，同様の困難を抱える現場の職員の実践上のヒントになり，結果として情緒や行動上の問題を示す子どもや家族を支えることに貢献できれば幸いである。なお，本書の一部には児童自立支援施設特有の考え方や方法が含まれている。

　本書の特徴は以下のような点である。

ミクロ−メゾ−マクロな視点

　本書の1つのコンセプトは，ミクロ領域における理論と実践からマクロ領域の理論と実践までをつなげて考える点にある（図 0-1 参照）。臨床心理学では多くの場合，対象者の内面に関する心理的な理解に重点が置かれるが，社会福祉学では個人と環境の相互作用に重点を置いている。個人の内面の理解と支援だけではなく，個人に影響を与える家族や地域社会，法制度などのマクロな視点からもニーズを捉えて，個人にも社会にも働きかける視点と方法を示す。

実践−研究−教育の循環的取り組み

　本書で紹介する情緒や行動上の問題を示す子どもと家族の理解と支援に関する実践と理論は，支援困難な子どもと家族の支援に関わる中で，実践上の工夫と研究や理論，ベテラン職員からの学び，様々な研修に参加することを通して得られた知識を循環させる中で整理してきたものである。その意味では，刊行されることを通して再び実践や研究へ還元することを意図したものである。

　各章では情緒や行動上の問題を示す子どもおよび家族に対する支援について，理論的な背景と実践的な取り組みの方法について具体的な方法を解説している。すでに現場で取り組んでいる方には，自らの実践の理論的根拠を復習することができ，初学者にとっては理論と実践をつなぎながら学ぶことができる。

視覚的な理解

　各章には図表を多くとり入れ，言語では十分に説明することができていない点や伝わりにくい点を補った。これは記述の不十分さをカバーしてくれるだけではなく，おそらく読者にとっても理解が深まるものになるだろう。

個人と環境の相互作用

　情緒や行動上の問題を示す子どもや家族に対する本書の基本的な考え方は，個人と環境の相互作用の視点を重視している点にある。各章におけるミクロな視点からマクロな視点までを含む内容の根底にあるのは，個人と環境の相互作用を重視したアセスメントと介入方法である。これはソーシャルワークにおける視点でもある。

子どもと家族に関する福祉心理学

　福祉心理学は社会福祉領域における実践的な応用心理学の一領域でもあり，社会福祉の価値や理念，法制度および理論・支援と心理学における理論・支援を融合した学問でもある。本書の学問上のよりどころは，軸足をソーシャルワークに置きつつ，関連諸科学をとり入れた福祉心理学でもある。

　さて，各章の構成を示す（図 0-1）。第 1 章では，よりよい実践に取り組むため

		○共通	○ミクロ （個人）	○メゾ （家族・集団）	○マクロ （法制度）
第 1 章	よりよい対人援助のための考え方と方法	○			
第 2 章	情緒や行動上の問題を示す子どものアセスメント		○		
第 3 章	情緒や行動上の問題を示す子どもへの個別面接		○		
第 4 章	生活場面面接の理論と実際		○	○	
第 5 章	非行領域における家族合同ミーティングの理論と実際		○	○	
第 6 章	地域資源を活用した支援の展開		○	○	○
第 7 章	ミクロ実践からマクロ実践へ	○	○	○	○

　注）　○は中心的に扱っている領域を示す。

図 0-1　全体の構成

の考え方を解説し，実践−研究−教育をつなげるためのトピックについて説明した。第2章では情緒や行動上の問題を示す子どものアセスメントについて説明した。これまでの非行行動に関わる縦断的な研究の成果から導き出されたリスク要因を的確にアセスメントすることに加えて，生物・心理・社会的要因が子どもの発達の経過に伴ってどのように相互作用してきたのかを明らかにする方法について説明した。第3章では情緒や行動上の問題を示す子どもへの個別面接の理論と方法について述べた。発達障害や逆境的体験があり，時間の経過とともに情緒や行動上の問題として示してきた子どもの訴えをどのように理解し，支援をしていくのか整理した。第4章では個別の心理面接ではなく，学校場面や生活場面など，あらゆる場面で情緒や行動上の問題を示す子どもに対応するための理論と方法を示した。これは生活場面面接と言われる手法であり，児童自立支援施設で長らく取り組まれ，ソーシャルワーク領域にも発展してきた働きかけである。第5章では家族支援について取り上げた。情緒や行動上の問題を示す子どもの支援においては，子どものみに働きかけても大きな効果を上げることは難しい。家族全体に対して働きかける方法として，非行領域における家族合同ミーティングの理論と実際について紹介している。第6章では情緒や行動上の問題を示す子どもを地域で支えるための活動について取り上げた。欧米で始まった非行少年を支えるメンタリング活動について紹介し，日本における展開と具体的な方法について解説した。第7章では，今後の展開としてミクロ実践を支えるための社会の制度やシステム，施策化に向けた現場からの発信方法について検討した。個別の理解と支援だけでは一定の子どもや家族に支援を提供できても，それ以外のニーズを抱えた親子には支援を届けることができない。一定のニーズを抱えた対象者たちに対する支援の制度化や予算化のために必要な視点について，今後の課題として述べた。

　読者としては，日々子どもと関わる専門職（児童福祉施設職員，児童領域のソーシャルワーカーや心理職，学校教員，スクールカウンセラー，スクールソーシャルワーカー等）を対象としている。また，子どもたちへの支援に懸命に取り組む多くの大人，学生にも参考にしてもらうことができれば幸いである。

大原　天青

目　次

目　次

第1章
よりよい対人援助のための考え方と方法

　第1章では，対人援助のための実践，理論，研修，教育，法制度，研究の6つのキーワードについて説明する。各キーワードは，実践と相互につながりをもち展開していく。さらに，この6つのキーワードは，実践－研究－研修の3つに集約され，それらが循環的に機能することが，よりよい実践を行うために必須である。

　このような視点から本書を，実践－研究－研修を循環させるための1つのツールとして位置づけることができる。

1. 実践，理論，研修，教育，法制度，研究

　第1章では対人援助において，よりよい支援を目指すための視点や考え方を取り上げて解説する。ここで「よりよい」という意味は，日々取り組む自らの支援を内省的にふり返り，最新の知見を実践現場に届け，常にブラッシュアップしていこうとする専門職の1つの姿勢である。これは実践家−研究者モデルと言われる，科学的な研究の成果をとり入れた実践を行う実践者，また自らの実践を適切に評価し，その実践をよりよくしていこうとする姿勢をもち続ける実践家のあり方として示されてきた。

　ここではやや広く実践家−研究者モデルを捉え，実践をブラッシュアップしていくための考え方について，6つのキーワードを通して説明を試みる。具体的には，実践，理論，研修，教育，法制度，研究であり，これらが実践と相互につながりをもち展開していくことを解説することが本章の目的である。最後に6つのキーワードを包括して，実践−研究−研修の循環モデルを示す。

　6つのキーワードの定義は以下のようになる（三省堂 大辞林）。

実践：実際に行うこと。理論や理念を行動に移すこと。実行。
理論：科学研究において，個々の現象や事実を統一的に説明し，予測する力をもつ体系的知識。狭義には，明確に定義された概念を用いて定式化された法則や仮説を組み合わせることによって形作られた演繹的体系を指す。
研修：学問・技能などをみがき修得すること。特に，職務に対する理解を深め，習熟するために学習すること。
教育：他人に対して意図的な働きかけを行うことによって，その人を望ましい方向へ変化させること。広義には，人間形成に作用するすべての精神的影響をいう。
法制度：国家・社会・団体を運営していく上で，制定される法や規則。
研究：物事について深く考え，調べ，真理を明らかにすること。

　これらの6つのキーワードは，対人援助における実践を中心につながりをもっている。以下では，各キーワードについて具体的に説明する。

2. 実践

　実践とは，「実際に行うこと。理論や理念を行動に移すこと」（三省堂 大辞林）である。対人援助においては，何らかのニーズを抱えた対象者に対してサービスを提供することであり，このサービスは理論や理念に基づき行われることもあれば，法律に基づき行われることもある。特に新任職員の場合，職場の上司や同僚から「やり方」を教えてもらい仕事を覚えていくことになるため，理論や理念が意識されることよりも，現場での「やり方」を学びつつ行っていくことが多い。

　次のような場面を想定して，考えてみたい。

> 小学校の教員1年目のA先生は，はじめて30人のクラスの担任をもった。クラスには，授業中に立ち歩くなど落ち着きのない生徒Bと，そのBにすぐに反応してしまう生徒Cがいる。そんな2人に注意をすると，挑発的な発言が多く，全く話を聞き入れないため，大声で注意をするが，静かになるどころかエスカレートしてしまう。最近，他生徒もBとCの動きに影響されやすく，どのように対応すればよいか困惑している。

　さて，このような場合，どのように対応すればよいのだろうか。適切な対応をするためにどのような手段が考えられるだろうか。

　そんなときに頼りになるのが，同僚や上司である。どの職場にも，難しい子どもの対応を上手に行っているベテランの職員がいる。こうした職員がいると，実際の対応を見て学ぶことができる利点がある。特に，チームで対応するような職種の場合には，モデルを示してもらえることで，一人で責任を抱えこまずに周囲からのサポートを得ながら支援に取り組むことができる。

　多くの場合，図1-1のように同僚や上司から適切なサポートを得ながら，具体的な対応方法を試行錯誤し，日々の支援に取り組んでいくことになる。しかしながら，日々の支援でBやCへの支援について助言が得られても，DやFにも共通する理解や対応方法でよいかというと，そうとも限らない。そこで，もう少し広い視点から，子どもを理解する考え方や枠組み，支援の理論や方法を身につけることができれば，多くの子どもの理解にも役立つかもしれない。

3. 理論

　ここでは理論と実践をつなぐための具体的な方法や考え方について，「モデル」，「技法」，「マニュアル」について説明する。理論とは，「科学研究において，個々の現象や事実を統一的に説明し，予測する力をもつ体系的知識。狭義には，明確に定義された概念を用いて定式化された法則や仮説を組み合わせることによって形作られた演繹的体系を指す」（三省堂 大辞林）と定義されている。

　この定義を，心理学領域におけるエリクソンの発達理論を基に説明する。エリクソンは，乳幼児期から老人期までの発達のステージをそれぞれ8つに分け，各時期に生じる危機と会得すべき心理的状態像を示した。これによって，例えば14歳のA君の発達課題について，エリクソンの発達理論に照らして考えることで，現状の理解と今後起こりうる危機を予測することができる。このエリクソンの発達理論は，A君個人を説明するだけではなく，14歳年齢にある子どもを統一的に説明し，予測する力をもつ体系的知識として一般的に知られた理論である。このように，理論は一般化された知識の体系として，大きな枠組みや考え方を示してくれる。

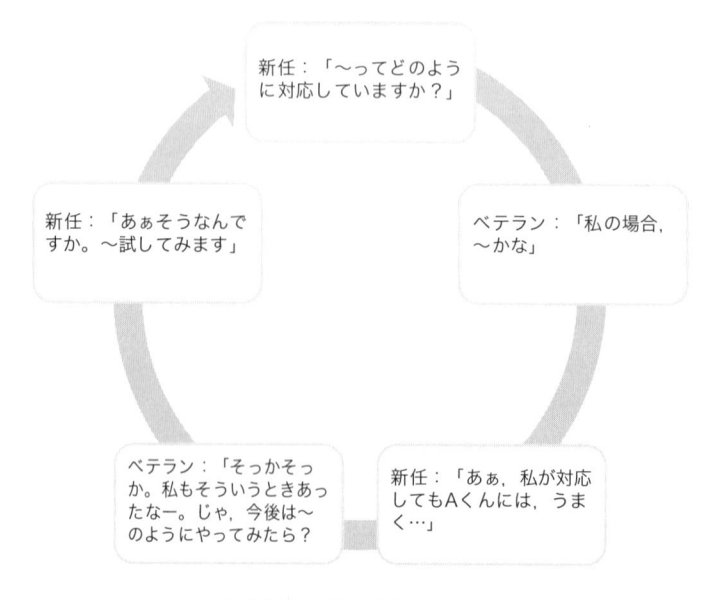

図 1-1　新任職員が問題解決する 1 つの方法

　理論は適用する範囲が広い一方で，個々のニーズの個別性については対応できないこともある。例えば，A君の知的能力が低かった場合や虐待を受けていた場合の発達については一般の14歳年齢と異なっていることが考えられるため，一般化された理論を当てはめるだけでは十分に説明できないこともある。この問題を解決する方法は，適用する対象を限定することで，そのニーズをもつ人にのみ当てはまる限定的な理論を考えることである。

　ある特定のニーズをもつ対象者の理解と支援に限定的に当てはまる理論は，「モデル」といわれる。具体的には「虐待を受けた子どもへの支援モデル」，「非行化した子どもへの支援モデル」などといわれるものである。この支援モデルは対象や支援場面を限定的にすることで，一般化された理論では説明しきれない点をカバーした理解と支援の枠組みを示している。しかしこのようなモデルでもまだ抽象度が高いため，より具体的な支援の方法やテクニックを示すものが必要になる。

　具体的な支援の方法やテクニックは，「技法」といわれる。例えば，短期家族療法において様々な技法が開発され共有されており，「もし，奇跡が起き次の日，症状が無くなっていたらどのようなことで気づきますか？」といったミラクル・クエスチョン，「一番よい状態を10，一番最悪な状態を1とすると，今あなたの状態は何点くらいになりますか」といったスケーリング・クエスチョンなどがある。これは理論的な枠組みを実践に生かす段階で使われる質問やテクニックであり，「技法」である。

　技法を適切に活用するために必要になるのが「マニュアル」である。ある特定の人のみが活用できる技法は，職人芸といわれ，共有することが困難である。誰もが同一の基準で実行すれば一定の効果を示すことができることは，特に法律上位置づけられた機関に勤める職員にとって重要なことである。同様にサービス受給者にとっても，住む地域，入所した施設，担当者によってサービスの質が大きく異なるとすれば，不利益を被る対象者も出てくることになる。そのため，特定の対象者に対して，どんなときに，どのような手順で，どのように支援を提供するのかのかを具体的に示す「マニュアル」を用いることが必要になる。上記を図式化したものが図1-2である。

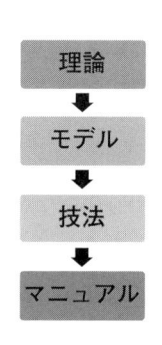

図1-2　理論・モデル・技法・マニュアルの関係

次に，理論・モデル・技法・マニュアルについて行動理論を基に一連の具体例を示す。行動理論は，刺激と反応に関する一連の理論であり，情緒や行動上の問題を示す子どもへの対応として「ペアレント・トレーニング」という支援モデルが提示されている。この支援モデルの基本的な考え方は，「よい行動に対しては褒める」，「悪い行動には罰を与える」という2つの技法が示されている。子どもの支援を担う多くの専門職であれば，行動理論やペアレント・トレーニングについて理解しているが，一般の保護者はこの情報だけでは，この2つの技法を適切に活用することはできないかもしれない。マニュアルに，「子どもの増やしたい行動を具体的に褒めてください。例えば，友だちに優しくしている場面があったら，その行動とセットで褒める言葉を伝えてください。『A君，B君の落し物拾ってくれてありがとう。優しいね』といった具合です」という説明が記載してあることで，具体的に活用することができる。

　このように，理論がある大きな考え方や広範な領域を説明するのに対して，実際に現場で活用していくためには，モデル，技法，マニュアルなどの具体的な方法を活用することになる。したがって，現場でのよりよい支援を提供していくためには，対象に応じた理論・モデル・技法・マニュアルを常に学び続けていく必要がある。

4.　研修

　ここでは実践を進めていくための理論・モデル・技法・マニュアルを学ぶための研修について整理する。研修は「学問・技能などをみがき修得すること。特に，職務に対する理解を深め，習熟するために学習すること」（三省堂　大辞林）と定義されているように，自らの実践力を維持，向上させるために必須のものである。

　研修は，受講する動機という点から2つに分けることができる。1つは職務や資格の維持のために必ず受講しなければならない場合，もう1つは自らの主体的な意志で研修を受講する場合である。いずれの研修でも，新たな知見を手に入れるための1つの方法として重要である。

　まず，職務として研修を受講する場合を考えてみたい。専門性が必要とされる職種では，法律や制度として研修の受講が義務付けられている。例えば，社会的養護領域では，2年に1回以上の施設長研修が義務付けられ，学校の教員では教員免許状の有効期限が設定され資格更新制度が導入された。これらの研修は，専

門職として最低限必要とされる知識や技術を担保するために導入されたものである。また，各種の学会認定の資格についても，一定期間内に所定の資格更新ポイントを取得することでその専門性の維持を図っている。

　もう1つは，自らの意志で研修を受講する場合である。この場合，自らの実践上の課題を解決するために受講することになる。すでに述べたように，対人援助領域で働く専門職にとって，これまでの経験や理解の枠組み，支援の方法ではうまくいかない子どもたちや親に出会うことも少なくない。このような場合に，書籍や論文からヒントを探し，さらにその著者の講演会や研修に参加し，より具体的な情報を入手し，実践に活かしているのではないだろうか。

　職務としての研修であっても自ら進んで研修を受講した場合であっても，研修を受講する意義とは，新たな理論や見方，方法を手に入れることである。例えば，これまでADHDという診断やその特徴について理解していなかった保護者を例にするとわかりやすい。研修を受講することやADHDの知識を学ぶことで子どもへの理解が深まり，自身の育て方への否定的な感情から解放され，特性を理解した養育方法に取り組むようになったというエピソードは，研修によって新たな知識を手に入れた効果といえる。つまり，この例では研修によって新たな知識を得ることが子どもの理解や現実的な対応に変化をもたらしたといえる。

　同様のことは専門職にも当てはまる。ある概念を理解することで，子どもへの見方が180度変わることもあるだろう。例えば，虐待の影響について学ぶことで，普段関わる子どもの挑発的な言動に対して違った見方をすることができるようになったことや新たなアセスメントの視点を学ぶことにつながったことなど，誰もが経験したことがあるのではないか。このように，研修は新たな理論や見方，方法を手に入れ，現実を変えるための重要な方法である。

5.　教育

　ここでは各専門職になるための基礎的な知識と技術を身につけるための教育と実践とのつながりについて整理する。教育とは，「他人に対して意図的な働きかけを行うことによって，その人を望ましい方向へ変化させること」（三省堂 大辞林）と，定義されている。対人援助領域における教育プログラムには，理論的な内容から具体的な支援の方法やアセスメントの方法，演習，実習などが多くの場合組み込まれている。実習では，学んできた知識と実践との照合を行いながら，

どのように対象者を理解するか，どのような支援が適切かなどを考えながら取り組むことになる。こうした循環は，教育と実習の良好な関係である。

　同様に現場に行ってもこの循環は続くが，次第にこれまで学んできた理論やモデルでは十分に対応できない現実に向き合うこともある。つまり，これまで学んできた枠組みでは，対応することが困難になるような場合である。その際，既存の理論では実践に生かすことができない場合に，新たな理解の枠組みを作っていくことも重要である。

6.　法制度

　法制度とは，「国家・社会・団体を運営していく上で，制定される法や規則」と定義されている（三省堂 大辞林）。子どものケアワーカーや教員，心理職などのミクロ実践を担う専門職は，法制度についてあまり意識しないかもしれない。一方で，メゾレベルの支援を担う児童相談所や福祉事務所のソーシャルワーカーは，法制度に基づいた支援や対応を行うことになるため，関連する法制度やその運用に注意を払っているだろう。ここでは，法制度に基づくソーシャルワークについてミクロ・メゾレベルの実践例を示し，次に開発的なソーシャルワークと法制度について検討する。

　ミクロ領域におけるソーシャルワークでは，児童福祉法に位置づけられた児童福祉施設を例に挙げる。児童福祉施設の運営やソーシャルワークに当たっては，「児童福祉施設の設置および運営に関する基準」や第三者評価，自己評価といった関連する法律・基準を参照することが必要になる。「児童福祉施設の設置および運営に関する基準」では，社会的養護関連施設の対象となる子どもの年齢，人数，障害等の特徴，子どもの数に対する職員配置基準，床面積，必置する必要がある専門職等が規定されている。また「社会的養護関係施設の第三者評価基準関係通知」について，局長通知や課長通知が出され，日々の具体的なケアの基準や着眼点などが詳細に規定された。これらによって，法制度に基づくケアが提供される。

　次にメゾ領域における実践について，児童相談所の児童福祉司を例に挙げる。例えば，子どもが虐待の疑いとして通告があった場合，児童相談所の児童福祉司は原則48時間以内に子どもの安全確認を行わなければならない。施設入所が必要な場合は，親権者の同意を得なければならず，それが困難な場合には家庭裁判

所の申し立てを行い，保護者の親権を一時停止し，児童相談所長の判断で対応を行うことになる。これらの対応は，児童虐待防止法や関連法令に基づき厳格に行われる。

　こうした法制度に基づく具体的な対応方法は，日本国憲法や日本が批准する国際条約，社会福祉六法（児童福祉法）などの上位の法律と矛盾がない形で制定されている。図1-3では上位に憲法や社会福祉六法を位置づけ，下位には「通達」を示した。これは，上位が大切にしている理念や考え方，大きな枠組みを示しており，下位に行けば行くほどミクロな実践を提供するための実務的な助言が示されている。このように，ミクロ領域やメゾ領域における対人援助領域でも，法制度に規定された行政ソーシャルワークが位置づけられている。

　次に，開発的なソーシャルワークについて示す（図1-3，右）。これはミクロ・メゾ・マクロ実践から法制度を作成する過程を示している。例えば，児童虐待防止法の成立過程を見てみると，日本では1991年から厚生労働省（当時厚生省）によって児童虐待相談対応件数が把握され始めた。その後，全国の児童相談所に寄せられる虐待相談対応件数は年々増加し，同時に社会的な関心が高まり，2000年に法律が策定されるに至った。つまりこの例は，臨床的な課題を解決するために法制度を策定するという動向であった。その後，法制度が策定されるとそれに

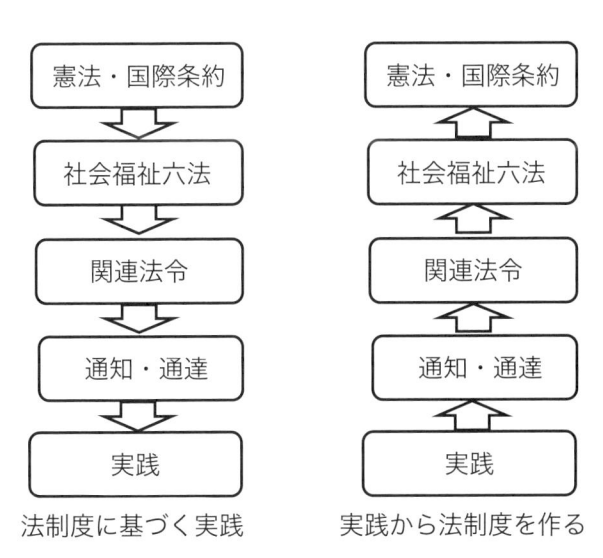

図 1-3　法制度に基づく実践と実践から法制度を作る

基づく実践が展開されるように技術・指導が通達されるという形で示され，常に法制度と実践は循環的な関係にある。

このように現場には，法制度に規定されていない支援を提供することがニーズとして浮かび上がってくることもあり，その際には新たな法制度，ニーズを満たすための新たな事業を立ち上げることが必要になる。

臨床実践はミクロ・メゾ・マクロと対象となる人や場が異なるが，法制度に基づく実践と実践上の困難を法制度化することで対応していく開発的なソーシャルワークが循環する形で成り立っているといえる。

7. 研究

研究とは，「物事について深く考え，調べ，真理を明らかにすること」（三省堂大辞林）と定義されている。現場で働く専門職は，日々の実践の中で臨床的な課題や問題意識を強くもちながら取り組み，その過程で基礎教育での学びをふり返り，さらに研修を通して理論や法制度などを学び直し自らの実践を検証している。その過程で，既存の知識を学ぶことだけでは解決できないような問題に出会うこともあり，その問題を解決しようとするときに研究が必要になる。

実践上の問題意識から研究に取り組む視点について検討するため，支援の過程を整理する。一般的な支援の過程は，ニーズの発見，アセスメント，支援計画の作成，支援の提供，評価，終結という流れになる（図1-4）。実践に密着した問題意識を研究テーマにする場合，この6つの段階のどれかに該当する研究テーマになることが多い。以下では，いくつか問題意識を整理する。

①ニーズ・アセスメントに関する研究：情緒や行動上の問題を示す子どもたちに接している専門職は，彼らに共通する家庭環境があること，人への反応の仕方や考え方の特徴を有していることを長年感じていたとする。それらを適切にアセスメントすることができれば，他の子どもたちのニーズを早期に発見することに役立つかもしれない。また支援の計画や支援に生かすことができるかもしれない。

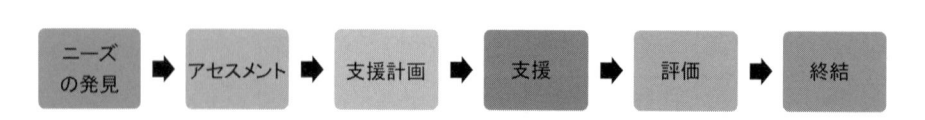

図1-4　一般的な支援の過程

そこで，臨床的な感覚を誰もが共有できるような形で実証的に示すことが研究の1つの形として考えられる（図1-5）。このように，日々の支援の中で感じる臨床的問題意識を様々な研究方法や分析方法を活用して多くの事例に一般化できるエビデンスとして示すことが研究の1つの方法である。

②支援計画・支援・評価に関する研究：ここでは，支援の方法に関する研究を挙げることができる。例えば，ペアレント・トレーニングを用いて実践を行うことは，理論や技法に基づいた取り組みに該当する。また，ペアレント・トレーニングの実施前後でどのような効果があるか客観的に明らかにすることができれば，支援の効果を示すことができ，自らの実践の検証にもなる。こうした取り組みを1事例ではなく，複数の事例で示すことができれば一般化可能な知見として多くの実践者の役に立つだろう（図1-6）。

　このように，研究とは，臨床的な問題意識や日々の取り組みの評価や理論に基づく実践の評価等を蓄積し，論文にすることを通して真理を明らかにすることである。その過程は，自身の実践を総合的にふり返ること，社会に発信することで同様の事例を担当する専門職と実践的な知見を共有することに役立つ。

8.　まとめ

　本章では，よりよい支援のための考え方について，実践，理論，研修，教育，法制度，研究という6つのキーワードをもとに説明した。これらは，よりよい支援のために必要なことであり，専門職として必要な考え方である。

　最後に，これまで説明した6つのキーワードを実践・研究・研修の循環的な機能としてまとめる。図1-7は，実践と研究と研修が循環的に機能しており，よりよい実践を行うためには，

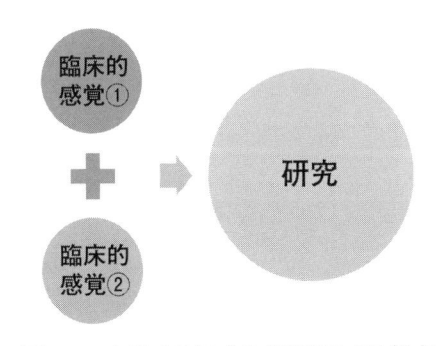

図 1-5　実践での気づきを研究にする視点

図 1-6　理論に基づく実践を研究にする視点

これらのすべてが相互的によい形で循環しなければならないことを示している。

　具体的には，実践と研究をつなぐ双方向の矢印のうち，実践から研究への矢印は，①実践に関する，もしくは実践に基づく研究に取り組むことを示しており，研究から実践への矢印は，②研究の成果を実践に活かすことを示している。次に，研究と研修（教育）の双方向の矢印のうち，研究から研修（教育）への矢印は，③研究成果に基づく研修を実施すること，逆に研修（教育）から研究への矢印は，④研修に関する研究に取り組むことを示している。最後に，研修（教育）と実践の双方向の矢印のうち，研修（教育）から実践への矢印は，⑤研修で得たことを実践に活かすことを示し，逆に実践から研修（教育）への矢印は，⑥実践での取り組みを研修に活かすことを示している。

　今後，このような実践・研究・研修（教育）に関する循環的な取り組みが活性化することで，常によりよい支援を提供し続けることができる。なお，すでに説明してきた理論や法制度は，各矢印を媒介する機能として位置づけることができる。

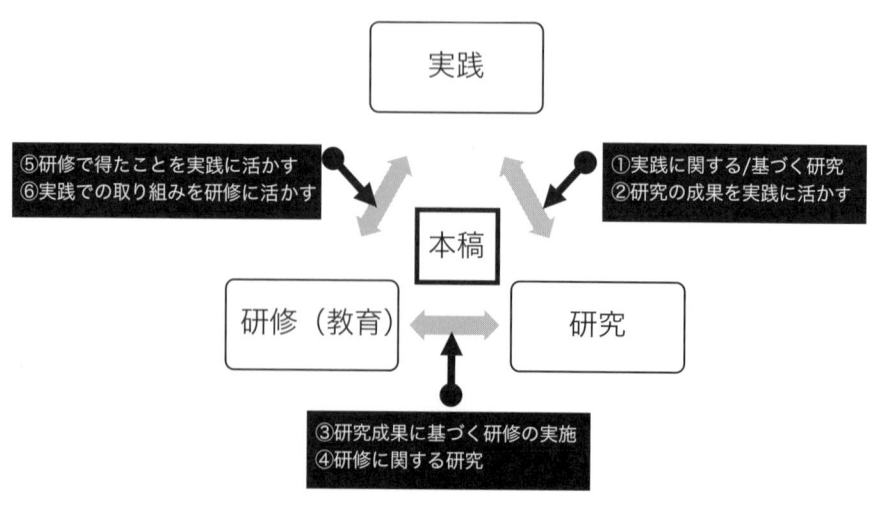

図 1-7　実践・研究・研修（教育）の循環モデル

第2章
情緒や行動上の問題を示す子どものアセスメント
視点・方法・ツール・事例

　本章では，情緒や行動上の問題を示す子どものアセスメントの視点と方法について説明する。アセスメントは，支援を実施するために必要な様々な情報を収集・分析する一連の過程である。このとき，必要な視点や情報とは何か，どのような方法で情報を収集するのかという点について焦点を当てる。特に，心理士が個別の面接室の中で様々な心理テストを実施し，解釈するという限定的なアセスメントではなく，学校場面や生活場面の中で情報を収集するポイントを整理する。

1. アセスメントの目的

　アセスメントとは，①問題状況の確認，②情報の収集と分析，③支援の方法の選択と計画といった一連のプロセスである。アセスメントは目的によって，何をアセスメントするかが異なる。

　例えば，Aという子どもに対して学校場面で学習支援を目的にする場合と家庭における養育方法について助言をすることを目的にする場合では，アセスメントの焦点や方法が異なる。学習支援では，知能検査を中心とした心理テストによって効果的な方法を助言するかもしれない。家庭での養育では，親子の関係性や子どもの情緒や行動上の問題の程度等を含めてアセスメントをするだろう。このようにアセスメントは何を目的にするかで異なっている。

　また，Aの支援を考える場合でも，機関の目的によって異なることもある。例えば，家庭裁判所（以下，家裁）の調査官や鑑別所の心理技官がアセスメントする場合と矯正施設の心理技官がアセスメントする場合では，同様のアセスメントをしたとしても目的が異なる。家裁の調査官や鑑別所の心理技官は，Aの改善更生のための処遇の「審判の根拠」を主に目的とするだろうが，施設では直接的な改善更生のための「支援の根拠」を目的にする。つまり，家裁の調査官は支援の１つとして，「児童自立支援施設送致」という審判の根拠を示すが，児童自立支援施設ではより実践的で具体的なレベルで「自立支援」の根拠となるデータを示すことになる。これは目的の次元が違うともいえる。

　このように，アセスメントの目的によって，その結果が活かされる方向性は大きく異なってくる。さらに，この目的によっても何をアセスメントすべきかは異なる。本章の目的は，情緒や行動上の問題が改善するために何が必要かを明らかにすることである。

2. 何をアセスメントするか

　情緒や行動の問題を示す子どものアセスメントの目的は，情緒や行動の問題を改善するために必要な情報を収集・分析することである。そのためには，情緒や行動上の問題が発生するリスク因子と保護因子を適切にアセスメントすることができれば，適切な介入を検討することができる。

　ここでは，情緒や行動上の問題を示す子どもの実証的な研究の成果から，特に

非行を予測する要因と非行に至りにくい要因を明らかにした調査を示す。それによって，それぞれの子どもにどのようなリスクがあるのか，逆にどのような保護因子があるのかをアセスメントすることができ，必要な手立てを検討することができる。ここではリスク因子に焦点を当て，具体的な項目も示す。なお，保護因子はリスク因子の逆を考えればほぼ対応していると考えてよい。

　ローバーらは，子どもの発達的側面に伴い複数のリスク因子を累積的に抱えていくという，「重大な非行の累積的 3 次元モデル」を提唱している（Loeber, 1990; Loeber & Farrington, 2000; Wikström, Sampson, & Matsuura　松浦 訳, 2013）。これは，子どもの個人的な要因，家族要因，友人関係，学校関係，地域関係というそれぞれの領域に整理され，出生時の要因から児童期初期，児童期中期から後期，青年期，成人期初期と発達していく過程で反社会的な行動に関する様々なリスク因子が発現し，積み重なっていくことで結果として反社会的な行動へと至る過程を縦断的研究の知見から示したものである（Loeber, Wim Slot, & Stouthamer-Loeber, 2006）（表 2-1）。

　例えば，先天的に子どもの IQ が低く，家族の社会経済的地位も低いことは，生涯にわたる重大なリスク因子となる。しかしながら，それだけでは反社会的な行動が出現するわけではなく，小学校低学年（児童期初期）でみられる子どもの「注意の問題」や「罪悪感の欠如」，親からの虐待やネグレクト，友人関係における「仲間からの拒絶」などが重なり，その状態で小学校の高学年から中学生（児童期中期から後期）に進み，さらに引きこもりや社会的スキルの不足や学業成績の不振も重なり，反社会的な仲間の存在や地域環境が安定しないなどの状態の中で生活することにより，徐々に非行化へと問題を進めていくという流れである。またさらに，青年期（高校生程度）になると薬物や武器の使用，仲間からの被害などで非行を重篤化させていく臨床像が想定されている。

　つまり，発達の経過とともに反社会的な行動へのリスク因子が積み重なることで重大な犯罪へと移行していく。そのため，各領域のリスク因子を的確にアセスメントすること，また逆に保護因子をアセスメントすることで，後の反社会的なリスクを低下させるための方策を検討していくことができる。

　これらのリスク因子は実証的な研究の成果から生み出されたもので，犯罪や非行の長期的なリスクを適切にアセスメントするための視点として重要である。一方で，実証的な研究の成果は多くの事例で当てはまるものの，個別性を考慮した場合には，当てはまる事例もあれば，当てはまらない事例もある。また，個人の

表 2-1　非行のリスク要因に関する縦断的な影響

領域	出産時	児童期初期	児童期中期から後期	青年期	成人期初期
個人	・低い IQ				
	・否定的な情動性		〇否定的な情動性		
	・出産前の毒物への接触	〇発達遅滞		〇発達遅滞	
	・妊娠中 / 出産時の合併症	〇言語障害			〇言語障害
	・出産前の問題	〇罪悪感の欠如			
		〇無神経な / 無情な行動			
		〇行動上の問題に対する肯定的態度			
		〇衝動性 / 無鉄砲さ			
		〇注意の問題			
		〇実行機能の低下			
		〇逆機能（しつけによる子どもの問題の増加）			
			〇引きこもり		
			〇社会的スキルの不足		
			〇攻撃性に関する認知的バイアス		
			〇学業成績の不振		
			〇登校する動機の低下		
			〇非行に対する肯定的態度		
			〇薬物使用に関する肯定的態度		
			〇否定的な人生の出来事		
			〇将来設計をする能力の乏しさ		
			〇早期成熟（特に女子）		
				〇重大な薬物乱用	
				〇違法薬物の取引	
				〇武器の使用	
				〇非行の被害者	
					〇失業
家族	・低い社会経済的地位				
	・大家族	〇一貫性のないしつけ			
	・親の失業	〇体罰	〇親と子の乏しい関係	〇親の失業	
	・生活保護	〇虐待とネグレクト	〇乏しいコミュニケーション		
	・家族の非行	〇逸脱行動をする兄弟姉妹	〇乏しいスーパービジョン		
	・親の精神病理	〇養育者の交代回数	〇子どもに対する野心の低さ		
	・親の薬物依存	〇親のストレスの高さ			
	・親の低学歴	〇社会的孤立			
	・10 代の母親	〇パートナーとの関係不良			
	・片親	〇子どもの問題に対する親の肯定的態度			
友人		〇友人からの拒絶			
		〇被害体験	〇仲間の非行	〇被害体験	
			〇仲間との薬物使用	〇近隣の暴力集団	
学校			〇高校の逸脱レベル		
			〇組織化が乏しい学校		
地域			〇環境のよくない地域		
			〇地域における高い犯罪率		

「重大な非行の累積的 3 次元モデル」（Loeber et al., 2006; Wikström & Sampson 松浦訳 2013）より作成

行動化に至る心理力動を理解した上で支援をしていくことを考えれば，リスク因子と保護因子を把握するだけでは十分とはいえず，行動化に至る過程を詳細に分析することが必要になる。その際に重要な視点は，個人と環境の相互作用が時間の経過に沿ってどのように変化していくかという点である。

　具体的には，個人の生物学的要因，心理的要因，環境要因として社会的要因についてアセスメントしていくことである。さらに，この生物・心理・社会的要因が時間の経過とともにどのように相互作用（図2-1）をして現在に至っているのかを見ていく視点が必要である（ジェノグラムによるインタビュー3．7）参照）。

　生物・心理・社会的要因と時間的経過の組み合わせを含めて，リスク因子が発現する経過を丁寧に把握していくことが未然に情緒や行動上の問題を防ぐ策を検討していくことにつながり，また非行化した後の治療教育的介入の重要な情報源になる。そこで，より具体的な点について次項で解説する。

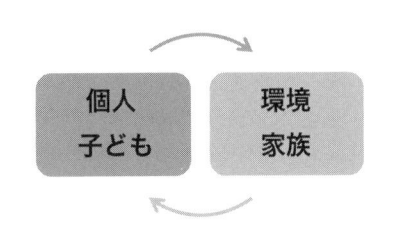

図 2-1　個人と環境の相互作用

3.　アセスメントの視点と方法

（1）生理学的アセスメント

　生物学的要因として情緒や行動上の問題との関連が想定される要因としては，注意欠如多動性障害（ADHD）や自閉症スペクトラム障害（ASD），脳の機能的な障害などを挙げることができる。これらの生物学的要因は，血液検査や，fMRIなどの脳画像の所見から明らかにすることができる。特に近年，脳画像研究が進展し，重篤な非行や犯罪を繰り返す者には脳の器質的な欠陥や神経回路に問題があることが指摘されている（Craig et al., 2009; Harenski, Harenski, Shane, & Kiehl, 2010）。そのため，個別の診断のために脳画像を撮影することは1つの選択肢として重要である。

　ADHDやASDは，犯罪や非行の直接的なリスク因子というよりも，環境要因との相互作用によってリスク因子となる（Loeber, 1990; Moffitt, 2017）。ADHDは不注意や衝動性，多動性が顕著であるため，授業に集中できずに不適切な指導を受けることが多くなり，友だちとのトラブルや喧嘩が絶えない場合には人間関

係面で葛藤を抱えやすいと考えられる。ASDでは社会的な対応や独自の認知的な特徴があるため，周囲との関係性や社会適応がうまくいかずに被害的な認知に基づく理解などが不適切な行動へとつながることもある。こうしたADHDやASDのアセスメントでは，行動評価を中心とした複数のアセスメントツールが日本でも標準化されており，それらを活用することができる。

　生物学的要因として，保護者の犯罪歴や反社会的な価値観なども影響する。これらは環境要因や心理的要因として説明することもできるが遺伝的な要因とも関連している（Wertz et al., 2018）。特に反社会的行動は遺伝的な要因によって50％が説明できるという調査もある。

　このように，生物学的要因を適切にアセスメントすることができれば，具体的な配慮や服薬のサポートを得るなどの対応が可能になる。また，遺伝的な要因があればすべての人が犯罪や非行等の情緒や行動上の問題を示すわけではなく，発達過程の中で環境要因を調整していくことができればリスク因子を低減できる可能性がある。

（2）面接によるアセスメント

　面接によるアセスメントでは，以下のような情報について具体的に質問を行っていく。その際，質問内容と回答欄を設けたワークシートを作成しておき（章末参照），まず子ども自身に記載をしてもらった上で，より詳細な質問に答えてもらうようにするとスムーズに情報を把握することができる。これは，限られた時間の中で必要な情報を漏れなく収集するためでもあり，面接を半構造化しておくことができるというメリットがある。

　以下では，各質問項目についてアセスメントする目的と具体的なポイントを整理する（表2-2）。

1）主訴の理解と課題

　情緒や行動上の問題を示す子どものアセスメントでは，子ども自身が，それらの行動をどのように理解しているのか把握する必要がある。多くの場合，養育者や教員などの周囲の大人に相談動機が高く，子ども自身は問題だと認識していない場合や困難を感じていないことが多い。もしくは，困難を言葉で説明することができない場合がある。

　一方で，施設入所に至るような問題を繰り返してきた子どもは，裁判所などの

表 2-2　アセスメント項目

質問内容	具体的な内容や意図
主訴の理解と課題の把握	どの程度，情緒や行動上の問題を自覚，納得しているか
自分の長所	自分の強みを理解しているか 肯定的な体験があるのか 楽しめるものや強み
目標	どんな自分になりたいか。動機づけ
施設生活	施設へのイメージ
入所前の行動	非行の累積について明らかにし，現在どのように考えているか，理由などについての認識を問う
初発非行と親の対応	子ども期発症型か青年期発症型なのか，親の対応について
家族関係	ジェノグラムを記載
人生史	家族や友だちとの思い出について記載してもらう
信頼できる人	頼りにできる人がいたのか
安心できる場所	心が休まる場があったのか
イライラしたとき？	感情コントロールについての認識
自己認識	どんな自分だと認識しているか

　司法の権力の中で問題を一定程度自覚して，改善意欲をもっている場合もあれば，司法の判断に納得していない場合もある。また，自らの問題を理解しながらも，話を聴くと，逆境的な体験の中で自らを被害者として位置づけていることも少なくない。

　このように，子ども自身が現在の問題や置かれた状況について，どのように認識し理解しているのかを把握することは，支援の第一歩になる。

2)　自分の長所

　課題への自覚と同時に，子ども自身のストレングスについても把握しておくことも大切である。情緒や行動上の問題を示す子どもであっても，毎日そのような行動をするわけではなく，適切な行動や優しい一面がみられることも多い。しかし，子ども自身は自分のストレングスに自覚的ではなく，自己イメージが非常に悪いことも多い。一方で，現実とは解離した極端な自己評価の高さや自信に満ち溢れた子どももいる。

　これらの 2 つの自己評価の違いに着目したストレングスのアセスメントをすることは，支援の武器となる。前者の自己肯定感が低いタイプに対しては，強みを引き出し，伸ばすような環境設定や言葉かけを意識する必要があるが，現実とは

異なる極端な自己評価の高さがある群には，それらを伝えていくことが必要になるだろう。

3）目標

初回面接では，現状の課題をどのように捉えているのか把握するとともに，今後どのような自分になりたいかを質問する。「もう反省しているから現状のままでもいい」，「特にない」などと語る子どももいれば，「暴力をしてしまうことが課題なので，しっかり話で解決できるようになりたい」などと具体的に語ってくれる子どももいる。

ここでの質問の意図は，自らの課題を踏まえて変化への動機づけをどの程度有しているかを把握することである。また，小さな変化を拡張していくように，動機づけを高めていくことである。

4）施設生活へのイメージ

施設入所に至る子どもに対して質問する項目である。初めて施設入所する場合には不安を抱えていることがある。一方，以前に施設に入所していた場合には，むしろ施設慣れしていることもある。現状の施設入所に対するイメージを質問することで，現実と異なった理解について修正をすることもできる。余計な心配や不安であれば軽減するための情報を与えることもでき，不適切な理想や甘い考えを述べるようであれば，外的枠組みを強化するための情報を与える必要がある。

また，施設入所経験のある子どもの中には，いじめの被害や施設内の性被害を経験している子どももいるため，この点も踏まえてアセスメントすることで今後の支援に重要な情報を得ることができる。

5）入所前の行動

質問項目一覧に非行の種類を記載しており，これまで行ってきたものに✓を入れてもらう。子ども自身に回答してもらい，さらに1つひとつ質問を重ねていくことで，どの程度非行が累積して進んでいるかを明らかにすることができる。これはあくまでも本人の自己申告であるため，現実の行動と異なっていることもある。過去の非行を大げさに語る子どももいれば，矮小化して語る子どももいるが，いずれの場合にも非行に対する価値観や認知面を把握することに役立つ。

非行事実の聴取とともに，どのような理由があったかを質問することも役立つ

情報になる。幼少期から現在に至るまでの非行にはその時々の意味や目的，もしくはそれらを考えられない状態等があることが多い。非常に単純な理解を語る子どももいれば，より具体的な理由を説明する子どももいる。同様に現時点ではこれらの非行をどのように認識しているか把握することで，当時の状態と現時点の違いを引き出すことができる。肯定的な変化であれば，変化への動機づけを高めるきっかけにもなる。多くの子どもの場合，来たくもない面接に来なければならない現実を悲観しているため，後悔の念を語る。そうすれば，当時の状態と今の違いが示されることから，変化していることを拡張するやり取りのきっかけともなり，変化への動機づけを高めるやり取りをすることができる。

6）初発非行と親の対応

　初めて行った非行内容とそのときの年齢について質問する。これには子ども期発症型の非行か青年期限定型の非行かを判別する意図がある（Moffitt, 2003; Moffitt & Caspi, 2001; Moffitt, Caspi, Dickson, Silva, & Stanton, 1996）。初発非行が10歳以下である場合には，子ども期発症であり，生涯持続していくリスクが高い。一方で，10歳以降に初発非行がある場合には，青年期に限定して起こす思春期の一過性の非行である可能性が高い。したがって，子ども期発症型の非行の場合には，特に成育歴を含めた丁寧なアセスメントと支援が必要になる。

　親の対応について把握することも重要なアセスメントである。多くの場合，殴られた，怒鳴られた，ボコボコにされたなどと語ることが多く，子ども自身の問題性と親の対応の相互関係を理解するために重要な情報となる。

7）ジェノグラムを活用したインタビュー：家族のアセスメント

　子どもの状態像をアセスメントするには，現在の要因を把握するだけではなく，環境との相互作用と時間軸を捉える視点が必要である（図2-2）。環境との相互作用とは，発達段階に応じてどのような人的・物的環境が保障されてきたのかを明らかにすることである。

　時間軸とは子どもが誕生してから現在までの時間の経過を意味しており，子ども自身の成育歴ともいえる。すでに述べた，生物・心理・社会的要因が子どもの誕生から現在に至るまでにどのように相互作用をして現在に至っていたのかを具体的に解明していく視点である。このとき，子どもの誕生のみではなく，両親や祖父母の生物・心理・社会的な成育歴を把握していくことも現在の子どもの理解

に役立つ視点である。

　このような世代間の要因をアセスメントしていく際に，ジェノグラムを描くことが役に立つ（村松，2010; 中村，1997）。子どもと面接をしながらジェノグラムの説明をしつつ，具体的な関係性を聞いていく（図2-3）。具体的には以下のような対話をしていく。

　「ジェノグラムといって，家系図みたいなものなんだけど知っているかな？ □は男性で，○は女性。こうやって，つなげていくんだけど…」
　「自分を描くときには，2重の◎で書くんだけど…」
　などと説明しながら，描きつつもその人との関係性を聞いていく。
　「今，描いたのはお母さんだけど，どんな人なんだろう。お父さんは…？ お祖父ちゃん，お祖母ちゃんは？」

といった形で，子どもの幼少期から現在に至るまでの関係性や家族がどのような影響を与えてきたのかを聞いていくことができる。こうしたジェノグラムインタビューでは3世代にわたってどのようなつながりがあるのかを把握することで，現在に影響をおよぼす要因をアセスメントして，働きかけの焦点を定めていくこ

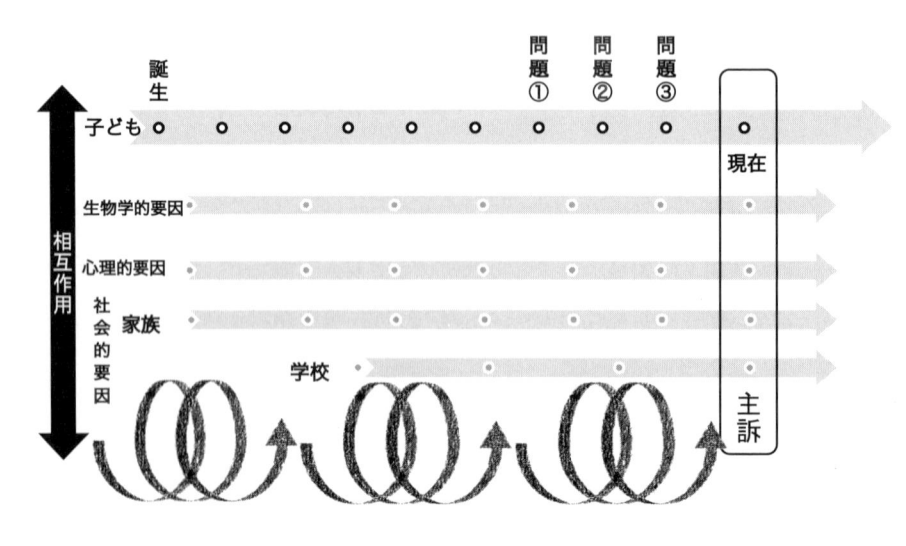

図2-2　家族アセスメントの視点

とができる。

8）人生史

　上述したように，時間軸を踏まえた子どもの歴史を把握することは，子どもの育ちそのものを理解することとして重要である。特に，一番幼いときの思い出，具体的には家族との関係，友人との関係，学校でのエピソードなどを話してもらうことで，子ども自身が人生をどのように理解しているかを把握することにつながる。

　このとき，ワークシートなどを活用すると，年代ごとに順番に聞き取っていく上で役立つ（表 2-3）。

9）信頼できる人・安心できる場所

　信頼できる人の存在は本人の支えとして重要な情報である。両親に対しては強い拒否感を抱く子どもであっても，施設職員や祖父母が育ててくれたことに感謝し，信頼感をもっている子どももいる。信頼できる人が世の中にいない子どももいる。誰かしら信頼感を抱ける人がいる場合には今後の支援におけるキーパーソンになるだろう。また特定の他者との信頼感を築ける場合には，それ以外の他者とも信頼関係を形成することができる可能性が高い。

　同様に，これまでホッと心を休める場があったのかを確認する。家にも学校に

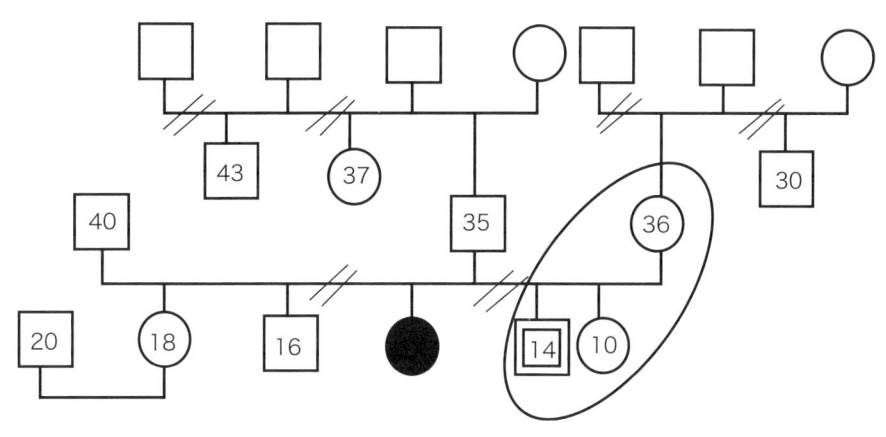

図 2-3　ジェノグラムインタビュー

表 2-3　成育歴の整理のためのツール

年齢	出来事	当時の気持ち	家族	学校・友だち

も居場所がなく，不良集団の中だけによりどころを求めてきた子どももいれば，どこにも安心できる場所がなかった子どももいる。今後の支援のための理解として，本人の成育過程に寄り添う視点として把握する。

10）自己理解

　子ども自身が自分をどのように理解しているか直接的に質問することで，率直なイメージを把握することができる。実際には投影法等の情報と整合性をはかりながら，総合的な把握の一助とすることができる。

　情緒や行動上の問題を示す子どもの多くは，感情統制に課題が多く，怒りのコントロールが十分ではないことや衝動的に行動することで失敗を重ねていることが多い。そのため，怒りの問題や衝動性についてどの程度認識があるのか，具体的にどのように対処してきたのかを把握することで，今後の具体的な対応方法の参考とすることができる。

（3）行動観察によるアセスメント

　行動観察では，子どもや家族と接し，また地域に出向くことで得られる情報からアセスメントする。さらに，そこから得られる情報について，視覚的な情報，聴覚的な情報，嗅覚的な情報の3つから整理する。これらのツールでは，生物学的要因，心理的要因，社会的要因を含む多くの焦点を推測する情報を得ることができる。以下では具体的な事例を含めて検討する。

1）視覚的な情報によるアセスメント

　視覚的な情報は聴覚的な情報以上に多くのヒントを与えてくれる。子ども自身の表情，態度，過敏さ，友人関係，大人との関係，外見，子どもの住環境，地域や学校等の環境情報も，実際に目で見て得られることが多い。

① **表情**：子どもの表情は，心理面，身体面，関係性を含む多くの情報を提供してくれる。この表情には，通常の状態以外にも外的な出来事によって表情が変化する場合がある。通常の状態で睨みつけるような表情やきつい目つきなどは，元々そのような表情なのか，もしくは何かを伝えようとしているのか，いくつもの仮説を提供してくれる。

外的な出来事によって表情が変化することも重要な情報源になる。「食べ過ぎでお腹が痛い」，「ケガをしてツライ」などの身体的な訴え，言葉では「大丈夫」と言うものの表情では寂しそうにしている，なんだか浮かない表情で不安そうにしている，他児になめられまいと必死に険しい表情をしているなど，様々な状態を推測することができる。特に，関係性の要因を把握する場合にも重要な観察のポイントになる。

例えば，身体的な虐待を受けている子どもの場合，学校場面と親の前では全く表情や行動が異なる場合がある。学校では多動で落ち着きがなく，他児にちょっかいばかり出し，注意されても大人を挑発するような言動ばかりであっても，保護者の前では落ち着き，凍り付いたような表情でじっとしていることもあるだろう。

また，学校場面である特定の子どもがいる場面では，表情がきまって硬くなるなどの些細な変化がみられることがある。こうした背景には力関係による支配 - 被支配関係があるかもしれない。

② **態度・行動**：面接場面で子どもが前屈みで息つく間もなく話をする状態があれば，何か必死に訴えたいことがあるのか，怒りを感じているのか，何か聴いてほしいことがあるのだろうか，などと推測することができる。一方で，背もたれに寄りかかり，ガニ股，腰で座っているような状態で上を向きながら頷く様子があれば，面接には積極的ではなく無理やり来させられ不満に感じている，話す気持ちが全くないことを表す表現になるかもしれない。

これは学校場面や生活場面でも同様である。一貫して同様の態度を示すのか，ある特定の大人に対しては好意的または拒否的な態度を示すのか，特定の教科に対する反応なのか，時間，場面，人，関係性などの影響との関連を含めて態度に着目することで，新たな見方ができるかもしれない。

また一貫して，多動で落ち着きなく話し続けるような行動は生物学的側面として ADHD を推測させ，エネルギーに乏しく，笑顔がみられないなど抑うつ的な状態を想定することもあるだろう。

また，態度や行動は，言葉とのギャップを含めて理解していくことで，より確度の高い情報となる。表情と言葉のギャップと同様に，態度や行動と言葉のギャップに注目することで，新たな見方ができるかもしれない。

　態度や行動は，より具体的な点として感覚過敏・こだわり，関係性の視点をもつことでさらに具体的な情報が得られるだろう。

③　**感覚過敏・こだわり**：発達的な課題をもつ子どもの中には，感覚過敏やこだわり行動を示す子どもがいる。特定の物に触ることに強い抵抗を示すことや，ある特定のものを触っていないと落ち着けないなどの行動を示すことがある。こだわり行動には，特定の順番で物事に取り組まないと落ち着けない，毎日ルーティンの行動があるといったことである。また他の人からはなかなか理解しがたいような行動を繰り返すなども，行動面のアセスメントとして重要になるだろう。

④　**関係性**：視覚的な情報の中でも，態度・行動面に着目する1つの視点に「関係性」が挙げられる。情緒や行動上の問題を示す子どもにとって，人との「関係性」は，対象関係をどのように捉えているのかを判断する重要な指標である。大人に対する関係性の中でも男性と女性，年齢差によっても態度や言動が異なる。同様に，子ども間でも性差や年齢差による関係性に着目することで対人交流の特徴を判断することができる。

　例えば，重篤な非行を繰り返してきた少年であっても，幼児に対しては非常に優しく接し面倒を見たりすること，母親的な存在の教員や養育者に対しては距離をとった関わりをすること，接近 - 回避的な行動の選択になりがちなこともある。こうした行動は，成育歴や心理・精神面の評価として重要な情報になる。

⑤　**外見**：外見はその人の人物像を端的に表すものである。着飾る服装，髪型，身に着けている装飾品などは，どのような嗜好なのか，自分をどのように周囲に見せたいのか，もしくはまったく無関心なのかなどを判断する材料になる。例えば，非行少年を例に考えると，刺青を入れ，髪を染め，ダボダボの服を着ているかもしれない。一方で保護者の場合には，職業やステータス，一般社会との適応度，経済状況などを理解するヒントが得られる。

2) 聴覚的な情報によるアセスメント

　聴覚的な情報は，内容そのものではなく声の大きさ，トーン，スピード，言葉の選択などから知的な水準や内向・外向性などを推測する重要な情報源になる。

① 　**声の大きさ**：他児よりも大きな声で話をしたり，主張するような子どもがいる場合には，リーダー的な役割を担う存在なのか，権威を示したいのか，自己主張が強いのか，注目されたい欲求が強いのか等々が考えられる。一方で人よりも小さい声で話す子どもがいれば，内気さや恥ずかしがり屋，内向的な面，自信のなさなどを推測することが可能になるだろう。

② 　**トーン**：低くガラガラ声で自己紹介をすれば怖い印象を与え，声変わり前の高い声は子どもらしさや幼稚さを，一定のトーンで話し続ける場合は，感情の安定を評価することができる。こうした声のトーンに着目することで，話し手の印象や関係性，相手の立場を想定することができるだろう。

③ 　**スピード**：話し方のスピードが速ければ，せっかちな性格や焦り，強い緊張感，不安の高さをアセスメントできる。他にも，自分の主張を一方的に押し付けてくるような場合や怒りを示す場合などは，通常よりも話のスピードは速くなりがちである。一方で，ゆっくり落ち着いて話をすると，おっとりとした性格や冷静さ，沈着さを判断することができる。話のスピード感に着目することでパーソナリティの 1 つの側面を考えるヒントになる。

④ 　**言葉の選択**：どのような単語や熟語を知っていて，実際の会話の中で使えているのかを判断することで，知的水準を推測することもできる。また，敬語や丁寧語，人による言葉の選択の違いなどから，社会性の発達や経験の程度を予測することができる。ある特定の集団や文化の中でしか使われないような用語を用いる場合には，そこへの浸透度，接近したい憧れなどを判断することもできるだろう。

3) 嗅覚的な情報によるアセスメント

　嗅覚的な情報からアセスメントをすることは少ないかもしれないが，一定のニーズをもつ子どものアセスメントでは必要な情報源になる。例えば，不衛生な環境の中で子どもが過ごしており，衣類の洗濯，歯磨き，入浴を行っていない場

合など，異臭がする場合がある。またペットを複数匹飼育しており，糞尿などの処理が十分でない場合なども考えられる。これらは，子ども自身から臭うだけではなく，家から臭う場合もあり，環境面のアセスメントとしても重要になる。

　また衛生面だけではなく，タバコや香水の臭いが子どもの洋服からするといったことも，家族や成育環境を判断する上で重要な情報になるだろう。

4）空気感をアセスメントする

　これは臨床家のセンスのようなものであるが，重要な情報になる。例えば，虐待をされた子どもが職員の前では暴れまわるような行動化をするにもかかわらず，親の前で静かに従順であったりすることがある。また，子どもと親の面会場面で感じられる緊張した空気感なども，関係性をアセスメントする上で重要な情報になる。

5）まとめ

　ここでは，視覚的な情報，聴覚的な情報，嗅覚的な情報，空気感等から子どもの状態を把握する視点を示した。いずれの情報も各手法によるアセスメントと組み合わせて，それらのギャップに注目することでさらに深い理解が可能になるだろう。

（4）心理テストによるアセスメント

　心理テストには投影法，質問紙法，知能検査など複数の手法が位置づけられている。ここでは情緒や行動上の問題を示す子どもの理解と支援のために活用している心理テストについていくつか概略を紹介する。なお，現在活用している一般的な心理テスト類については，詳細は省く。

1）投影法検査

　情緒や行動上の問題を示す子どもの理解に役立つ投影法検査としては，ロールシャッハ・テストやSCT（文書完成法テスト），PFスタディ，バウム・テスト，家族画などが挙げられる。特に人格の特徴や自己イメージ，家族関係に関する無意識的な状態について把握することができることから，これらのアセスメントツールを活用することが多い。

2）質問紙検査

　質問紙検査としては複数のアセスメントツールが標準化されており，目的別に以下のようなものを活用している。

①　TSCC（トラウマ）：「不安」，「抑うつ」，「怒り」，「PTSD」，「解離」，「明確な解離」，「ファンタジー」を把握することができる自記式質問紙である（西澤・山本，2009）。各質問項目に回答することで，正常域・境界域・臨床域を判別することができるようになっており，トラウマ関連症状を総合的に把握するために役立つ。

②　GHQ28（精神的健康）：質問項目数によって複数のバージョンが販売されている。身体的症状，不安と不眠，社会的活動障害，うつ傾向について把握することができ，生活の中で活用される尺度である（中川・大坊，1996）。その得点によって，注意を必要とする状態にあるクライエントを把握することができる。

③　CBCL（子どもの行動チェックリスト）：「引きこもり」，「身体的訴え」，「不安・抑うつ」，「社会性の問題」，「思考の問題」，「注意の問題」，「非行的行動」，「攻撃的行動」の程度を把握することができる（Achenbach & Edelbrock, 1983; 船曳・村井，2017; 井潤・上林・中田，2001; 河内ほか，2011; 倉本ほか，1999）。子ども自身が回答するバージョンと教師が回答するバージョン，保護者が回答するバージョンの 3 種類があり，それぞれ正常域・境界域・臨床域を判別することができるようになっており，経時的な変化や回答者による違いをフィードバックすることで，支援に活用することができる。

④　DSRS-C（子どもの抑うつ尺度）：18 項目からなる質問項目に回答することで，抑うつ傾向を把握することができる（傳田ほか，2004）。非常にわかりやすい言葉で設問がなされており簡便なため，面接回ごとに回答してもらうこともできる。

⑤　SDQ（子どもの強さと困難さ）：子どもの強さと困難さについて評価する国際的な尺度である。行為，多動，情緒，仲間関係，向社会性について把握することができ，世界中で活用されていることから，国際比較などの研究尺度としても活用されている（厚生労働省，2018; 野田ほか，2012）。

⑥　**自尊感情尺度**：ローゼンバーグらによって開発された自尊感情尺度の日本版である（山本，2002; 山本・松井・山成，1982）。10 項目に回答することで，どの程度自尊感情が高いのか，あるいは低いのかを把握することができる。極端に高い値や極端に低い値を示すことが情緒や行動上の問題を示す子どもの特徴である。

⑦　**時間的展望尺度**：過去・現在・未来に対する展望を回答する質問紙である（白井，1994）。これまでの研究から，過去について整理ができていない場合は将来を肯定的に描けないとった知見もある。

⑧　**ACE（小児期逆境的体験尺度）**：虐待体験に関する 9 項目の質問紙である（Felitti et al., 1998; Matsuura, Hashimoto, & Toichi, 2009）。小児期の逆境的体験の数が予後に影響を与えるというエビデンスがある。

⑨　**ADHD-RS**：不注意や多動・衝動性の問題を把握するための 18 項目からなる他者評価の質問紙である（Dupaul, Power, Anastopoulos, & Reid, 1998 市川・田中監修 2008; 田中・市川・大野，2016）。4 件法で回答するもので，保護者用と教員用の評価用紙がある。

⑩　**PARS-TR**：自閉症スペクトラムに関連する症状がどの程度あるか判断するためのチェックリストである。幼児期の状態，最も症状が重い時期の状態，現在の状態について回答してもらうことで傾向を把握することが可能である（発達障害支援のための評価研究会，2013）。

3）知能検査

　子どもの知能の発達について把握することは，支援の方策を検討する際に役立つ。特に WISC-Ⅳでは，言語理解，知覚理解，ワーキングメモリー，処理速度の下位検査間のばらつきを把握することにより，得意な点を強化し不得意な点を強みで補うことができる。また，情緒や行動上の問題を示す子どもの多くは，学力面でもハンディをもっていることが多く，知能検査による結果と学力面の差を比較することができる，日本版 KABC-Ⅱ も支援に役立つ。

4）学力検査

　学力面の把握は，学校適応と関連するため，重要なアセスメントである。情緒や行動上の問題を示す子どもの多くが小学校2年生段階からのつまずき体験があり，授業についていくことができずに不適応行動を始めるパターンや，校内でのトラブルを引き起こす特徴がみられる。

　積み重ねが要求される算数や英語などの教科の場合は特に，身についていない段階から丁寧にやり直す必要があり，到達度を適切にアセスメントした上で個別の学力段階から丁寧にやり直す必要がある。

（5）地域のアセスメント

　情緒や行動上の問題を示す子どものアセスメントでは，個人と環境との相互作用を丁寧にアセスメントする必要があるが，ここでは環境の側面について焦点を当てる。子どもを取り巻く環境には，家族・友人・学校・地域・社会などが想定される。すでに家族についてはジェノグラムインタビューについて詳説しているため，地域資源をアセスメントするためのエコマップについて説明する。

　エコマップは，子どもと関わりのある社会資源や学校や知人，友人，病院などの情報をジェノグラムに追記していくことで，どのような機関と関わりがあるのか理解することに役立つ。図2-4は，14歳の少年と関わりのある関係機関を視覚的に示したエコマップである。

　例えば，A君には深夜徘徊や万引きなどの非行があることから，警察署との関わりの他，児童相談所の児童福祉司，児童心理司の指導があるということがわかる。また，中学校のA先生やB先生との関わりがあり，母親には精神科とのつながりがあることがわかる。このように，A君を取り巻く機関や社会資源を一目で理解することができる。また，「要保護児童対策地域協議会」といった法律に位置づけられた情報共有システムの情報共有ツールとして活用することもできる。

　以下では，地域のアセスメントを行うための面接でのやりとりの例を示す。

　「今，ジェノグラムを完成させたんだけど，A君と関わりのある場所や人，機関をさらに描くことができるんだよね。例えば，学校はつながりがあったよね？そうすると，（図を示しながら）こうやって線を引いて描くことができるんだけど…」

　「他には，大切な友だちとか？」

などと質問をしながら，具体的なつながりを視覚化して示していく。特に，情緒や行動上の問題が先輩や集団とのつながりの中で生じている場合には，このような視覚化をすることで周囲から受ける影響の程度を理解することが可能である。

　また，地域全体の雰囲気や風土も重要な視点であり，環境面を丁寧に見ていくことが今後の環境調整をする上で必要な情報になる。

（6）アセスメントと支援の循環

　これまで述べてきたアセスメントでは，支援を開始する前に個人と環境面に関する総合的な情報を収集する視点と方法について説明してきた。つまり，支援計画を作成する以前に心理テストや面接を通して，入念なアセスメントに基づいて支援計画の作成を行う過程を示してきた。また，これらのアセスメントは支援計画に基づき支援を提供し，その過程をモニタリングし，支援計画の評価を実施し，再度必要なアセスメントと支援計画の練り直しを行う過程で実施されるものであ

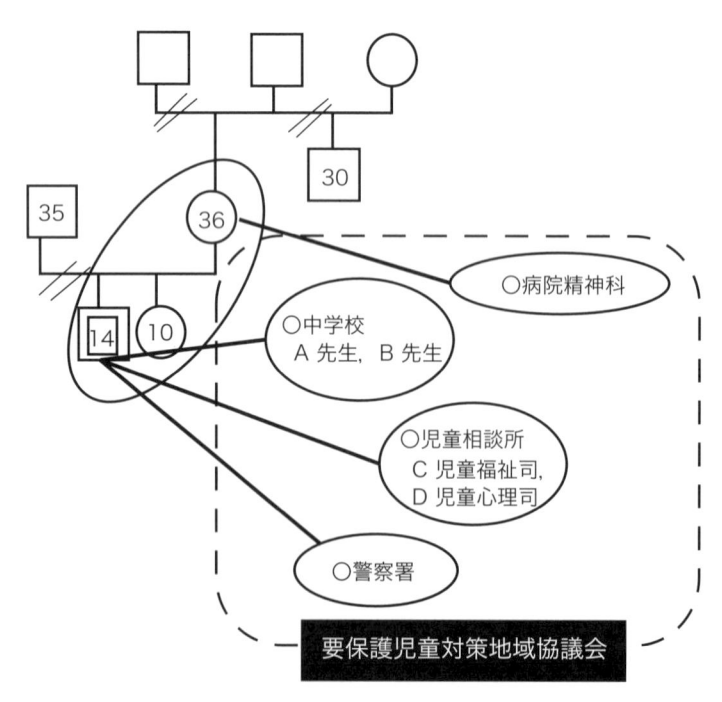

図 2-4　ジェノグラムとエコマップによるアセスメント

る。

　ここでは，支援の提供とアセスメントを一体的に行う方法について述べる。例えば，生活を共にする施設や学校場面では，アセスメントを待って支援が展開されるのではなく，生活や教育という支援が展開されている中でも常に支援と評価の修正が循環的に行われている（図2-5）。ここでは，支援をしながらアセスメントを行う臨床的な方法について具体的に説明を行う。

　次に2つの事例を紹介したい。

〈事例 A〉

　施設に入所するA少年は，これまで暴力・粗暴な言動が顕著にみられ，力関係を誇示する傾向が強かった。そのため，生活場面の中でも力関係を用いた支配的な関わりをすることが想定され，日常場面での些細な言動，子ども間の関係性に配慮した部屋の組み合わせなどを検討した。ただやはり，食事の配膳準備，食事量，掃除の分担など非常に些細な場面で自分の立場を利用したズルさやごまかし，主訴と関係する力関係を示す場面がみられた。そこで，A少年の行動が暴力として表出していないことは評価しつつも，やはり小さな場面でまだまだ課題に自覚的でないことを伝えていった。

〈事例 B〉

　B少年は知能検査の結果から，短期記憶が弱く先生の指示を覚えていられないことが失敗につながりやすいと想定されていた。そこで，先生の指示は板書に示

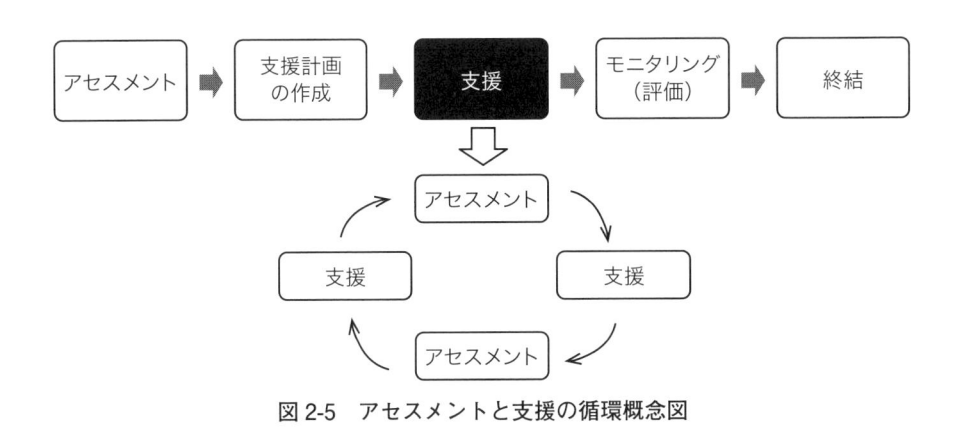

図2-5　アセスメントと支援の循環概念図

して，1つひとつクリアできるように働きかけていった。ところが，特定の教科になると決まって，「馬鹿にされている」，「自分だけできない」とイライラを積み重ねてしまい，暴れまわってしまうことが度々みられた。当初アセスメントできていなかった，被害的な認知傾向や過去の体験等が関係していることが想定された。そこで，トラブルになる前に被害的認知に関する心理教育を繰り返し行い，イライラした場面での具体的な対策を検討した。また個別の面接では，過去の体験についても整理の必要性がみえてきた。

　この2つの事例では，日々の支援の中でアセスメントが行われ，適時アセスメントを更新しながら支援が提供され続けていることを示した。このように実際の支援は，一時的に確定されたアセスメントに基づき行われていくものの，細かい働きかけは日々の支援の積み重ねとアセスメントの繰り返しにより実施されている。

4.　アセスメントに影響を与える要因

　ここでは，アセスメントに影響を与える様々な要因について述べる。特に，直接的な支援を担う実践領域を想定して，考慮すべき事項やアセスメントのポイントとなる事項について解説する。

（1）実施者と子どもの関係性

　情緒や行動上の問題を示す子どものアセスメントでは，誰が実施しても一定の質や内容が担保される必要がある。ところが直接支援を担う施設や学校では，時に子どもの見立てに差が出ることがある。この差の1つとして，アセスメントの実施者と子どもの関係性が影響を与えていることがある。

　例えば，人は誰でもいろいろな側面をもっており，ある特定の人に見せる態度や言動と，他の人に見せる態度や言動は異なっている。児童自立支援施設の小舎夫婦制の場合，寮長に見せる態度や言動と寮母に見せる態度や言動は異なっているだろう。また，他の支援員や教員，心理士に見せる態度や言動も異なるだろう。つまり，この違いが何に関連しているのかを支援者と子どもに焦点を当て分析することができる。寮母に甘える行動を見せるのか，支配的に関わるのかについて支援に関わる人に注目することで，子どもの抱えるニーズをより多層的に捉える

ことが可能となる。そのため，アセスメントを実施する者との関係性は考慮すべき事項である。

(2) 対象者への価値

　アセスメントを行う実施者の視点は，アセスメントの内容や質に影響を与える。ここでいう実施者の視点は，実施者のもつ知識量や思考する理論など様々な要因が含まれている。特にここでは，実施者の「人への見方」，価値観について取り上げる。

　例えば，ある職員は各子どもの課題ばかりが目についてしまうかもしれない。「あれもできていない，これもできていない…」と。しかしある職員は，同じ子どものよい部分しか見ることができないかもしれない（多くの場合，そうした人は少ないのだが）。

　前述したようにアセスメントは，①問題状況の確認と②情報の収集であり，「課題」に目が行きがちである。しかし，もう1つ重要な視点は，子どもがもつストレングス（強み）に目を向けることである。言い換えれば，リスク因子のみではなく保護因子もアセスメントする視点が重要である。

　このように，実施者が子どもへの見方に自覚的になることが質の高いアセスメントにつながることであり，支援者の価値観が反映されるという点では，志向する理論や考え方の特徴についても自己覚知が必要である。

(3) 実施場所

　アセスメントを実施する場所について焦点を当てると，子どもの違った一面を把握することができるかもしれない。ここでは，ミクロ，メゾ，マクロという3つのレベルから考えてみたい。まず，ミクロとは面接室等の個別の場面で捉える場合，メゾは寮やクラブなどの集団場面で捉える場合，マクロは行事や外出・外泊など社会とのつながりが多い場面と想定してみよう。すると，ある特徴的な行動がみられるのはミクロレベルのみで，メゾ，マクロレベルでは同様の行動がみられないかもしれない。また，得られたアセスメントの情報がどのレベルで収集されたものなのかを整理することで環境と，個別の相互作用を把握することに役立つだろう。

(4) 時間と時期

「いつ，アセスメントするのか？」という問いは，2つの視点から整理できる。

まず，一日の時間という軸である。朝起きてから寝るまで，もしくは寝た後，一日の中で個々の子どもの状態によって特徴的な表出がなされる時間があるのではないだろうか。例えば，ある子どもは朝起きることが苦手で他児とトラブルになりやすいこと，ある子どもは学校が終わり家に戻るとテンションが上がってしまうなどということは，よくみられるだろう。

もう1つは，四季という日本特有のサイクルである。発達上の課題がみられる子どもは，四季の変わり目や春や秋に不安定になりがちである等の知見がすでにある。このように，時間と時期を特定してアセスメントすることで支援に効果的な情報が得られるはずである。

(5) 時間軸

アセスメントを行う場合に時間軸をどの程度見るかは，目的や理論によっても異なるが考慮すべき事項である。すでに説明したように時間軸とは，アセスメントの視点が「今」のみではなく，子どもの「人生史」という時間の経過を考慮に入れることである。

例えば，学校の巡回相談員が授業場面を見学し，現在の各子どもの特性を把握し，学校の先生にその場の教育のための助言を与える場合がある。一方で，情緒や行動上の問題に対しては，子どもの長期的な人生を念頭に自立を目的として，現在の状態を過去・現在・未来という時間軸を通して，アセスメントを行うという特徴がある。

このように情緒や行動上の問題に対しては，時間軸をトータルな視点からアセスメントすることが必要であるとともに，子ども自身が過去・現在・未来をどのように捉えているのかをアセスメントすることが重要である。こうした時間軸をどの程度重視するかは考慮に値する。

(6) 実施方法

実施方法とは，アセスメントを行うためのツールである。例えば，里親のような夫婦で子どもを養育する場合には，生活を共にすることそのものがアセスメントと支援となる。これらを方法論の点から見ると，生活場面接法といえる。こうした生活と支援に密着したアセスメントは，子どもの理解に非常に有効である。

　一方で，客観性という点からは，標準化された質問紙などを用いて，入所後から半年ごとの客観的な変化を捉える取り組みも重要である。これは，見えない課題を視覚化する効果もあり，子どもと結果を共有することを通して，有効な支援ツールにもなる可能性がある。

　アセスメントや支援計画が重視されてきたのも，計画的な支援を実施し，評価し，蓄積し，子ども・保護者・他機関・他職種への説明責任を果たすことが求められるようになってきたためだろう。上述のように，いくつかの方法を組み合わせることがアセスメントの充実につながるだろう。

(7) アセスメントの焦点：何をアセスメントするのか？

　アセスメントの焦点はすでに述べてきたように，対象者の具体的な理解のために，生物・心理・社会的要因が時間の経過とともに，どのように相互作用してきたのかを明らかにすることである。より具体的には，行動化に至るリスク因子と保護因子を明らかにし，さらにそれらが形成される背景を丁寧にアセスメントしていくことである。

(8) まとめ

　アセスメントに影響を与える要因について，援助職である個人とその組織の課題をまとめる。

　まず個人としては，アセスメントに影響を与える要因を細かく把握し，さらに自らの実践をアセスメントし，不足した点を強化していく必要がある。

　次に，援助職が所属する組織としては，上記のアセスメントに影響を与える要因について，他職種も含め，情報を共有し，分析・整理する機能が必要である。組織の役割は，目的＋実施者と子どもの関係性＋対象者への価値＋実施場所＋時間と時期＋方法＋焦点の組み合わせを統合し，アセスメントに影響を与える要因を整理し，対象者の全体像を浮かび上がらせ，共有することにある。

5.　アセスメントの実際

　ここでは初回面接を通して，支援に必要な情報を聴取し，記録するまでの過程を整理する。なお，環境の設定としては，情緒や行動上の問題があり学校，家庭とは別の場所にいる状況を想定する。

表 2-4　アセスメントのチェックポイント

	チェックポイント
事前段階	□仮説：関係機関からの情報を収集し仮説を立てる □課題の提示：自由記述の面接シート等に記載を促す
導入段階	□関係の構築：自己紹介をして，対立関係ではなく，成長しようとする気持ちを応援していく立場であることを伝える □聞きにくい質問：関係性ができてから話題にしにくい内容ははじめに確認しておく □動機づけ：変化を引き出し，動機づけを高める
展開過程	□問題の共有：問題を解決していく主体は本人であることを伝える。面接者はそれに協力するスタンスである □エンパワーメント：アセスメントとして，必要な情報を得ることに加えて，本来の強さを引き出すように働きかける
まとめ	□総合的な理解：今後必要な支援計画を作成する □フィードバック：心理テスト類についてはフィードバックを行い，子どもの強みと課題を共有する

（1）導入

　面接開始の導入場面では，以下のような説明を行う。

　〈こんにちは，心理を担当している○○です〉と自己紹介をすると，多くの場合，子どもの方から「△△です，よろしくお願いします」と返答がある。返答がない場合は，表情で挨拶を促すが，逆に何を言えばいいのかわからず，「なんですか？」などと返答があれば，他者感情の読み取りや状況を理解する力が十分でない可能性，挨拶をするスキルが不足していること，照れて恥ずかしがっていること，反抗的に対応していることなどが考えられる。この段階で〈名前はなんだっけ？〉，〈名前を教えて〉などと促すことが多い。

　次に，アセスメント面接を開始するにあたり，面接の位置づけや目的などについて説明をする。多くの場合，様々な機関や関係者から同様の質問をされていることもあるため，その点についても事前に説明しておくことで，抵抗感を減らすことができる。具体的な例は以下のようである。

　〈これから，面接をしたいと思います。すでに，いくつかのワークシートに回答してもらったり，質問項目に○をつけてもらったりしたけど，それについて具体的に質問していきたいと思います。

　　これまでも児童相談所とか警察とか，家庭裁判所とか，いろいろなところで話を聴かれたと思うけど，今回はこの施設でA君がどのようなところを伸ばしていけばよいのか，どんなところを直さないといけないのか，また大

人がどのような手助けができるのかを見つけていくことを目的とした面接です。だから，これまで質問されたことと同じようなことを聴いてしまうこともあるかもしれないけど，今後 A 君を応援していくためと思って，しっかりと答えてくださいね〉

（2）展開：主訴や課題の自覚

次に現状の生活状態について確認を行い，主訴や問題への認識を確認していく。具体的な質問の例は以下のようである。

〈ところで，この数日間，新しい環境になったけれど，どうだろう？〉

などと質問することで，現状の状態を確認する。「少しずつ慣れてきました」などと，適応していることを答えることが多い。このようなやりとりから，主訴となる問題を共有して，変化への動機づけを高めていく。

〈では，まずここに来た理由について教えてくれる？〉

〈その問題について，現在はどんな風に考えているの？〉

〈今後，どのような自分になりたいの？〉

このような質問をしていくことで，現状の子どもの考えを整理することができる。

（3）展開：非行行動のアセスメント

事前のチェックリストをもとに，口頭でも確認していく。チェックリストの場合，意味がわからずに回答していることもあり，一つひとつ具体的に確認する。導入では淡々と順番に質問を重ねていき，関連資料とあまりにも離齬がある場合には，その点も伝えていく必要がある。

〈万引きは？ 深夜徘徊？ 夜遊びに行くことだよね。どうだろう？ 自転車の窃盗？〉

など，ここでは単純に「はい，いいえ」で回答できるような質問である。もし事前の関係機関からの情報と離齬があれば，次のように伝える。

明らかなウソの申告をした場合などは，

〈あれ，そうだったっけ？ ここでは，A 君を応援していくために質問をしていて，何か言ったことで入所期間が長くなるとか，面接が増えるってわけじゃないよ〉

もしくは，

〈A 君に何が必要か事前に関連する資料を読んだんだけど…。本当にそうか

な？〉

などと，率直にずれを伝えて，こちらが一定の情報を入手していることや正直に話すことが自分にとってプラスになることを伝えて，この後の面接への取り組みに積極的な姿勢を引き出すようにする。

（4）展開：家族関係のアセスメント

　家族関係については，ジェノグラムインタビューの事項で説明した。ジェノグラムを描きながら，具体的な関係性について質問していく。文章完成法テスト（SCT）や家族画などに取り組んでいれば，そうした心理テストに投影された家族に関する情報を含めて，具体的な質問を行うことができる。

　　（ジェノグラムを見ながら）

　　〈お母さんはどんな人なの？〉

　　「いや，いかれてますね」

　　〈いかれている？〉

　　「ふつうじゃないんですよ。フライパンで俺の頭をぶっ叩いてくるんですよ。
　　　やり返そうかと思ったんですけど，やめておきました」

　　〈そうなんだ。これにも（SCT）書いてくれていたけど…〉

　　「はい，できれば関わりたくないです」

　　〈暴力を振るうことについてお母さんは何か言っているのかな？〉

　　「わからないです，話したこともないんで…」

　　〈そっか，どんなときにキレてしまうとかあるのかな？〉

　　「気分ですね。意味わからん」

などとやり取りを進めつつ，親との関係性を確認していく。また，〈これまでの家族とのよい思い出は？〉といった，虐待的エピソード以外についても質問する。

（5）展開：子ども虐待のアセスメント

　成育歴に関する質問をする中で，虐待に関連するような出来事を語ったりすることがある。ACEの質問紙を基に順番に質問していく。

　　〈家族から暴力を振るわれることは？〉

　　〈嫌なことを言われるとか？〉

　　〈それは，いつ頃から？〉

　　〈いつまで？〉

〈そのときのことを思い出すとか，思い出してイライラしてしまうことは？〉
など，虐待の有無と合わせてトラウマ関連の問題についても確認していくことができる。さらに，TSCCや出来事インパクト尺度などの関連する質問紙と合わせて，具体的な質問をする。

〈思い出したくないことを思い出すってことは，「よくある」ってことだけど，どんなこと？〉

〈眠れないっていうのは？〉

〈イライラしやすいっていうのは，どんなときだろう？〉

など，虐待に伴う心理・情緒的問題について把握することができる。

(6) 展開：発達特徴のアセスメント

発達特性に関する子どもの認識および親や教員からの情報に基づく評価を行う。子ども自身の認識については，本人自身がADHDや自閉症スペクトラム障害などの傾向をどの程度もっていて，自覚があるのかアセスメントすることが必要である。他者評価によって客観的に評価を行うことと同時に，子ども自身がどの程度認識をもっているかを明らかにすることで，子どもと職員で特性に関する共通認識を作り，支援をしていくことができる。その際，ADHD-RSやPARS-TRなどの質問紙は他者評価であるものの，本人へのインタビュー時には参考になる。

発達特徴は面接場面や質問紙への回答にも表れることが多い。この点について話題にすることで，本人がどのような認識をもっているかを把握することができる。自覚的でない場合には，その場で〈こういう特徴があるんだね〉などと伝えることで自覚を促し，自己理解と対処方法を身につけていけるように，心理教育も合わせて行う。

〈A君，面接が長くなって，疲れてきたかな？〉

「いや，大丈夫です。元々なんで」

〈元々？〉

「医者からADHDとかって言われてます。それで，薬を飲んで…」

〈そっか，そっか。ADHDってどんな特徴があるか聞いている？〉

「集中ができないとか，落ち着きがないって言われます」

〈あ〜，ちゃんとわかっているんだね。いつ頃から？〉

「幼稚園のときから喧嘩ばっかりで，その頃から」

〈そっか，まさか幼稚園の頃から自分は落ち着きがないとか思わないよね〉

「言われたのは小学校の2年生くらいで，最近自覚してきました」

〈小さいころから落ち着けないとき，親や先生はどうしていたんだろう〉

「小学校に入学してからも授業に出れなかったんで別室にいたり，家ではボコ
　ボコにされていました」

〈いや，それ，ADHDって自分でコントロールができないから，大変なんだ
　よね。A君も大変な思いしてきたんじゃ…〉

「あ…　はい」

〈そうだよね…　今はどうなんだろう？〉

「少し落ち着いてきたと思います」

〈うんうん，薬も飲んでいるしね。これから，ADHDとか自分の特徴を知って，
　コントロールできるようになると，A君も助かるかもね〉

「はい」

このように，症状を共有しつつ，大変さに共感し，コントロールしていくモチ
ベーションを高めていくことがアセスメントにおいても重要である。

（7）展開：ストレングスのアセスメント

情緒や行動上の問題のアセスメントだけではなく，子ども自身のストレングス
についても確認しておくことが動機づけを引き出し，問題に向き合う際の力にも
なる。

〈これまで，過去の行動や大変だったことを聴いてきたけど，ワークシートに
　書いてくれたA君のよいところや好きなことについて教えてほしいんだけ
　ど？〉

「サッカーが好きなんです。こないだワールドカップがあって…」

〈うん，本当にサッカー好きなんだね。じゃ，自分のいいところは？〉

「ないですね」

〈そうなの？　今，いい表情しているなと思ったけど〉

「そうですかね」

〈なんか，根は優しいところもあるのでは？〉

「女性と子どもには優しいですよ」

〈そういうこと，そういうこと〉

などと，変化や例外を引き出して強化していくこともアセスメント面接での働き
かけである。

(8) まとめとフィードバック

　1回ですべての面接を終えることはできないため，複数回のアセスメント面接を行う。この点について説明を行い，初回の面接を終える。

　　〈今日はずいぶん時間が経ってしまって，終わりの時間になりそうだね。今日
　　たくさん話をしてくれたことは，とても大切なことで，今後の面接でも話題
　　にしていこう。まだ他にも質問したいことがあったけど，それは次回にしま
　　す。最後に何か，今日のうちに伝えておきたいことはある？　じゃ，これで
　　終わります〉

などと説明して面接を終了する。このようにして，一連の面接を終えて，支援計画を作成する段階で再度テスト結果のフィードバック，面接内容の整理を踏まえて，今後取り組むポイントを子どもから引き出す。

　　〈今回の知能検査の結果は○○で，短期記憶（言われたことを覚えていること）
　　が他の同年代と比べて苦手だから，重要なことはメモを取ったり，わかりや
　　すいサインを決めておくといいね。それから，入所の理由は暴力で，ここで
　　暴力をコントロールできるようになることが目標だったよね。A君のよい
　　部分を伸ばして，感情をコントロールできる方法を少しずつ身につけていき
　　ましょう〉

などと伝えてまとめとする。

6.　まとめ

　アセスメントとは情報の収集と分析を行う一連の過程である。本章では，情緒や行動上の問題を示す子どものアセスメントとして，まず実証的な研究に基づく行動化のリスク要因を的確に把握することについて述べた。次にリスク要因に関連する要因や総合的なアセスメントのための視点と方法について説明した。特に子どもの成長過程という時間軸を重視し，生物・心理・社会的要因がどのように相互作用して現在に至っているかを把握する必要性およびそのための方法について述べた。さらにアセスメントに影響を与える実施者側の要因や環境要因について整理し，実際のアセスメント面接の流れを示した。

7. 面接質問内容記入用紙

　この質問内容記入用紙は，情緒や行動上の問題，非行などを主訴とする子どもの面接時に必ず質問する内容を整理している。子どもには面接前にこのシートに記入を求めておくことで，面接を構造的で効率的に進めることができ，もれなく必要な情報を得ることができる。面接よりも文章化する方が得意な子どももいれば，その逆の子どももいるため，どちらか一方で対応するよりも有益な情報を収集することが可能となる。

〈使用方法〉
① 　子どもに面接質問内容記入用紙に記載を求める。
② 　①を踏まえて，事前情報や成育歴情報を含めて面接で質問する内容を整理する。
③ 　面接場面では，記載済みの面接質問内容記入用紙を子どもと見ながらさらに質問を行っていく。

〈出典〉
・筆者作成
・コピーして利用可

面接質問内容記入用紙

（めんせつしつもんないようきにゅうようし）

　この記入用紙は，過去のこと，現在のこと，未来のことについて，現在あなたが考えていることを自由に書いてもらうものです。

以下の質問項目について，あなたの考えたことを記入してください。また□には，あてはまるところに✓を入れてください。

質問1：あなたの入所理由を教えてください。

質問2：現在の自分の課題はどんなことですか？

質問3：自分のよいところを書いてください。

質問4：ここに入所することで，どんな自分になりたいですか？
　　　　目標がありますか？

質問5：ここではどんな生活をしたいですか？

質問6：入所前の行動について教えてください。
　　　　当てはまるところに✓を入れてください。

□万引
□家金持ち出し
□家出・外泊
□喫煙
□飲酒
□怠学（学校をサボる）
□深夜徘徊
□不良交友
□いじめる
□いじめられる
□自転車・オートバイ盗
□窃盗
□ひったくり
□恐喝

□暴行・傷害
□器物破損
□家庭内暴力
□学校内での暴力行為
□放火
□火遊び
□薬物非行
□強姦
□性的問題行動
□強制わいせつ（痴漢・下着泥棒等）
□同性間の性的問題
□暴走行為
□無免許運転

□殺害・殺人未遂
□空き巣・住居侵入
□車上狙い
□スリ
□詐欺
□強盗
□過失致死
□致死

【いくつ当てはまりましたか？　　　個】

質問7：質問6にあてはまる行動にはどんな理由がありましたか？
　　　　（非行名）
（　　　　　　　　）…

（　　　　　　　　）…

（　　　　　　　　）…

質問8：質問6の中で一番初めに行った行動は何ですか？　また，それは，何歳
　　　　くらいのことですか？
行動→（　　　　　　　　　　）　　　年齢→（　　　歳）

質問9：質問6の行動について現在どのように考えていますか？

質問10：質問7の行動をしたとき，あなたのおやごさんはどのようにしました
　　　　か？　例えば，怒鳴った！など。

質問11：家族はどんな人ですか？

父：

母：

自分：

兄弟：

その他：

48

質問 12：家族や友だちとの思い出や出来事について書いてください。		
	家族	友だち・学校など
0 歳～ 6 歳まで		
小 1 ～ 小 2 まで		
小 3 ～ 小 4 まで		
小 5 ～ 小 6 まで		
中 1 ～ 現在		

質問13：信頼できる人について
信頼できる人はいますか？ 　（　　はい　　・　　いいえ　　）
(いる場合)
誰ですか？
どんな人ですか？

質問14：安心できる場所はありますか？
入所前：
入所後：

質問15：イライラしたとき，どのようにしていますか？

質問16：自分はどんな人ですか？　自己紹介をしてくだい。

質問17：その他，現状の気持ち，言いたいこと

文献

Achenbach, T. M., & Edelbrock, C. S. (1983). *Manual for the child behavior checklist and revised child behavior profile.* Burlington, VT: Department of Psychiatry, University of Vermont.

Craig, M. C., Catani, M., Deeley, Q., Latham, R., Daly, E., Kanaan, R., Picchioni, M., McGuire, P. K., Fahy T., & Murphy, D. G. M. (2009). Altered connections on the road to psychopathy. *Molecular Psychiatry, 14*(10), 946-953.

傳田健三・賀古勇輝・佐々木幸哉・伊藤耕一・北川信樹・小山司（2004）．小・中学生の抑うつ状態に関する調査—— Birleson 自己記入式抑うつ評価尺度（DSRS-C）を用いて——　児童青年精神医学とその近接領域, *45*(5), 424-436.

Dupaul, G. J., Power, T. J., Anastopoulos, A., & Reid, R. (1998). *ADHD Rationg Scale-IV: Checklists, norms, and clinical interpretation.* New York: Guilford Press.
（デュポール，J. J.・パワー，T. J.・アナストポウロス，A. D.・リード，R. 市川宏伸・田中康雄（監修）（2008）．診断・対応のための ADHD 評価スケール ADHD-RS［DSM 準拠］——チェックリスト標準値とその臨床的解釈——　明石書店）

Felitti, V. J., Anda, R. F., Nordenberg, D., Williamson, D. F., Spitz, A. M., Edwards, V., Koss, M. P., & Marks, J. S. (1998). Relationship of childhood abuse and household dysfunction to many of the leading causes of death in adults: The Adverse Childhood Experiences (ACE) Study. *American Journal of Preventive Medicine, 14*(4), 245-258.

船曳康子・村井俊哉 (2017)．ASEBA 行動チェックリスト（CBCL: 6–18 歳用）標準値作成の試み　児童青年精神医学とその近接領域, *58*(1), 175-184.

Harenski, C. L., Harenski, K. A., Shane, M. S., & Kiehl, K. A. (2010). Aberrant neural processing of moral violations in criminal psychopaths. *Journal of Abnormal Psychology, 119*(4), 863.

発達障害支援のための評価研究会（2013）．PARS-TR（親面接式自閉スペクトラム症評定尺度 テキスト改訂版）　金子書房

井潤知美・上林靖子・中田洋二郎（2001）．Child Behavior Checklist/4-18 日本語版の開発　小児の精神と神経, *41*(4), 243-252.

河内美恵・木原望美・瀬戸屋雄太郎・槇野葉月・北道子・上林靖子（2011）．子どもの行動チェックリスト 2001 年版（CBCL/6-18）日本語版の標準化の試み　小児の精神と神経, *51*(2), 143-155.

厚生労働省（2018）．Strengths and Difficulties Questionnaire. http://www.sdqinfo.com/

倉本英彦・上林靖子・中田洋二郎・福井知美・向井隆代・根岸敬矩 (1999)．Youth Self Report（YSR）日本語版の標準化の試み—— YSR 問題因子尺度を中心に——　児童青年精神医学とその近接領域, *40*(4), 329-344.

Loeber, R. (1990). Development and risk factors of juvenile antisocial behavior and delinquency.

Clinical Psychology Review, 10(1), 1-41.

Loeber, R., & Farrington, D. P. (2000). Young children who commit crime: Epidemiology, developmental origins, risk factors, early interventions, and policy implications. *Development and Psychopathology., 12*(4), 737-762.

Loeber, R., Wim Slot, N. W., & Stouthamer-Loeber, M. (2006). A three-dimensional, cumulative developmental model of serious delinquency. In P. H. Wikström & R. J. Sampson (Eds.), *The explanation of crime: Context, mechanisms, and development* (pp. 153-194). Cambridge, UK: Cambridge University Press. 10.1017/CBO9780511489341.006
（ウィクストラム，P. H.・サンプソン，R. J.（編著）松浦直己（訳）(2013)．犯罪学研究──社会学・心理学・遺伝学からのアプローチ──　明石書店）

Matsuura, N., Hashimoto, T., & Toichi, M. (2009). Correlations among self-esteem, aggression, adverse childhood experiences and depression in inmates of a female juvenile correctional facility in Japan. *Psychiatry and Clinical Neurosciences, 63*(4), 478-485.

Moffitt, T. E. (2003). *Life-course-persistent and adolescence-limited antisocial behavior: A 10-year research review and a research agenda.* New York: Guilford Press.

Moffitt, T. E. (2017). The new look of behavioral genetics in developmental psychopathology: Gene-environment interplay in antisocial behaviors. In K. M. Beaver & A. Walsh (Eds.), *Biosocial theories of crime*, 183-204. London: Routledge.

Moffitt, T. E., & Caspi, A. (2001). Childhood predictors differentiate life-course persistent and adolescence-limited antisocial pathways among males and females. *Development and Psychopathology, 13*(2), 355-375.

Moffitt, T. E., Caspi, A., Dickson, N., Silva, P., & Stanton W. (1996). Childhood-onset versus adolescent-onset antisocial conduct problems in males: Natural history from ages 3 to 18 years. *Development and Psychopathology, 8*(2), 399-424.

村松励 (2010)．非行臨床におけるジェノグラム（Genogram）の活用　人文科学年報, *40*, 59-82.

中川泰彬・大坊郁夫 (1996)．*The General Health Questionnaire*　日本評論社

中村伸一 (1997)．家族療法の視点　金剛出版

西澤哲・山本知加 (2009)．日本版 TSCC 子ども用トラウマ症状チェックリストの手引き──その基礎と臨床──　金剛出版

野田航・伊藤大幸・藤田知加子・中島俊思・瀬野由衣・岡田涼・林陽子・谷伊織・髙柳伸哉・辻井正次(2012)．日本語版 Strengths and Difficulties Questionnaire 親評定フォームについての再検討──単一市内全校調査に基づく学年・性別の標準得点とカットオフ値の算出──　精神医学, *54*(4), 383-391.

白井利明 (1994)．時間的展望体験尺度の作成に関する研究　心理学研究, *65*(1), 54-60.

田中康雄・市川宏伸・小野和哉（2016）．ADHD-RS 評価スケールの日本版標準化に向け
　　て　精神医学，*58*(4), 317-326.

Wertz, J., Caspi, A., Belsky, D. W., Beckley, A. L., Arseneault, L., Barnes, J. C., Corcoran, D. L.,
　　Hogan, S., Houts, R. M., & Morgan, N. (2018). Genetics and crime: Integrating new genomic
　　discoveries into psychological research about antisocial behavior. *Psychological Science, 29*(5),
　　791-803.

Wikström, P. H., & Sampson, R. J. (2006). *The Explanation of Crime: Context, Mechanisms and
　　Development (Pathways in Crime).* Cambridge, UK: Cambridge University Press.
　　（ウィクストラム，P. H.・サンプソン，R. J.（編著）松浦直己（訳）（2013）．犯罪学
　　研究──社会学・心理学・遺伝学からのアプローチ──　明石書店）

山本眞理子（2002）．自尊感情尺度　堀洋道（監修）山本眞理子（編）心理測定尺度集 I
　　人間の内面を探る〈自己個人内過程〉, pp. 29-31.　サイエンス社

山本真理子・松井豊・山成由紀子（1982）．認知された自己の諸側面の構造　教育心理
　　学研究，*30*(1), 64-68.

第3章

情緒や行動上の問題を示す子どもへの個別面接

被害者性と加害者性を統合するアプローチ（非行臨床）

　本章では，情緒や行動上の問題（非行を含む）を示す子どもに対する支援の1つとして，個別面接によるアプローチを紹介する。情緒や行動上の問題を示す子どもの多くは虐待，両親の離婚，収監などの逆境的な体験があり，知的・発達上の課題などの生物学的・遺伝的要因を合併し，時間の経過とともに怠学，万引き，窃盗，暴行傷害などの行動化へと進展していった臨床像がある。こうした子どもの中には被害者性と加害者性が混同しており，加害者として位置づけられる立場であっても被害者意識を強く抱いている場合もある。また，そもそも行動化が激し過ぎるあまり，面接という手法では太刀打ちできない場合もあるだろう。そこで，本章では情緒や行動上の問題を示す子どもへの対応の考え方，生活を通した治療教育と心理士の位置づけ，個別面接（対象・活用場面・時間設定・テーマ）の理念と理論，個別面接における働きかけの手順，具体的な事例を紹介したい。

1. 情緒や行動上の問題を示す子どもへの対応の原則

　ここでは，情緒や行動上の問題を示す子どもに対する支援の基本的な考え方を示し，入所型施設における対応の原則を解説する。

(1) 情緒や行動上の問題を示す子どもへの対応の考え方

　子どもの行動が「非行」や「問題」と位置づけられるのは，その時代や社会・文化における法律やルール，所属する学校，家庭における規則，常識から逸脱しているからである。こうした法律やルールは外的枠組みといわれる。校則を破り，情緒や行動上の問題を繰り返し，警察に逮捕され，鑑別所に収監され，施設に収容されるような状態は，各居場所における法律やルールを守り生活することができなかったことの証明である。つまり，自らの行動統制が十分にできずに周囲の人や機関の助けを得てもその場にとどまることができなかったことを意味しており，現状の環境の中では子どもの状態を落ち着かせるだけの外的機能が不足しているといえる。

　本来，このような規制やルール，法律によって強制的に制約を受ける前に，大人との信頼関係や自らの未来を踏まえて行動を統制する子どもが圧倒的に多い。これは，法律やルールといった外的枠組みに対して，内的枠組みといわれる。具体的には，「この先生には迷惑をかけられない」，「親に申し訳ない」，「自分の将来のためにも，ここは耐えよう」などと，怒りや行動化したくなる状態を抑えて，自らをコントロールする力である。

　行動化する子どもたちは，外的な枠組みが歯止めにならないくらいに，内的枠組みが十分に育っていない。法務省による調査では，少年院に入所した子どもの内70%以上が家族や家族外から何らかの被害を受けており，身体的暴力，不適切な養育，性的暴力を受けていたという（法務省，2001）。こうした逆境的体験が幼少期から繰り返されると，そのときの感情や感覚を麻痺させてその状態に適応しようとして，暴力的な価値観や力への憧れ，支配-被支配的な対人関係の形成，大人への不信感から，将来への展望を抱くことが難しく，現在を生きることで精一杯な状態を長期にわたって体験することになる。そのため，自らを統制し，将来を考えて行動の選択をすることや人への信頼感なども十分に発達することができないだろう。

　したがって，このような特別なニーズをもつ子どもたちに対しては，まずこれ

まで不足していた内的枠組みを補う，より強固な外的枠組みが必要になる。この強固な外的枠組みの中で内的な枠組みを育てていくことが原則である。これらを行動化に対応する入所型施設の機能という点からさらに説明したい（図3-1）。

(2) 入所型施設における対応の原則

　入所する子どもは何らかの非行的行動や情緒や行動上の問題を繰り返しており，幼少期からの逆境的体験や家庭環境上の困難を抱えている子どもが圧倒的に多い。そのため，入所時点では，自ら情緒や行動を統制する力が不足しているので，外的枠組みを強化することで対応していく。これは，情緒や行動を統制する力の不足を日課やルール，または職員の積極的な関与により，外側から補う支援であり，このため，入所時の実践は「専門職主導型」になる（図3-1（a））。このような外的枠組みが強い環境で過ごす中で，職員や他の入所生とのやり取りから他者を内在化させ，具体的な対人関係スキルを学び自ら情緒や行動をコントロールする力が増えていく。すると，子どもたちの中には「入所が長い自分がしっかりしなければいけない」，「見本となる生活をしよう」，「大人から信頼されたい」といった内的な動機づけが増えていき，自らコントロールする力が作られることになる。こうした内的枠組みが形成されてくると，子どもたち自身の意見が入所当初よりもとり入れられ，「当事者参画型」の実践になる（図3-1（b））。

　言い換えれば，子ども自身に情緒や行動を統制する力が不足している入所当初

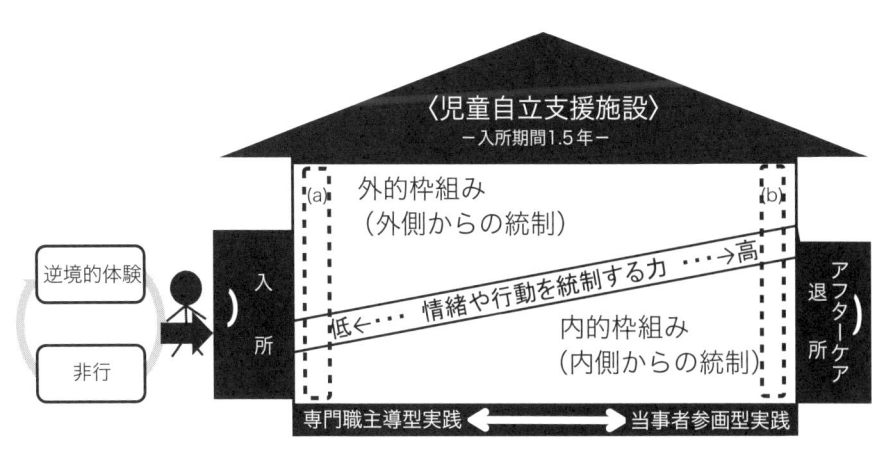

図 3-1　行動化への対応の考え方
（全国児童自立支援施設協議会（2011）「児童自立支援施設の基本」より作成）

は，専門職主導型の実践となり，時間の経過とともに，情緒や行動を内側からコントロールする力が身につき，職員の意思決定度が低くても自ら適切な判断ができる状態となり，当事者参画型の実践へと機能が移行していくことになる。すなわち，情緒や行動上の問題を示す子どもへの支援とは，この外的枠組みと内的枠組みのバランスを一人ひとりの子どもについて検討していくことである。

2. 生活を通した治療教育と心理士の位置づけ：被害者性と加害者性の統合

　ここでは重篤な問題を示す子どもを想定して，心理面接が可能になる程度まで内的枠組みを発達させる治療教育について説明を行う。前項の情緒や行動上の問題への対応の原則で示したように，より重篤な問題を示す子どもたちに対しては，内的な枠組みに働きかける心理面接のような手法のみでは不十分である。社会のルールや法律といった外的枠組みにある程度とどまることができない子どもは，心理面接の枠組みにとどまることも困難である。そこで，個別の心理療法が可能になるまで，一定の枠組みの中で内的な枠組みの発達を促す必要がある。

　内的枠組みの発達を促す支援は，24 時間の生活全体を通して行われる治療教育と言われる。これは専門職が一方的に治療を行うというわけではなく，子どもが自分の特徴に気づき適切にコントロールする方法を身につけていくように働きかけることである。

　ここではその過程について，非行化した子どもが入所する児童自立支援施設の支援の実際を紹介する。その上で，情緒や行動上の問題を示す子どもに対する治療教育の中でどのように心理的な働きかけを行うことができるのかを提示する。

(1) 児童自立支援施設

　児童自立支援施設は児童福祉法第 44 条に位置づけられた，「不良行為をなし，又はなすおそれのある児童及び家庭環境その他の環境上の理由により生活指導等を要する児童を入所させ，又は保護者の下から通わせて，個々の児童の状況に応じて必要な指導を行い，その自立を支援し，あわせて退所した者について相談その他の援助を行うことを目的とする施設」である。

　全国に 58 ヶ所あり，国立施設が 2 ヶ所，民設民営が 2 ヶ所，都道府県立が54 ヶ所である。2013 年の収容人員は 1,670 人，8 ～ 18 歳まで，平均年齢は 14.1

歳である（厚生労働省，2015）。平均入所期間は約 1 年，入所の主訴は窃盗，家出・浮浪・徘徊，性非行が多く（全国児童自立支援施設協議会，2017），ADHD（15.3%），LD（2.2%），広汎性発達障害（14.7%）をもつ子どもも一定数いる（厚生労働省，2015）。入所の経路は，家庭裁判所を経由する場合もすべてのケースに児童相談所が関わっている。教育システムは，伝統的には夫婦制による疑似家族的な環境の中で，学校教育，作業活動，クラブ活動などを通して，育ち直しを行うことが目的である。

　ここで児童自立支援施設を取り上げる意義は，世界的にも独自の支援システムをもつことである。児童自立支援施設は，非行化した子どもを入所の対象にしている点で少年院と比較されるが，一方で乳児院，児童養護施設，児童心理治療施設（旧情緒障害児短期治療施設），里親などの社会的養護の 1 つとして位置づけられている（厚生労働省，2015）。その歴史は 120 年あまりにのぼり，感化院（1900 ～ 1933），少年教護院（1933 ～ 1947），児童自立支援施設（1947 ～ 1997）と名称を変え現在に至っている（全国児童自立支援施設協議会，1999; 全国教護院協議会，1985）。

　その独自性は，実際の夫婦が情緒や行動上の問題を示し非行化した子ども 8 人程度と生活を共にし，家庭的な環境を提供し，子どもの強みを強化する視点と，問題を治療的に活用する点にある。施設内には，複数の夫婦寮があり，日中には施設内に設置された分校の教員による学習支援，心理士による心理的なケア，精神科医による医学的治療が提供され，入所理由となる家族調整や家族再統合に向けた働きかけが行われている。

　このように，特別なニーズをもつ子どもたちに対して，24 時間の生活を中心とした総合的なケアが行われている。

（2）治療教育の実際

　児童自立支援施設における情緒や行動上の問題を示す子どもへの治療教育には，被害者性と加害者性へのアプローチという「支援の実際」がある。ここでは，外的枠組みの強い状態から内的枠組みが強くなる状態，言い換えれば専門職主導型の実践から当事者参画型の実践に移行していく過程（図 3-1 参照）で，2 つの次元で 4 つの「対話」が行われていることを明らかにする。

　2 つの次元とは，「自己内の対話」（図 3-2（1））と「自己と他者の対話」（図 3-2（2））である。まず，「自己内の対話」は，一人の個人の中にある「被害者性

と加害者性の対話」を意味する。次に，「自己と他者の対話」には，さらに2つの対話がある。まず，被害者としての自己と加害者としての養育者（虐待者）との対話（図3-2 (3)），そして加害者としての自己と被害者としての他者（入所以前の加害を加えた相手）との対話（図3-2 (4)）である。これらは，それぞれ独立して行われるのではなく，「自己と他者の対話」の過程には「自己内の対話」が必要になり，相互に関連をもちながら繰り返し行われていく（図3-2）。

1）自己の被害者性と加害者性の対話（図3-2 (1)）

　ここでは，自己の被害者性と加害者性の対話について説明する。そのために，入所する子どもの背景について再度確認する。

　児童自立支援施設に入所する子どもは，7割以上に被虐待体験や子ども期逆境的体験があり，加えて何らかの加害行動を行い措置されてくる。これは，愛され，認められ，受け止めてもらいたい一番の対象である親から，圧倒的な力を行使さ

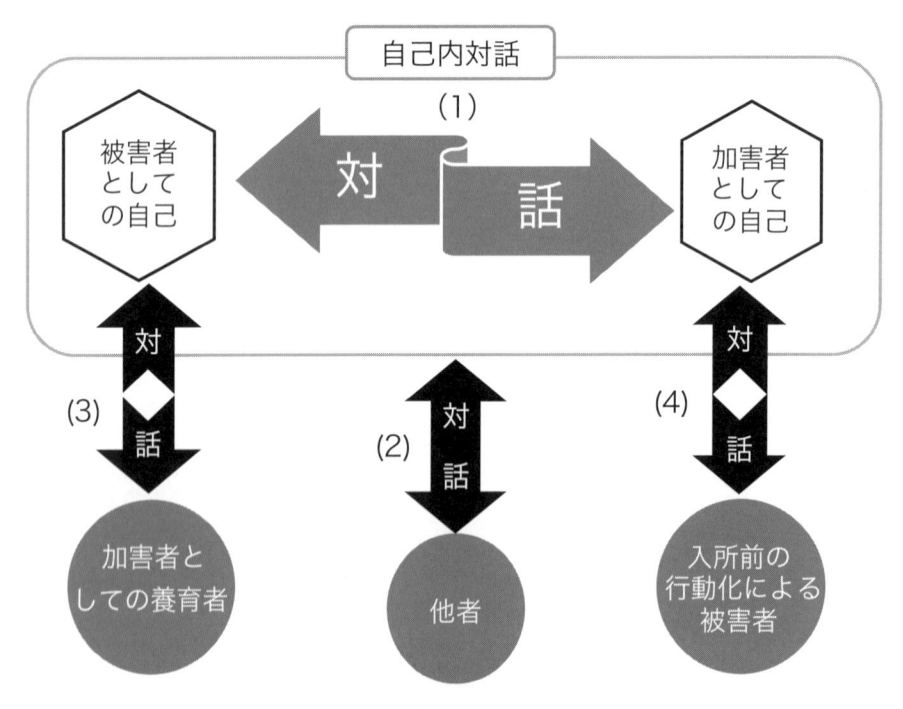

図 3-2　被害者性と加害者性へのアプローチ

れ続けた経過があることを示している。そのような体験は，時間の経過とともに，心や身体，行動や思考までをも硬直させ，万引きや粗暴行為，深夜徘徊などの加害行動へと至らせる。しかし，多くの子どもたちは，これらの過程に自覚的であるところか，様々な防衛機制を用いて非行のプロセスを単純化することに長けている。

　そこで，上述のような臨床的特徴に対して児童自立支援施設では，個々の子どもの個人内における被害者性と加害者性を行き来しながら，対話を繰り返している。

2）現在の出来事を通した自己と他者の対話　（図 3-2（2））

　自己の被害者性と加害者性の対話をしていくだけなら，これは心理療法の範疇で対応可能である。ところが，面接室内の1対1の心理療法で完結するほどたやすい子どもたちではないからこそ，一貫した職員による構造化された生活支援システムが効果を発揮する。職員は，子どもと24時間の生活を共にし，その過程で起こる出来事を通して2つの対話を行っている。1つ目は，現在の出来事を通して子どもの強みを引き出し，伸ばす対話，2つ目は現在の出来事を通して課題に焦点化する対話である（図 3-3）。

①現在の出来事を通して子どもの強みを引き出し，伸ばす対話

　これは，実際の支援を通して，子どものよさや・強みを引き出し，強化する対話である。「おはよう」と自分から言えなかった子どもが，自分から言えた。部屋をきれいにして，「気持ちいい」と語った。なにげない，ほんの小さな変化を見逃さず，それを拡張するために日々の対話が行われる。こうした対話は，次に挙げる「課題に焦点化する対話」よりも多くなければならない。それは，この対話が子どもの自己肯定感を回復する機能でもあると同時に，課題に焦点化する対話の基礎になるためである。

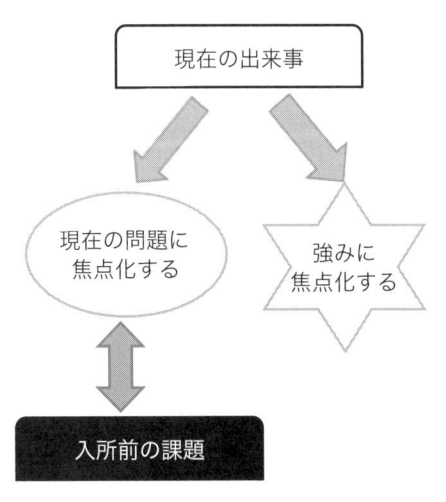

図 3-3　現在の出来事を活用した
自己と他者の対話

②現在の出来事を通して課題に焦点化する対話

　入所する子どもの多くは，施設内においても入所以前の非行や情緒や行動上の問題に関連した逸脱を行う。つまり，現在の施設生活の中で起きる情緒や行動上の問題は，入所以前の情緒や行動上の問題と関連し，さらにそれは被害体験とも関連している。もしくは，直接，被害体験とのつながりの中で起きている行動であるかもしれない。これらは，臨床的な感覚のみではなく，縦断的な調査によっても示されている（Caspi et al., 2002; Widom, 1989）。したがって，現在起きる行動を治療的に活用することができる。

　日常場面で起こるトラブルの解決には，子どもたちがこれまで行使してきた力や単純化する思考方法ではなく，トラブルの相手や寮内のメンバー集団・職員との「対話」が用いられる。この「対話」は，時に入所する子ども集団の肯定的な力動を活用し，時に問題に直面化させ，また現実的な対処方法について対話していく。このとき，重要な視点が2つある。1つは，トラブル以前に対話してきた子どもの「強み」で課題を打ち消すような視点である。もう1つは，入所以前の課題とつなげる視点である。これらによって，過去と現在の出来事をつなぐ治療教育的支援が行われる。

3）被害者としての自己と加害者としての親（虐待者）との対話（図3-2 (3)）

　安心・安全が保たれてくると，何気ない日常生活の中で過去の悲惨な体験を語ることがある。また，生活場面で起こるトラブルに一貫した反応様式があることが多い。しかし，一部の子どもは自らを被害者と位置づけようとはしないし，親を加害者と位置づけようともしない。だからこそ，現在起こるトラブルに潜む歪んだ認知・行動・感情を同定し，それらの形成過程をたどる作業が必要になる。その過程では，非行化に至るプロセスを探求することになる。

　実際に親との面会や家族合同ミーティング（第5章）では，これまでの成育歴を探り，そうせざるを得なかった親の認知や感情に触れ，子どもの求めていた感情を伝える作業が行われる。これらの対話を繰り返す中で，現実的な進路や住居，帰宅後の不安な点などの整理が行われ，地域に戻る道筋ができる。

4）加害者としての自己と被害者としての他者（入所以前の加害を加えた相手）との対話（図3-2 (4)）

　何らかの情緒や行動上の問題や加害行動を行い入所している子どもにとって，

現在「まじめに」施設生活を送ることは昔と比較すれば奇跡であり，入所前の行動は「過去の過ぎ去ったこと」と認識されてしまうこともある。また，一方的に謝罪をすることで問題が解決したと考えていることもある。したがって，入所以前に行ってきた行動が，被害者や被害者家族，学校，地域へどのような影響を与えてきたのかという，客観的な認識が得られるように対話をすることになる。これは，他者を内在化させ，内側から統制する力が身についた状態で可能となる。

　こうした準備段階を経て，実際に被害者に対面し，施設生活で考えてきたこと，取り組んできたことを語り，被害者が受けた影響やその後の生活について聴き，謝罪を行うことになる。

　以上のような取り組みが，実際の支援を通してなされている。

（3）心理職の関わり〜潤滑油として

　ここでは情緒や行動上の問題を示す子どもに対する治療教育における心理職の働きかけについて説明する。具体的には，心理職の働きを 1）施設機能の理解，2）臨床的な意味づけの共有，3）アセスメント，4）支援計画と共有，5）潤滑油として，6）評価と蓄積の 6 つの視点から整理する（図 3-4）。

1）施設機能の理解

　児童自立支援施設は「治療教育施設」として，24 時間の生活そのものが，子どもの未発達な側面やこれまで体験してきた被害と加害の関係を整理する機能をもっている。これらは，職員を主軸とする「一貫した関わり」によって成り立っている。

　面接の中で，「職員といると，なんか安心できるんです」，「職員さんを悲しませることはできません」と語る子どもがいる。

　このように，治療教育における心理職の重要な取り組みは，第一

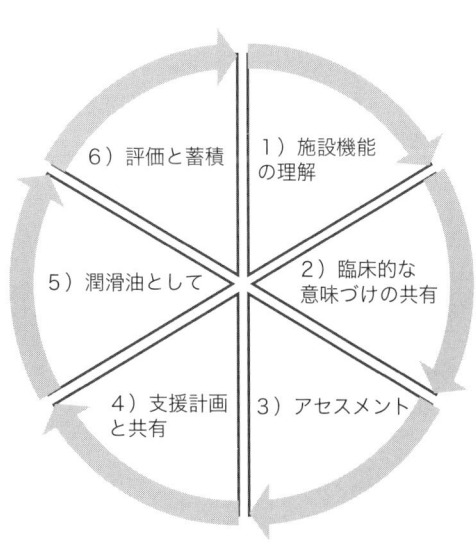

図 3-4　心理職の関わりのプロセス

に「生活の重要性」を理解することから始まる。

2）臨床的な意味づけの共有

児童自立支援施設は長い伝統があるが故に，生活そのものが目的化したり（生活リズムや基本的生活習慣の習得は基礎にあるのだが），伝統的に意味をもつ活動の「意味」が忘れ去られ形骸化したりすることがある。上述の「施設機能を理解する」という意味は，生活の重要性を理解するということのみではない。「生活の意味」を心理的な視点から紐解き・意味づけ・共有するということが重要なことである。

「支援の実際」で示したことは，実際の支援を「対話」という視点から紐解き・意味づけ・共有するために概念化したものである。

このように，伝統的な支援を心理的な視点から紐解き・意味づけ・共有することが第二の心理職の重要な取り組みである。

3）アセスメント

入所する多くの子どもはすでに示したような重複した問題を抱えているが，個々の体験の程度や認識，力動は異なっている。そのため，入所時点で丁寧なアセスメントが求められる。その内容は以下の通りである。①入所について（生活への意欲，課題への意欲，理由の理解），②非行について（累積数，進度，背景の理解，責任の認識，親の認識），③虐待（有無，種類，程度，虐待者，子どもの認識），④対人関係（基本的信頼感，共感性，力による関係，加害傾向，被害傾向），⑤家族関係（父親，母親，きょうだい，その他），⑥友人関係（小学校，中学校，他校），⑦性的発達・問題行動，⑧怒りの対処方法，⑨自己像（自尊感情，自己効力感），⑩支え（好きな活動，信頼できる人，安心な場所），⑪情緒と行動の特徴（自己評価と他者評価），⑬トラウマ等がある。

これらはアセスメントの章で示したものであり，今後の生活に及ぼすリスクと保護因子および長期的な回復を促す視点を含めて，丁寧に把握することが第三の取り組みである。

4）支援計画と共有

児童自立支援施設では，子どもの入所理由やその後の生活の中から，個々で達成されるべき課題とそれに対応する支援の方法をまとめた「自立支援計画」が作

成される。同様に心理職も，標準化されたアセスメントから，心理支援計画を作成し，「自立支援計画」に反映されるように努めている。

そのためには，アセスメントの結果について生活を担う職員や教育を担う教員，医師，看護師，児童相談所の心理司等にフィードバックし，情報が共有されるように努めることが必要である。このようにアセスメントと支援の計画を他職種・他機関と共有し，連携していくことが第四の取り組みである。

5）潤滑油として

情緒や行動上の問題を示す子どもの治療教育施設では，生活場面で起こる出来事を活用して被害者性や加害者性にアプローチを行っていることを示した（図3-2）。ここでは，心理職が被害者性や加害者性をどのように扱うのかを説明する（図3-5）。これは，入所した子どもの個人内の力動に焦点を当てている。

過去の体験では，個人内の被害性と加害性がバラバラな状態で存在しており，どちらか一方が強調され，歯車がかみ合っていない状態である（図3-5，過去）。この状態ではどちらか強い感情を扱いつつ，両輪がかみ合う状態になるまで地盤固めが必要である。面接では，生活の出来事を必ず扱い，認知−感情−行動のつながりをトレーニングする。そのうちに，生活上の出来事が過去の被害や加害とつながることが見えてくる。生活場面の支援を担当する職員は，生活上の出来事

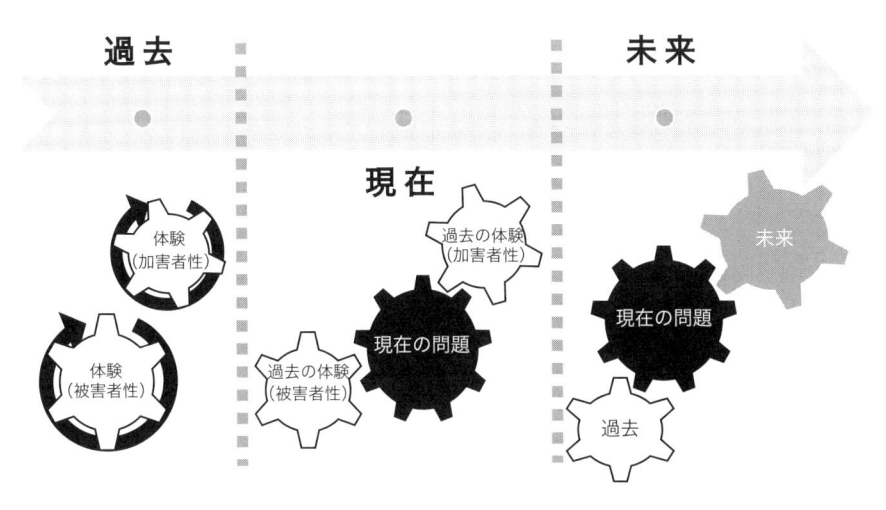

図3-5　トラウマ体験に焦点化したアプローチの概念図

の解決とそれに関連する被害性や加害性について逐一整理を行うが（生活場面面接，第4章），心理職はそのときの潤滑油として機能する。面接場面では，生活上の出来事を再整理すること，時にトラウマに焦点化した面接を行うことで，現在の問題という歯車を回す力として働く（図3-5，現在）。

　時間経過とともに，被害性と加害性が統合され過去のものとなり，現在の生活の出来事から退所後の未来を描けるようになる（図3-5，未来）。

　このように心理職は歯車の回りをよくする潤滑油として，時に自ら歯車を回す力として機能する。これが，第五の取り組みである。

6）評価と蓄積

　一連の支援が実施された後，その効果を測定する必要がある。上述の枠組みでは，情緒や行動の統制力の程度，被害者性と加害者性の整理やトラウマ症状自体の変化，未来に対する希望や肯定度など，入所時にアセスメントした結果がどの程度変化したかを明らかにする必要がある。

　これは，退所後のアフターケアにつながる点でもある。さらに，1事例を積み重ねることによって，施設としての支援のモデル化を行うことが可能である。心理職はその方向性を示すデータを蓄積していくことも重要な役割である。こうした取り組みによって，新たな施設機能や臨床的データの蓄積に貢献することができる。これが第六の取り組みである。

（4）まとめ

　児童自立支援施設は，長い伝統と独自の理念の基に「とことん付き合う」支援がなされてきた。本章では，入所する子どもの「情緒や行動を統制する力」との関係から，外的枠組みから内的枠組みへと移行する施設機能を説明した。また，実際の支援は，生活支援・学習支援・作業活動などであるが，「支援の実際」は，それらをツールとして4つの「対話」を行っていることをまとめた。こうした概念化にあたっては，実際の支援を被害者性や加害者性の対話という視点から臨床的に意味づけ共有するという，心理職の6つの取り組みのうちの1つとして位置づけられることをまとめた。実際には，このような状態になるまで動機づけや言語化する力を高めることが重要になる。

3.　情緒や行動上の問題を示す子どもへの個別面接

　情緒や行動上の問題を示す子どもが適切な集団の中で過ごすことは，基本的な生活習慣や対人関係スキル，自己理解や他者理解を高める重要な機会になり，すでに述べたように自己の被害者性や加害者性に向き合うことにもなる。こうした成長を個別のニーズに応じてさらに促進させる方法の1つに個別面接がある。ここでは，心理職の業務で述べた潤滑油としての機能を（2.（3）参照）より具体的に説明する。

　まず，個別面接の効果が期待される（1）対象，（2）面接開始のタイミング，（3）場面の設定，（4）回数，頻度，時間の設定，（5）面接の枠組みと約束，（6）テーマについて述べる。

（1）対象

　情緒や行動上の問題を示す子どもが自ら「面接をしてほしい」とカウンセリング機関を訪れることは非常に少ない。例えば，非行化した子どもを例に挙げると，自ら援助を求めていないクライエントであり，変化することに対する動機づけも乏しい。この状態では面接に導入することが困難である。

　そのため，個別面接の対象者になる子どもは，変わりたいとの希望など一定の動機づけをもっていること，行動化の背景となる要因について理解と整理をする自我の強さがあること，一定の言語的なやり取りが可能であること，などの条件が挙げられる。具体的には，以下のようなニーズをもつ子どもが対象となりやすい。

- ・逆境的体験が重篤であり，現在の行動や認知，対人関係に影響を与えている子ども
- ・周囲の人間関係がうまくいかずに，困難さを抱えている子ども
- ・認知面に大きなずれがあり，十分な理解ができていない子ども
- ・成育歴に関する整理ができていない子ども
- ・過去の行動化に対して内省を必要とするような子ども
- ・不安や抑うつ状態が強く，現在の行動にも影響を与えている子ども

このような情緒や行動面に課題をもつ子どもが対象になることが多い。

（2）面接開始のタイミング

　情緒や行動上の問題を示す子どもに対する個別面接は，自分を抑制することができる内的な力とその不足を補う外的な力の均衡が一定程度保たれた時期に開始されることになる。情緒や行動上の問題が重篤である場合には，まず外的な力によって一定程度行動化を抑制することが個別の面接以上に優先される。この外的な力は，法律，校則，ルール，日課などの個人の自由を制限する機能である。この外的な力を越えて，自由な行動を選択することで，「非行少年」と呼ばれることになるが，この枠組みを一定程度保つ生活を行う中で個人の内的な枠組みを増やしていくことになる。この内的な枠組みは，衝動性をコントロールする力や言葉によって表現する力，自己理解，他者理解，行動の責任を理解することなどが当てはまる。外的枠組みを多く必要とする時期に内的な枠組みを強化する方法は，次章で述べる「生活場面面接」という手法になる。

　外的な枠組みと内的な枠組みが一定程度均衡を保てるまでに成長が促された場合，個別の心理面接を実施するタイミングとなる（図3-6）。情緒や行動上の問題が個別面接による枠組みの範囲に収まる状態であれば，すぐにでも開始すること

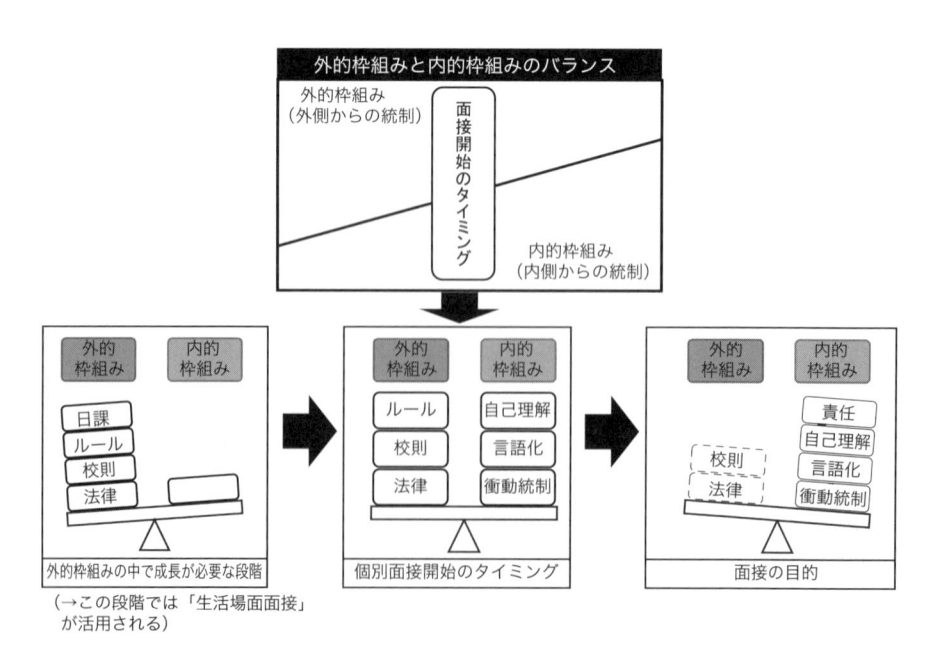

図3-6　個別面接のタイミング：外的枠組みと内的枠組みのバランス

ができるが，行動化が自傷他害を伴うような重篤な状態であればあるほど個別面接のみで変化を促すことは難しくなる。

　個別面接では，現状の内的枠組みをさらに強化する1つの手法と位置づけることもできるため，外的な枠組みが弱くても内的な枠組みが一定程度強くなることを目指す。この内的枠組みを強化することができれば，施設入所のような最も外的な枠組みが強い状況にいなくとも自らを統制できるようになる。

（3）場面の設定

　個別面接は，一般的に生活空間から離れた落ち着いた場所・部屋で実施することがよい。日々の雑然とした日常から気持ちを切り替え，周囲の目を気にせずに自由になれる空間があることで，内面に目を向けることができる。話をしても周囲に聞かれていない環境や，落ち着いてリラックスして話ができるような空間を設定する。

（4）回数，頻度，時間の設定

　情緒や行動上の問題を示す子どもの場合，面接室内の枠組みも一定にすることで規律やルールを尊重する姿勢と内面への働きかけを安全に行うことができる。そのため，面接回数，頻度，時間の設定を子どもと共有することは非常に重要である。

　定期面接を開始する時点で，回数，頻度，時間についてまとめた用紙を作成して確認する。多くは，週1回，○曜日の○時から，1時間，6ヶ月間で○回の面接を予定しているといった形で伝えることが多い。同時に，様々な事情で同一の曜日や時間にならないこともあると約束しておくことも重要である。発達的な課題を重複する非行化した子どもの中には，「この曜日のこの時間に約束していたのに，大人は信用できない，裏切った」などと，個別の状況に柔軟に対応することができずに関係性の悪化につながることがあるからである。

（5）面接の枠組みと約束

　ここでは，まず外的枠組みと面接の枠組みとの関係，子どもとの約束について説明を行う。特に，事前の約束は情緒や行動上の問題を示す子どもへの対応に重要である。

　まず，外的枠組みと面接の枠組みの関係である。実施する環境がどの程度強固

な枠組みをもっているかで，面接自体の枠組みの強度を変えることができる。例えば，施設内で面接を実施する場合，その施設が非常に強固な枠組みをもっている場合には，面接の枠組みや関係性を緩やかなものにすることができる。一方で，地域などの自由な程度が強く枠組みが十分でない場合には，面接の枠組みを強くしなければならない。このように環境自体の枠組みの強弱によって，面接の枠組みや関係性を柔軟に変更していくことが必要である。

　この枠組みの設定は，子どもとの関係性にも応じて変更される。一定の緊張感もなく，自由にふるまうような子どもの場合には，面接の枠組みや動機づけについて繰り返し説明を行うことが必要になる。逆に，かしこまって緊張度が高い場合には，こちらがリラックスしてフランクに話を進める姿勢を維持することが関係性の構築に必要かもしれない。

　次に，面接の約束について説明する。情緒や行動上の問題を抱えた子どもと面接を実施する場合，事前の約束事を決めておくことが必要になる。特に面接場面で，これまで明らかにされていない問題行動を語ることや疑われることがあった場合にどのように対応するのかを約束しておく。また，面接場面の話の概略は関係者で共有すること，発覚していない問題がわかった場合には，行動を止めることが大人の役割であり，子どもを守ることにつながることを説明しておくことが必要である。

(6) テーマ

　個別面接のテーマはそれぞれ異なるが，基本的に子どもの強みを強化する視点と情緒や行動上の問題に関連する要因に焦点を当てることになる。子どもの強みを増やしていくことは，日常場面の様々な出来事を活用しながら，よい点を繰り返し伝えていくことである。情緒や行動上の問題に関連する要因は，それぞれの子どもによって異なるが，働きかけのテーマと手順がおおよそ決まっている。この点については，本章の「個別面接の働きかけの手順」で述べる。

4. 理念と理論

　ここでは，情緒や行動上の問題を示す子ども自身が主体的に肯定的な目標を設定し，評価をしていくシステムを紹介する。図3-7では基本的な考え方を示し，図3-8では目標と評価の位置づけを示した。その上で具体的に支援に活用するた

めのツールである「支援票面接シート」（図 3-9, 3-10）を説明する。

（1）基本的な考え方

　情緒や行動上の問題を示す子どもたちの中には，自分の行動に対して問題意識をもっていてもコントロールができないような場合と意図的に問題を起こしているような場合の両方がいる。問題意識がありコントロールができないような子どもの場合には，情緒や行動上の問題による自責感を抱えている場合が多く，自己評価も低くなりがちである。このような状態を示す子どもに対しては，面接者との関係性も作りやすく協働的に問題を解決していくことができる。

　一方で，意図的に情緒や行動上の問題を繰り返しているような子どもの場合には，社会や大人に対する不信感が強く，自らの行動を正当化することに長けているため，協働的な関係性を築きにくく，通常の枠組みでは面接にのってくることも少ない。このような状況で面接者が指導的になり，子どもに働きかけていけば，多くの場合は子どもからの反発を招き，対立構造が深まる（図 3-7 左）。この状況では，子どもが個別面接に来ることがないだろう。そこで，この関係性をシステム論的な視点から見てみることにしたい（図 3-7 右）。

　例えば，矯正施設に入所する子どもの場合を考えてみたい。子どもたちは，自らの意志で入所を希望したわけではなく，司法による強制的な判断により入所し

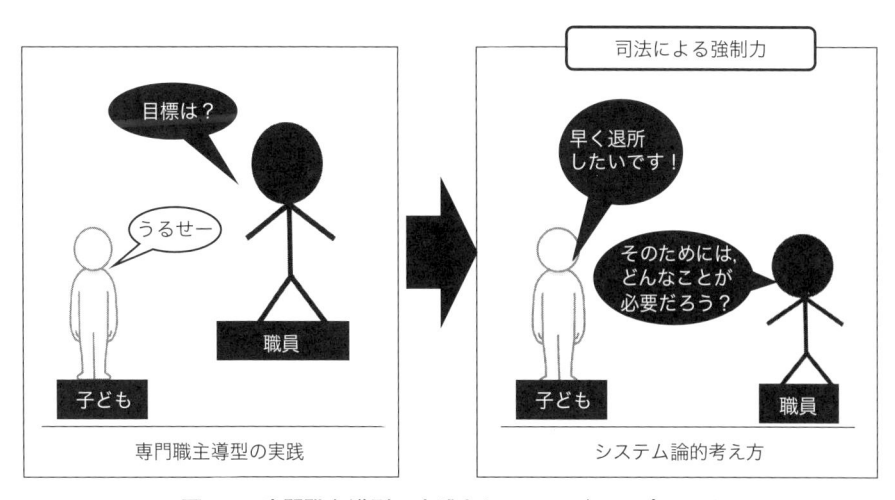

図 3-7　専門職主導型の実践とシステムズ・アプローチ

ている。そのため，すべての子どもは，主訴となる入所理由があり，「退所したい（早く地元に戻りたい）」という気持ちを抱いている。この時点で一定の外的枠組みとしての強制力が働いており，問題を繰り返していればより強く・重い枠組みの中で矯正教育を受けるという現実を理解している。また職員は，こうした司法による強制力が機能した中で支援を行っていることになる。この点で職員は子どもに強制力を行使する立場ではなく，「退所したい」という気持ちを受け止めつつ，どうすれば退所できるのかを検討する視点に立つことができる。これは家族療法におけるシステムズ・アプローチの視点である（遊佐，1984; 生島，1993）。こうした手法によって，子どもと協働的な関係性を構築することができる（図3-7）。

　これは何も矯正施設に入所している子どもに限らず，一般の学校に通っている子どもと教員やカウンセラーであっても，外的な枠組みである校則や法律によって縛られている現実があることを共有することで，一方的に権力を行使して規制を強めるのではなく，協働的な取り組みを行う基盤ができる。

（2）目標設定と評価の実施過程

　上記のような考え方を基に協働的な関係を構築することができれば，次に現実的で具体性のある目標を設定することが，情緒や行動上の問題を示す子どもの支援に効果的である。その際，図3-8 に示したように，大きな目標の設定とそれを達成するための小さな目標設定（例：3ヶ月，7ヶ月，11ヶ月，15ヶ月）をする

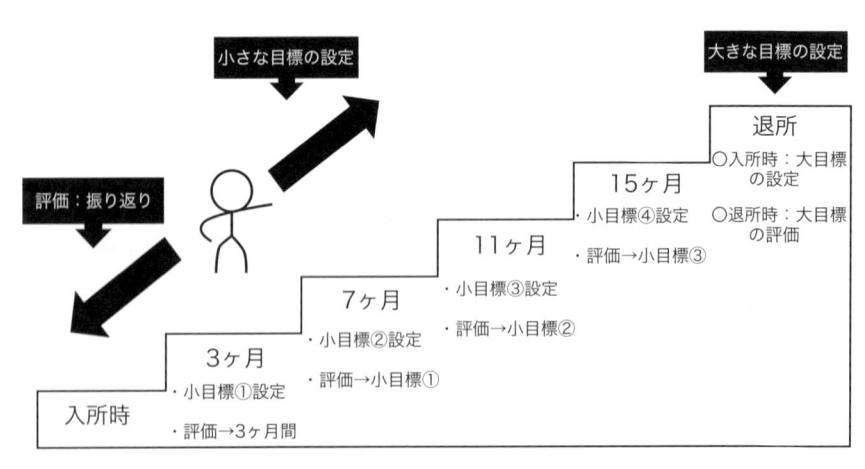

図3-8　大目標と小目標の設定と評価の考え方

表 3-1　段階ごとの目標設定のポイント

段階	取り組むポイント	具体的な実施事項
ステップ 1	初期のアセスメント	1）行動化事実関係・理由の確認
		2）変化への動機づけ
		3）強みを引き出す
ステップ 2	目標設定の考え方を共有する	1）段階的な目標設定と評価の考え方を共有する
		2）変化への動機づけを確認する
ステップ 3	大きな目標の設定 （退所時目標の設定）	1）主訴となる背景要因を共有する
		2）将来，どのような自分になりたいか検討する
		3）上記を踏まえて，大きな達成目標を 3 つ程度決める
ステップ 4	小さな目標の設定 （3 ヶ月，7 ヶ月，11 ヶ月，15 ヶ月時点）	1）大きな目標を達成するための小さな目標を設定する
		2）上記の小さな目標を達成するために努力する点を具体的に決める
		3）目標設定の場面：生活面，学習面，医学・心理面についてそれぞれ設定する
ステップ 5	目標設定の共有	1）子どもと設定した目標を共有・確認する
		2）職員間でカンファレスを実施し目標を共有する
ステップ 6	評価と次の目標設定 （3 ヶ月，7 ヶ月，11 ヶ月，15 ヶ月時点）	1）設定した目標に対する自己評価を共同的に振り返る
		2）他者評価についても，達成された面と残された課題などを整理する
		3）次の目標設定を行う
ステップ 7	大きな目標の設定 （11 ヶ月，15 ヶ月時点）	1）大きな目標設定の達成度について評価する
		2）大きな目標設定を今後の人生の希望や目標へと移行していく

という考え方が，子どもにもわかりやすく実効性がある。これは段階的に小さな目標設定と評価の過程を繰り返して，大きな目標にたどり着くステップを示している。こうした目標設定と評価の過程は，ソーシャルワークの実践モデルである課題中心アプローチ（伊藤，2000, 2001）の考え方が役立つ。以下では段階ごとの具体的なポイントを整理した（表 3-1）。

〈ステップ 1〉 初期のアセスメント

　この段階の具体的な事項として重要な点を示す。面接者は客観的なアセスメントを踏まえて，子どもの成長のプロセスと必要な支援について検討していく。このときの面接者の役割は，子どもの状態を治すという治療者ではなく，子ども自身が自分の問題に気づき，変化していこうとする姿勢を引き出すことである。そのため，主訴となる問題およびそれを構成する背景要因を整理し，子どもと共有

することから始める。面接者側は，子どもの現状への問題意識を引き出し，変化への動機づけを高めていく。その際，子どもの強みを同時に伝えていきながら，情緒や行動上の問題を継続していくよりも適切な行動をする方が自分にとってよい選択であることも動機づけていく。

〈ステップ2〉目標設定の考え方を共有する

　ここではまず，図3-8や図3-9を示しながら，目標設定と評価の考え方について共有する。同時に変化への動機づけをエンパワメントする。

〈ステップ3〉大きな目標の設定

　情緒や行動上の問題の主訴とその背景要因について再確認を行い，情緒や行動上の問題を起こさずにいられるようになったら，どのような自分になりたいか話し合いを重ねていく。このとき，主訴とその背景の課題を改善していく視点に立つものの，「〜を直す」という目標の設定ではなく，「〜できるようになる」というプラスの目標設定を中心に行う（図3-9①）。意識的に減らしていく点は，図3-9②に記載する。しかし，プラスの目標設定を3つ記載するとすれば，減らしていく点は1つ程度に抑えて，あくまでも伸ばしたい点を強調して設定する。

〈ステップ4〉小さな目標の設定

　次に大きな目標を達成するための，小さな目標の設定を行う。図3-9では，2ヶ月時点で到達できる現実的で評価可能な目標と減らしたい行動やそのために努力する点を具体的に決めていく（図3-9③④⑤）。その際，子ども自身の主体的な目標と入所理由に関連する現実的な目標設定の両者が一致するように対話を積み重ねていく作業が重要になる。この過程を通して自己理解を深め，動機づけを高めていくように働きかける。このとき，あくまでも子ども自身が主体的に設定できるようにすることが目標設定と評価の重要なポイントである。

　次に，面接者は子どもの目標設定に対して，どのようなサポートができるかを検討して，子どもにも伝えたことを記載する（図3-9⑦）。子どもによっては，面接回数を増やしてほしいと希望する場合や，逆に減らしてほしいと希望する場合もある。

　最後に，目標設定に対する理由を記載する。これは，大きな目標に対して今回の小さな目標設定に至った理由を含めて，長期的に大きな目標が達成されるとい

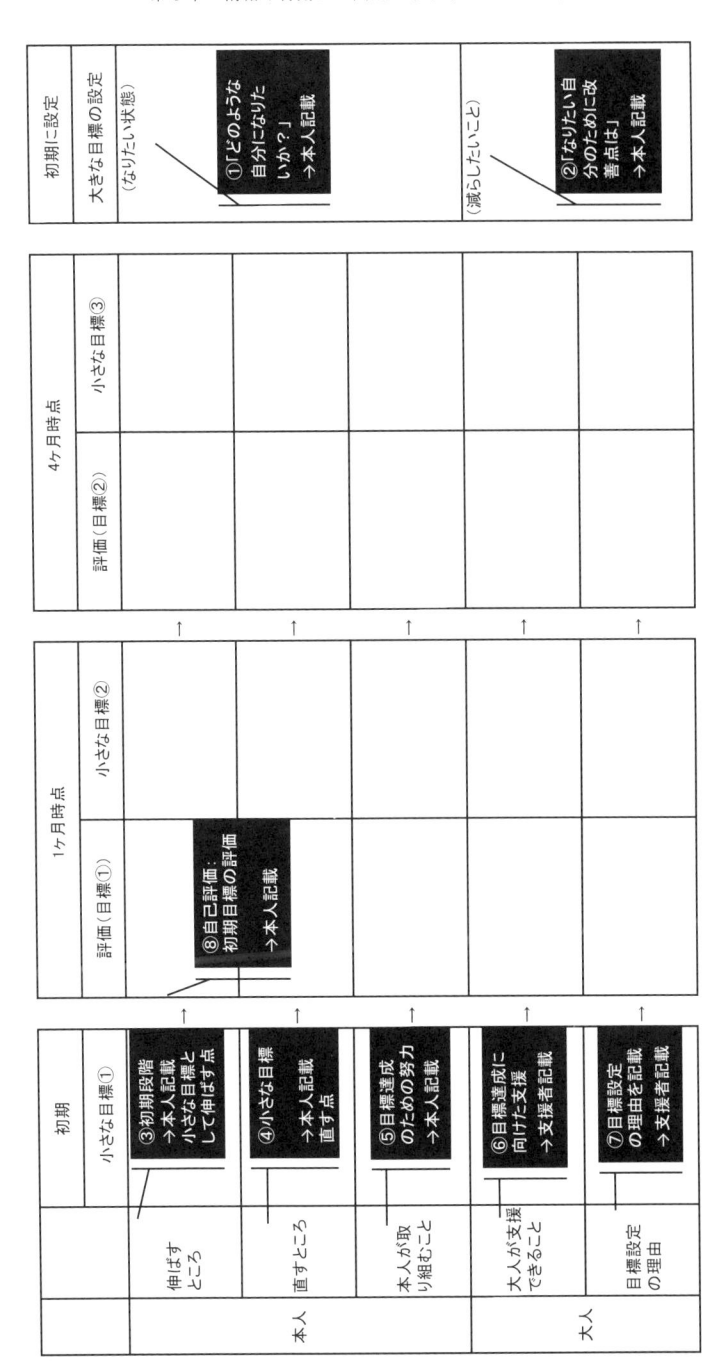

図 3-9　目標設定のためのワークシート（学院自立支援票より作成）

う方法を解説する欄である。

〈ステップ5〉目標設定の共有

　この段階では，目標設定を記載したあとに，子どもと職員で目標設定の共有を行う。具体的には，話し合いを進める中で大きな目標と小さな目標の関係を再確認する。この目標設定を定期的な面接で確認していくこと，また3ヶ月後に最終評価を行うことを確認する。

　次にチームで取り組んでいる場合が多いため，職員間および関係機関ともこの過程を共有する。さらに職員全体で今後の支援の方針を確認する会議を実施することで組織の支援計画として位置づけていく。

〈ステップ6〉評価と次の目標設定

　評価の段階では，設定した目標がどの程度達成されたのかをふり返る。具体的に達成された点と課題となる点の両方を挙げてもらい，子ども自身の評価を記載する（図3-9 ⑧）面接者も同様に，子ども自身の努力した点を認めつつ，次の目標につながるようなコメントを記載する。

〈ステップ7〉大きな目標設定

　小さな目標設定を行い，大きな目標設定に近づいてきた場合，次のステップになる大きな目標設定に向けて話し合いを進めていく。この場合は，職員の助けが少なくてよい状態であり，夢や希望を設定する今後の生活に向けた準備を行っていく。その際，図3-10のようなワークシートを用いて，①成長した点，②今後の心配な点，③対策を考えていく。その上で今後の目標設定を整理していくことで，支援期間だけの適応にとどまらず退所後の生活にもつながる整理を行う。

成長点	今後の不安点	どんなことがあるとよいか		目標設定
			⇨	

図 3-10　退所前のふり返りと退所後の対策，目標設定

5.　個別面接における働きかけの計画

　個別面接における働きかけの計画を図3-11に示す。まず，面接に意欲的ではない子どもにとって，面接への「動機づけ」を促す段階が必要である。次に，生活場面で起きる「現在の要因へのアプローチ」，「過去の要因へのアプローチ」，非行等の問題に焦点を当てた「問題焦点型アプローチ」，「被害者について理解する段階」，「地域生活への準備を行う段階」に分けられる。

　各面接回数のおおよその目安は，「動機づけ」と「現在の要因へのアプローチ」で12回，「過去の要因へのアプローチ」8回，「問題焦点型アプローチ」8回，「被害者理解」4回，「地域生活への準備」4回程度を想定している。

　施設に入所している場合には，外的枠組みと内的枠組みのバランスが均衡する時期から開始することになるが，その時期は，おおよそ6ヶ月程度が経過していることが多い。つまり，半年間は基本的な生活習慣や対人関係などの基盤を作っていく治療教育が必要になることを意味している。以下では，具体的な段階について説明する。

（1）面接計画の共有

　個々の子どもによって，面接のテーマや働きかけの比重は多少異なったりすることもあるが，アセスメントに基づいて関連する働きかけを追加した面接計画を

取り組み時期（おおよその目安）							役割分担		
施設入所回数	6ヶ月経過後〜	9ヶ月〜	11ヶ月〜	13ヶ月〜	15ヶ月〜		生活	心理	児相
	12回	8回	8回	4回	4回				
ア プ ロ ー チ の 視 点						アフターケア	○	○	◎
					地域生活への準備		◎	○	◎
				被害者理解				◎	
			問題焦点型アプローチ					◎	
		過去の要因へのアプローチ					○	◎	
	現在の要因へのアプローチ						◎	○	
動機づけ：自分の望ましい（適切な）生活目標							◎	◎	◎

図3-11　個別面接の計画および分担（案）

子どもに説明する。

　説明には，①取り組む課題，②働きかけの計画（図 3-11 参照），③アセスメントおよび子どもが希望する適切な目標との整合性を図りながら，話し合いのテーマについて確認を行う（目標設定の項参照）。

　まず，主訴となる問題と関連する背景要因を整理し，どの段階でどのようなテーマを扱うのか整理する。その上で，具体的に取り組む内容，面接の頻度，曜日，時間等について用紙にまとめ，共有する。

（2）動機づけ：自分にとって望ましい（適切な）生活目標

　この点は目標設定の考え方ですでに説明している。個別面接の開始にあたって動機づけがきちんとなされているかという点を重視する 1 つの理由は，常に自分が定めた目標設定と行き来をしながら面接を展開していくことにある。また面接の進行段階で子どもの動機づけが低くなったり，面接への抵抗が生じたり，何らかの理由から行き詰まったときに，原点に戻って共有する作業ができるようにしておくことにつながるという意味でも動機づけは不可欠である。

　そのため，面接者は，一方的に目標の設定を行うのではなく，子ども自身が現在の状況で，自分の課題をどのように位置づけており，どのような自分を目指すのかを引き出す役割をとる。繰り返しになるが，面接者の役割は子ども自身が自分の未来を描くことをサポートする点であり，子ども自身のストレングスを最大限引き出すことである。

　面接者が一方的に定めた目標では，子ども自身がうまくいかない状況に置かれたときに，言い訳をつくり，「どうせ，自分は…」，「こんな目標，勝手に決められただけ…」などと逃げてしまい，主体的な問題解決につながらない。あくまで問題の解決者は子ども自身であり，変わるために内面と環境を調整することが必要であることも，動機づけとして説明していく。

（3）現在の要因へのアプローチ

　一般的な個別面接では生活場面の出来事に焦点を当てることはあまり多くないように思う。しかし，情緒や行動上の問題を示す子どもの場合，生活場面で様々なトラブルや問題を示すことが多く，それを扱うことが個別面接の基礎になる。現在の情緒や行動上の問題は過去の問題とつながりをもっており，現在起こる出来事に働きかけることが，結果として本質的な課題に働きかけることにつながる

と捉えている。

　個別面接の開始時点では，外的枠組みと内的枠組みのバランスが均衡している状態のため些細な齟齬が起きやすく，それを丁寧に扱うことが成長を促すことにつながる。具体的には以下のような点が挙げられる。

1）未統制の情緒：感情とそれに合致した言葉を理解する

　情緒や行動上の問題を示す子どもの多くは，自分自身が感じる心の動きとそれに合った言葉を対応させることができておらず，自分の感情を適切に表現することができていない。そのため，「死ね」，「ウザい」，「消えろ」などの単純な言葉しか出てこないことがある。もし，感情を表現する言葉を獲得して，自らの状態と一致させることができていれば，「〜って言われると，すごく嫌な気持ちになるから，やめてほしい」，「今，混乱しているから少し一人にさせてほしい」などと，伝えることができるだろう。

　しかし，この時点で子どもは感情を表す言葉を身につけておらず，自分の状態と対応させることができていないためトラブルが起きる。このトラブルの発生過程に適切に応じていくことが，子どもの状態と感情を表す言葉を対応させるトレーニングになる。

　感情を表現する言葉を十分に理解していない場合は，感情のリストを用いて1つひとつ教えていくことが必要になる。それができれば，日々の具体的な出来事の流れを確認していき，それぞれの段階でどのような気持ちになったのかを整理していくことができる。このように，自分の心の状態に名前（感情名）をつけていくことができるようになったら，他者の感情についてもどのような状態だったか感情名を考えていくことも必要になる。こうした繰り返しによって，自分の感情面の理解と統制の力を高めていくことができる。

2）特性理解：発達上の特徴について心理教育を行う

　非行化する子どもの中には，生物学的要因としてADHDや自閉症スペクトラム障害，知的障害のみではなく，様々な個別的な特徴があることがある。こうした特徴が対人関係や認知面に影響を与えて，情緒や行動上の問題となっている場合も多い。生活場面ではこうした特徴が至る所で表れやすく，日々自己理解を促す関わりがなされている。

　個別面接でもこうした自己理解を促す働きかけは重要であり，具体的なエピ

ソードを基に子ども自身にフィードバックしていく。その際，こうした特徴をもつ子どもは一人だけではなく，一定の子どもが同様の問題で苦労していることを心理教育することも必要である。これによって自分だけではないという認識を与えることができ，自分の特徴を理解してうまく付き合っていく方法を見つけていくことができるように促していく。

3) 対人関係スキル：対人関係のもち方，友人関係の作り方を理解し実践する

　発達特性から対人関係スキルが乏しい子どもや，力関係による対人関係を構築しやすい子どもにとって，他者とコミュニケーションをとらざるを得ない状況は多くのストレスを与えるが，一方で成長するチャンスでもある。齟齬が起きやすいコミュニケーションを仲介してくれる生活場面での支援と合わせて，面接場面でも具体的なやり取りのエピソードを挙げてもらい，整理していくことを繰り返す。失敗した場面では，どのような言葉をかければよかったのか，具体的に再現してもらいながら練習を試みることもある。また，言葉だけではなく態度も重要であることを伝えていく。

4) 共感性：相手の立場に立って考える

　自分の感情への理解が十分育っていない子どもにとって，他者感情を理解することや共感することは困難である。情緒や行動上の問題を示す多くの子どもは自分の理解や立場を無意識に優先させて考え，相手を非難することが常であり，自分の言動をふり返ることは行ってきていない。そのため，1つひとつの出来事を丁寧にふり返りながら，自分の立場と相手の立場の双方に働きかけていく。この点を繰り返していくことで，「自分も正しいと思っているけど，相手も正しいと思っているからどうすればいいでしょうか…」などといったように質問が自然と出てくることがある。こうした例は，自己中心的な視点から，他者の視点をとり入れて，そのずれに葛藤を抱えている証拠である。

　こうした日々の生活上の出来事を面接のテーマとして扱うことが，自らが起こした情緒や行動上の問題によって被害者に与えてきた影響について，今後の個別面接の中で洞察を促す基礎になる。

5) 認知のゆがみの修正：生活場面でみられる認知の偏り，歪みを確認・修正する

　逆境的な体験や非行文化の中で生きてきた子どもの中には，一般的な状態とは

異なる独特の認知傾向があることが多い。「なめられたら終わり」,「俺の強さを思い知らせてやりたい」など物事を力関係のみでとらえる傾向や反社会的な価値観・あこがれなどがみられる場合もある。こうした認知傾向や価値観に対しては,日常場面で適切な価値観を身につけていくことを促すとともに,トラブルや情緒や行動上の問題として表れた出来事を活用して理解と修正を促していくことが効果的である。

　トラブルを繰り返す子どもには認知面の歪みが多く,自分の価値観を優先した結果としてトラブルを招くが,その要因を他者に帰属させる傾向が強いため対応が困難になることが多い。こうした学習された認知面の修正には一度や二度の働きかけで修正できることはないため,認知面が自分の行動に影響を与えていることを心理教育していくことが必要になる。その際,よい集団の中にいれば,子ども自身のずれを周囲から指摘されたり,異なった考え方を仲間が提示したりすることでその違いに自覚的になっていくことができる。

　面接場面ではこうした認知面のずれによって葛藤を抱え,適度な悩みをもつことができるように促し,心理教育を繰り返していくことが重要な働きかけである。

6）ストレングス：よい点を強化し，自信を引き出す

　子どものストレングスに着目することとそれを強化していくことは,面接への動機づけを高め,過去の要因や変化に対する働きかけの基盤になる。何気ない子どもの変化に着目して,よい行動面を言語化して伝えていくことや努力をしている点をフィードバックすることで,大人が肯定的な評価を与えていることが伝わる。褒められて嫌な思いをする子どもは少なく,何気ないやり取りにみられる配慮や気遣い,積極性などを伝え続けることで,表面的ではなく内面にあるストレングスを引き出すことができる。

　この点は,情緒や行動上の問題を修正的に扱う場合の基礎にもなる。繰り返しよい点を伝え,蓄積しておくことで,いざトラブルが起きたときに否定的な評価を与えて断罪するのではなく,「いつも自分をコントロールできているのに,今回はどうしたんだろう？」などと,プラスの評価を与えつつ,問題を扱うことができる。

　なお,逆境的な体験が重篤である子どもの中には,怒られることが日常的であった体験から,褒められることに対する違和感を強く感じ,あえて怒られるような行動選択をすることで安定を保とうとする子どもがいる。このようにあえて怒ら

れるような行動を示す背景を子どもと共有することを通して，よい点を伝えていくことができれば，癒しを与え自尊感情を高めることにつながるだろう。

（4）過去の要因へのアプローチ（トラウマへの働きかけ）

　過去の要因へのアプローチでは，成育歴に関する整理，トラウマ体験の整理，家族関係の整理に取り組む段階である。この段階では，外的枠組みよりも内的枠組みの方が大きく，過去の出来事についてもテーマとすることができる心理状態であることが必要である。人生史を整理する過程でトラウマ関連の問題や家族関係についてのテーマを含む形で進める。

1）成育歴：人生史の整理

　ここでは時系列で人生史の整理を行う。重篤な情緒や行動上の問題を示す子どもの初発非行は 10 歳以下であることが多く，子ども期発症型非行といわれ，生涯にわたって問題行動を持続していく危険性が高いことが知られている（Moffitt, 1993）。こうした子どもたちは，生物学的な要因と逆境的体験をはじめとした環境要因，心理的要因の相互作用の中で人生を歩んできており，様々な情緒や行動上の問題を重ねて現在に至っている。

　非行の時系列的な経過を整理する意味でも，この人生史の話題は重要である。例えば，ネグレクト家庭の中で食べるものがなく飲食物の万引きをしていた子どもが，時間の経過とともに飲食物以外のものを盗みため込むようになったり，万引きによるスリルを楽しみに繰り返すようになったり，他の仲間と関わる手段と

	出来事	気持ち	家族・友だち	その他（現在の理解）
0歳				
1歳				
2歳				
〜〜〜				
13歳				
14歳				
15歳				

図 3-12　成育歴の整理

してさらに行動化を激しくしていく過程がみられることもある。こうした子どもの多くは，現在の行動と過去の非行の意味の違いに自覚的ではないことが多い。現在の非行は「楽しいから」，「ただ，なんとなくお金が欲しかったから…」と単純化して答えるが，当初の非行で感じていた感情を忘れ去っているだけかもしれない。むしろ忘れることで悲しさや辛さに向き合うことを避けるという防衛的な意味が込められていたのかもしれない。

　こうした子どもの心理面の規制を想定しつつ，本人のペースに合わせながら語りを促していく。この際，図 3-12 のような時系列で出来事や感情を整理するシートに一緒に記載しながら進めることも多い。当時の理解や気持ちを扱いつつ，その出来事を現在どのように捉えているのか再整理していく。こうした流れの中で，これまで起きた出来事，家族からの虐待，家族の病気や精神状態，自分の情緒や行動上の問題，肯定的な体験について整理することができるようになっていくことを目標として進めていく。

　特に人生史の整理においては，過去の様々な要因が現在の自分にどのような影響を与えてきたのか理解を促す。例えば，「暴力で人を従わせてきたけど，俺も同じような体験をしてきた。もしかしたら，親父も竹刀で叩かれたって言っていたし，みんな暴力が当たり前だったのかもしれない」などと語る子どももいる。こうした整理によって，現在の自分の行動や不適切な価値観や認識と過去の体験，世代間連鎖に関る洞察を行うことができるようになる。

　現在につながるいくつかの重要なエピソードを同様に整理することができれば，この段階の目標は達成されたことになる。

2)　トラウマ：心理教育

　トラウマ体験となるエピソードは，当初のアセスメントで子どもが自ら語ってくれることもあれば，子どもが人生史を整理する中で語ることもある。より重篤な場合にはトラウマに焦点を当てた心理療法をはじめとする技法もあるが，ここでは心理教育と感情コントロールの対処法について子どもと扱うことが多い。

　以下は，過去に暴力を受けてきた結果，情緒や行動上の問題を示してきた子どもへの心理教育の例である。

　「暴力的な体験を繰り返し経験してきた人の中には，それが当たり前だと思ってしまったり，同様に暴力を相手にふるうことで物事を解決できると学んでし

まっていることがあるんだよね」

「衝撃的な体験をしてきた子の中には，A君のように，ぐっすり眠れなかったり，嫌な体験が急に心の中に出てきてどうしていいかわからなく混乱してしまうことともあるよ。あとはイライラしてしまうこととか」

それぞれの子どもの状態に応じて，トラウマ関連性の症状について心理教育を行う。また，対処法としてのリラクゼーションや呼吸法，音楽を聴くなどの方法についても個々の状態に応じてとり入れていく。

こうした心理教育によって，ある程度トラウマ関連性の問題の理解と対応に寄与することができる。

3) 家族関係：虐待体験の整理

人生史を整理するためのいくつかのトピックとして，ここでは家族の理解や被虐待体験に関して必要に応じて整理を行う。多くの子どもにとって家族は人格形成の基盤になるが，逆境的な体験を経た子どもにとって，不適切な価値観を学ぶ場になっていることもある。親の価値観や関係性について整理を促す必要がある子どもも多いため，この点に焦点を当てていく。

時系列で整理を行う中で，家族との様々な体験が時間の経過とともにどのような影響を与えているのか，認知，感情，行動面についてそれぞれ，検討していく。その際，面接している子どもとは別の子どもの例として以下のようなエピソードを伝えることもある。

「A君は小さい頃から暴力を受けてきて，それはいつも A君が何か悪いことをしてしまったときだったみたいなんだ。ただ，そうではないときもあったみたいだけど，A君は『自分が悪いことをしたからしょうがない』と思っていたみたい。なるべく怒られないように，嘘をついたり，次第に学校の友だちにも因縁をつけて暴力を振るったり，脅したりするようになっちゃったみたいなんだよね。A君は自分が家族から暴力を受けていたし，なにか気に食わないことがあれば，暴力で解決することが当然だと思ってきたみたいなんだ…」

「B君は小さいときに両親が離婚して，お母さんと二人で生活するようになったんだけど，お母さんは仕事で夜遅く，朝は寝ているから，一人で過ごすことが多かったみたい。B君は夜一人でいるのも寂しくて，怖い気持ちもあって，明るくて人がいるところに行くようになったんだって。そうすると，少し年上の先輩

がいたりして，パシリに使われることもあったけど，一人でいるより寂しくもないし，ましだなと感じていたみたいなんだ。でも，数年間そんな生活をしていたら，夜は友だちや先輩と一緒に遊ぶのが当たり前になって，初めはドキドキしながらやっていた万引きも当たり前になって，行動がどんどんエスカレートしてしまったみたいなんだ」

　このように，いくつか具体例を示しながら，子ども自身の心の中に抱くエピソードに働きかけていく。自分ではなく，よくある例として典型的な行動化への流れを説明することで，自分の場合はどのような流れがあったのかをふり返るきっかけとする。

(5) 問題焦点型アプローチ

　問題に焦点を当てた面接を実施するにあたって，法律に関する教育，非行のサイクルに関する整理，再犯防止のための方策の検討について取り組む。

1) 法律やルールなどの知識の教育

　ここでは，法律やルールなどの知識を与え，その枠組みを守り生活していく必要があることを説明する。日本には憲法，様々な法律，条令，学校のルールなどがあり，それを守らなければどのような結果になるのか明確にしておく必要がある。これは情緒や行動上の問題とその認識の程度にもよるが，外的な枠組みとそれを破るとどのような結果になるのか理解していれば行動化しない子どももおり，一定の規制をかけつつ内的な枠組みの発達を促すために必要な教育である。外的枠組みのみで行動化が止まるのであれば，入所型の施設でなくても対応可能である。以下は，各犯罪に対する法律を解説する例である。

　　窃盗罪：刑法第235条に規定された，他人の財物を窃取すること。窃盗罪を犯した者は，刑法235条により，10年以下の懲役又は50万円以下の罰金に処せられる。万引きも窃盗罪に該当する行為である。
　　暴行罪：刑法第208条に規定されている罪。暴行を加えた者が人を傷害するに至らなかったときに暴行罪となる。法定刑は，2年以下の懲役若しくは30万円以下の罰金又は拘留若しくは科料。
　　強制わいせつ罪：刑法第176条に規定された罪。13歳以上の者に対し，暴行

又は脅迫を用いてわいせつな行為をした者は，6ヶ月以上10年以下の懲役。13歳未満の者に対し，わいせつな行為をした者も，同様である。

このように，該当する法律に関する正しい知識を教育しておくことは，行為に対する枠組みを作ることであり，一定の行動制限をかけ，正しい枠組みを教育する効果もある。そのためこの段階は面接の冒頭で触れることもある。

2）非行の力動・報酬の理解：非行により得ていたもの，背景をふり返り整理する

ここでは，情緒や行動上の問題の背景と行動化によって得ていたものをふり返る。具体的な情緒や行動上の問題を取り上げて，その背景に着目して検討していく。まず，長期的な時間経過の中での情緒や行動上の問題の流れと行動化の直前の出来事に関する背景の2つを整理する。

長期的な流れについては，人生史の整理を行う中で子どもが身につけてきた防衛的な行動としての情緒や行動上の問題と，時間の経過とともに目的が変わっていく現状を整理していく。ここでは，行動化の全体的な傾向について自己理解を深める。これによって，人生史の中で情緒や行動上の問題をどのように意味づけてきたのか，そして今どのように意味づけることができるのか検討していく過程である。

もう1つは，1つの行動化を取り上げて，その行動化した環境条件，認知面，感情面について具体的に整理していく過程がある。これは非行のサイクルの項で具体的に説明する。

これらによって，情緒や行動上の問題の結果得ていたものを明らかにし，違った方法や報酬を得ることで，情緒や行動上の問題にならない対応を見つけていくことができる。つまり情緒や行動上の問題を代替するより強い報酬を探っていくことで，再犯防止の方策を検討していくことに取り組む。これは得られる報酬を非行ではなく，より適応的な方法で効果的に満たすという現実的な検討を同時に行っていくことでもある。

3）非行のサイクルの理解：行動のきっかけと流れ（認知・感情・行動）

過去の要因へのアプローチでは，成育歴を中心とした時系列的な流れを整理する中で行動化の流れについても整理することに取り組んだ。これは人生史の中で複数ある情緒や行動上の問題の流れを含めて確認するような位置づけであった。

一方，非行のサイクルについて整理するこの段階では，主要な情緒や行動上の問題に焦点を当てて，具体的な行動の過程を整理することに取り組む。

　この段階では，特定の行動とそのきっかけとなった環境・行動化に至るきっかけ・認知・感情のつながりを整理していく。これがスムーズに整理できるためには，「現在の要因へのアプローチ」で，日常場面の出来事について，認知・感情を整理していく練習を繰り返し行っていることが役立つ。

　　行動面：まず，焦点を当てる情緒や行動上の問題について特定しておく。学校
　　　　　　での暴力，窃盗，性的問題など，子どもの中心的行動を取り上げて，以
　　　　　　下のような点を検討していく。
　　環境面の把握：どのような状況で行動化に至っているのか，きっかけとなる環
　　　　　　境，人との関係，状況について整理していく。情緒や行動上の問題につ
　　　　　　ながりやすい場所，時間，人，具体的なエピソードを把握する。

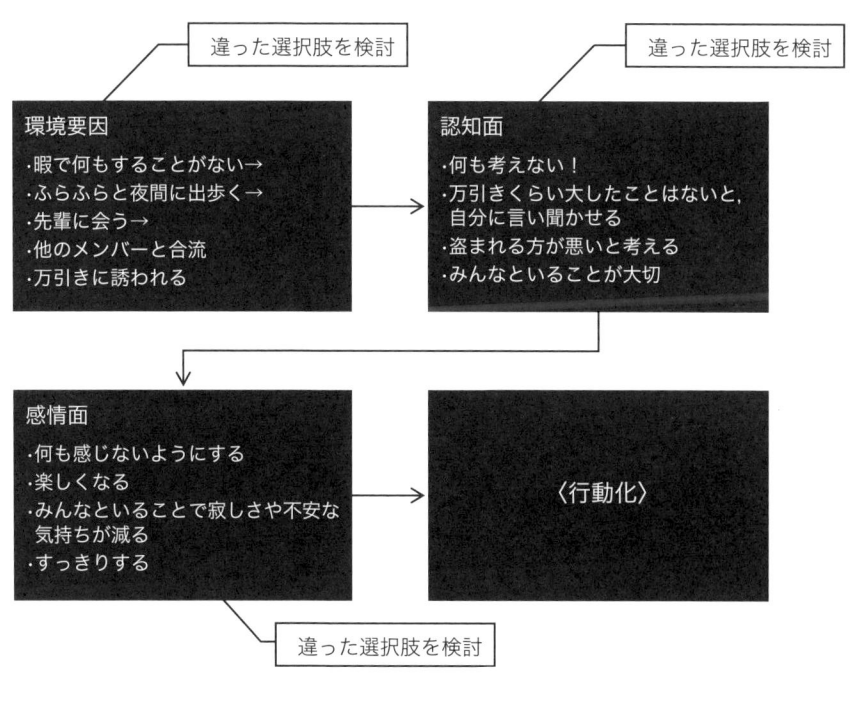

図 3-13　非行化への流れの整理

認知面の把握：外的要因と共に，行動化するときにどのような考えが潜んでいたのか整理していく。この認知面は，日頃の生活場面の中でもでてくる思考であることが多く，現在の要因を扱う段階で，過去の情緒や行動上の問題に至る認知と共通であることを繰り返し共有しておくことで，この段階で特定しやすくなる。

感情面：行動化に至る前，行動化しているとき，行動化した後の感情について整理していく。衝動的に何も考えることも感じることもなく行動に移している場合もあれば，葛藤を抱えながら行動化に至っている場合もある。例えば，行動化する前には葛藤を抱え，一度だけなら大したことはないと言い聞かせて犯行に及び，行動化しているときには無心だったが，その後なんでやってしまったのだろうと罪悪感に苛まれる。この感情を解消するために，さらに違った行動をして問題を増幅させる，といった流れを語る子どももいる。

　このように，特定の情緒や行動上の問題に至るきっかけや認知と感情のつながりを整理していくことで，一連の流れを確認し，どこで異なった対応をとることができるのかを探っていきながら，具体的な対策を考えていく。5.（5）2）では情緒や行動上の問題の結果としての報酬を違ったもので代替する方策を検討するのに対して，ここでは，具体的な行動化のプロセスを整理し変化を与えていくことに焦点を当てる。

（6）被害者理解

　この段階では，自分が犯した犯罪による被害者について理解を深めるための働きかけを行う。この働きかけが浸透するには，子ども自身がこれまで体験してきた逆境的な体験をはじめとした被害者性に対して一定程度ケアがなされている必要があり，自分の被害の体験がどのように自身に影響を与えてきたのかを整理することで，同様に自分の加害行為によって被害者に影響を与えてきたことへの洞察を促すことができる。

1）行動の影響を理解する

　ここでは，万引きや暴力など，様々な行動化によって被害者にどのような影響を与えるのか心理教育を行っていく。犯罪被害別に具体例を示しながら，その影

響について検討していく。仮想事例をいくつか紹介する。

〈窃盗の影響〉

85歳になる一人暮らしの高齢女性が1ヶ月分の家賃4万5千円を自宅に保管していた。生活は苦しく，毎日食べていくのがやっとの状況であった。そんな貴重なお金を泥棒に取られて，生活面だけではなく，貴重なお金を取られた心理面のショックも大きく，楽しみにしていた散歩もできなくなってしまった。またいつ知らない人が家にやってくるかもわからない状況に強い不安を示すようになった。

〈万引きの影響〉

コンビニの店長を務めるAさん45歳は，10歳になる長男と7歳の長女の父親であり，40歳の女性の夫でもあった。ここ数ヶ月，コンビニの売り上げは低く，その理由は万引きによる収入の減少だった。このままでは店を閉めなければならない状況になり，家族を養っていくことも困難になることが予想された。子どもたちの小学校の宿泊訓練の費用の捻出にも頭を抱えることになった。父親は，子どもには心配をかけたくないという気持ちがあったが，長男はその状態を知ってしまい，万引きをした人への怒りと父親の思いを想像し悲しい気持ちになっていた。長男は，「もうすぐ宿泊訓練だ」と嬉しそうに話していた時期から一転して，うつむきながら無言で過ごすことが多くなってしまった。妻はこの状況に耐えかね，家を出て行ってしまった。

〈暴力〉

Aさんは同じクラスのBから繰り返し暴力を振るわれ続け，金銭の要求もあり，なんとか言われたとおりにしなければまた暴力を振るわれるのではないかと強い不安に駆られていた。また，そのような状態に耐えなければならない自分に対して嫌気がさし，生きている価値があるのかと常に思うようになっていた。友だちもおらず，誰にも相談することもできない中で，人への強い不信感を抱くようになっていた。「どうせ自分なんて…」と自信も無くし，いつ暴力を振るわれるかわからない状況に耐えることができなくなっていった。

このような具体例を示すことで，子ども自身の被害者としての部分と加害行為によって被害者へどのような影響を与えてきたのか，さらに周囲の人々にも大き

な影響を与えることであったのか，理解を促していく。

2）被害者が受けた傷を理解する

　ここでは犯罪によって被害を受けた方に起こりやすい心理・社会的影響について心理教育することに取り組む。まず被害者の心理面の理解では，加害者自身が過去の体験によって受けた傷つきや複雑な感情をふり返り，理解する（図 3-14 ①）。その後，加害者自身が抱く心情は，自らの行為による被害者も感じていた気持ちであることを投げかけることで，理解を促していく（図 3-14 ②）。これによって，自らの被害者性への癒しと加害者としての認識をもたせ，被害者の心情の理解につなげていくことができる。

　この過程は，自らの被害者性の整理や理解と自らの加害行為による被害者の心情を行き来することになる。

（7）地域生活への準備（地域から分離している場合）

　ここでは，家族・学校・地域に子どもの状態を理解してもらうこと，子ども自身が周囲の環境を理解すること，その上で家族や学校等の調整について話し合う段階である。この段階は，地域から分離している場合に再び地域に戻るための働きかけであり，地域で生活を継続している場合にはこの段階が面接当初から必要になる。

1）家族・学校・地域の理解：周囲の環境の統制

　情緒や行動上の問題を繰り返す子どもの多くは，家族・学校・地域の中で安定した居場所を見つけることができていないことが多い。むしろ，家族や学校，地域から拒否されていることが多く，個人の内面のみに働きかけるだけではなく，

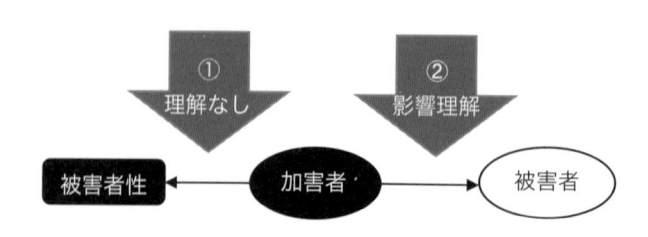

図 3-14　被害者の理解のための働きかけ

環境面に働きかけて調整を行う必要がある。この際，家族間の関係性に働きかける手法として，「家族合同ミーティング」があり，これについては 5 章で説明する。

　ここでは，家族・学校・地域に対して子どもの理解を促す取り組みと，それらの環境について子ども自身が理解する取り組みの 2 つが考えられる。前者については 6 章で説明するため，ここでは子ども自身に家族・学校・地域の状況について理解を促す取り組みについて紹介する。

　これまでの面接過程で子ども自身の自己理解や行動化の理解が深まっていることを前提としながら，今後の生活は自由度が高い家族・学校・地域の関係の中でなされることを説明する必要がある。いくら本人自身が成長したとはいえ，これまでと同様の家族関係や交友関係の中では再非行の可能性が高いことを説明し，再犯リスクが高い環境に接近することを避けるなどの対処が必要なこと，自ら避けられない場合には生活環境を変えるという選択肢についても検討していく。特に施設入所の場合には，希望する家庭に戻れない場合も少なくはなく，本人の努力を承認しつつも環境面の要因について繰り返し説明を行っておくことが必要だろう。

2）よい生活に向けて：通所・学校等の準備

　個人と環境の相互作用の視点を踏まえて，具体的に起こりうる出来事を想定した準備を行う段階である。昔の悪友に会った場合や誘われた場合，どのように断ればいいのか。また，トラブルが起きそうな環境，理不尽な扱いを受けることもあり，そのような場合の対処などを検討していく。

(8) 新たな目標の設定

　この段階では，面接開始時に立てた目標について評価を行い，さらなる現実的な目標設定を行う。目標が一定程度達成された状況で，次の目標を設定して，評価を繰り返すような取り組みは，子どもの動機づけを維持して逸脱に至らない選択ができるようにする狙いがある。

6. 仮想事例

(1) 導入

　個別面接への導入は，内的枠組みが成長している点を評価しつつ，さらに成長していくためにどのようなことが必要になるのかを整理していく過程である。

例えば，以下のようなやり取りの例を紹介する。

〈最近の A 君は，生活の中で自分を抑えて他の生徒ともうまく対応できているみたいだね？ いや〜，それってすごいことだよね。こういう状態になる前って（施設入所の場合には地域にいた頃などを想定），どんなだったんだろう？〉

「今みたいに挑発されたら，ぶっ飛ばしていましたね。俺より弱いのに生意気だって感じで…」

〈はぁ〜，そうだったよね。初めの面接のときに言っていたよね。なんで，今は抑えられるんだろう？〉

「いや，前と同じじゃ成長がないじゃないですか」

〈あ，そっか，そっか，成長！ すごいね。今，こうやって話をしているんだけど，定期面接をやっていこうっていう話で，今の成長をさらに進めていこうってことなんだよね〉

「はい，わかりました」

〈うん，あれ，A 君の入所理由ってなんだった？〉

「窃盗と暴力です」

〈そうだったよね。今，そういう行動もないけど，今後は？〉

「これからも，悪いことはしないです。もう自分の将来を狭めたくないんで…」

〈そうだよね，当然大人も今後 A 君が窃盗とか暴力を繰り返してほしくないし，そのために何が必要かを考えているんだよね。A 君は，なりたい自分とか，目標とかあるのかな？〉

「まず，高校に行きたいし，ちゃんと仕事もしたいですね」

〈いや，それは重要なことだよね。いい目標だね。そうすると，高校進学や仕事に就くためにはどんなことが必要かな？〉

「ここで，ちゃんとした生活や面接をすることです」

〈うん，うん，大切だね。高校進学と仕事をするためには，人との関係がより適切にできるようになることも必要だし，過去どんな行動をしてきたのかをふり返ることも未来を考えるために大切なことだよね〉

「そう思います」

〈そうだよね。それで，定期面接では，今 A 君が高校進学とか仕事に就きたいという目標にたどり着くために，必要なことを整理していけるといいよね〉

「はい，人との関係とか，今はないですけど，イライラしやすいこととか，家
　族のことも話せればいいです」
〈そっか，そっか。じゃ，（用紙を活用し）目標のところに高校進学と書いて，
　そのために必要なことをここに書いておこう〉

　このように，子どもの努力や頑張りを承認しながら，将来の目標を設定してい
き，そのために必要なことを整理していく。その過程で，問題への理解と認識を
確認しつつ，そうした過去の出来事についても内省が必要であることも伝えてい
く。

(2) 現在の要因へのアプローチ

　この段階では，日常生活の話題を整理しながら面接に慣れていく段階である。
情緒や行動上の問題を示す子どもの多くは，定期的に特定の大人と叱責以外で時
間を設けて話をする経験が乏しく，違和感がありぎこちない時間を過ごすことも
ある。そのため，まずは楽しく話をするということを心がける。また，言語化す
る力に課題がある子どもも多く，自分の感情を言葉で説明する力が育っていない
ため，その点を生活のエピソードを活用しながら促していく。

〈今週はどうだった？〉
「ふつう」
〈いや，なにか楽しいこと，大変だったことあったかな？〉
「レクが楽しかったです」
〈おー楽しいことあるよね，どんなレクだっけ？〉
「バドミントンです」…・
〈大変だったことは？〉
「いや，ないです」
〈あれ，なんか他の子とトラブルになったりとかは？〉
「あ，ちょっと，年下の子が挑発してきたら，ムカつきました」
〈あぁ，挑発って，何かされたの？〉
「いや，先輩に対して生意気なんですね。それにあいつ，いつもワザと無視し
　てくるんで…」
〈はぁはぁ！ 年下からなめられている感じがするのかな〉

「そうです。今だから耐えてますけど，シャバにいたらぶっ飛ばしてますね」

〈ははは…〉

「いや，やりませんよ。個別生活になるのも嫌なんで」

〈うん，うん。A君，もしかして他のメンバーとの関係でよくなめられているとか感じているのかな？〉

「しょっちゅうです…」

このように，日常生活場面で感じやすい感情や認知特性，対人関係などをテーマにしながら，自己理解を促していく。

（3）過去の要因へのアプローチ段階～過去の要因についての導入

　この段階は，自己理解が深まり，自分の特徴的な考え方や特性の理解がなされてきて，感情を言語化する力がついてきた段階で取り組む。また，子ども自身が過去の要因を整理できるような状態であることが必要になる。

〈小さい頃の出来事から順に整理できるといいと思うけど，0歳のころは？〉

「覚えていないです」

〈それはそうだよね。いつ頃から覚えている？〉

「3歳くらいの頃，勝手に家から出ていったって聞いています」

〈あぁ，そうなんだ。自分では覚えているの？〉

「いや，でも元気すぎましたね…」

〈具体的には？〉

「喧嘩ばっかりしてました」

〈そんなとき，お母さんは？〉

「ボコボコにされました。皿が飛んできたこともあります…」

などと，出来事と成長の過程や逆境的な体験をつなぎながら，そこでどのような認知や感情があり，どのような行動をとってきたのか，語りを促していく。

（4）問題焦点型アプローチ

　ここでは，行動化により得ていたものを明らかにして，代替方法について検討していくやり取りの一例を示す。

〈これまでＡ君は，万引きとか深夜徘徊とかがあったけれど，それがどんな
　流れで起こったことなのか考えていこう。また同じ繰り返しにならないため
　に，どんなことができるといいかってこと〉

「わかりました」

〈そうすると，一番大きなエピソードを取り上げて考えてみようか〉

「はい，バイクを盗んだことですかね」

〈じゃ，そのときのことについて具体的に教えてくれるかな。バイクを盗る前
　はどんなことをしていたの？〉

「夜，9時くらいだったと思うんですが，先輩から LINE で呼び出されて遊ん
　でいたんです。ただ，特にやることもなく，何か面白いことがないかと言わ
　れて…」

〈それで？〉

「先輩3人いたんですけど，バイクを盗んで遊びに行こうと言われて，やった
　ことないし，無理です，って伝えたんです」

〈そしたら？〉

「『教えてやるから大丈夫』って言われて，別の先輩も『見張っているから』っ
　てことで，なんか断れなくなってしまいました」

〈ふんふん，それでバイクを盗ることに？〉

「はい…」

〈そうすると，（図を示しながら）環境面についてこんなことが入るよね〉

「そうですね」

〈じゃ，次にどんなことを考えていたのか覚えているかな？〉

「何も考えていませんでした。今から思うと，バイク窃盗くらい大したことは
　ないと自分に言い聞かせて，初めてだったので不安でどうしていいかわから
　ず，みんなといる方が大切だから…とか考えていたと思います」

〈うん，気持ちはどうだったかな？〉

「緊張して，何も感じていなかったと思います，みんなといることで寂しさや
　不安な気持ちが減っていったけど，実際に盗るときには緊張して，うまくいっ
　たときには，ホッとしたりすっきりしました…」

このようなやり取りを通して，当時の行動化の流れを整理していく。次に，現

在の自分であれば，どのような行動の選択をすることができるのか，環境要因の
きっかけ，認知面，感情面について具体的なアイデアを検討していく。

〈今だったら，先輩に誘われるような状況になったらどうするんだろう？〉
「もう，悪い先輩とは関わらないです。それに，学校もあるし部活もあるし，
　目標としていることがあるので」
〈たまたま道で会って，誘われたらどうしようか？〉
「なるべく会いそうな時間帯には行動しないようにしますが，でも会ってし
　まったら，頭を下げるくらいにします」
〈それでも声をかけてきたら？〉
「次に○○をしないといけないんで，とか次に目的の行動を決めておいて，そ
　れを伝えてすぐに離れるようにします」
〈あぁ～，目的なしに行動しないようにするし，それを伝えて距離をとるよう
　にするってことなんだ。すばらしいね。それを伝えたら，きっかけは減るか

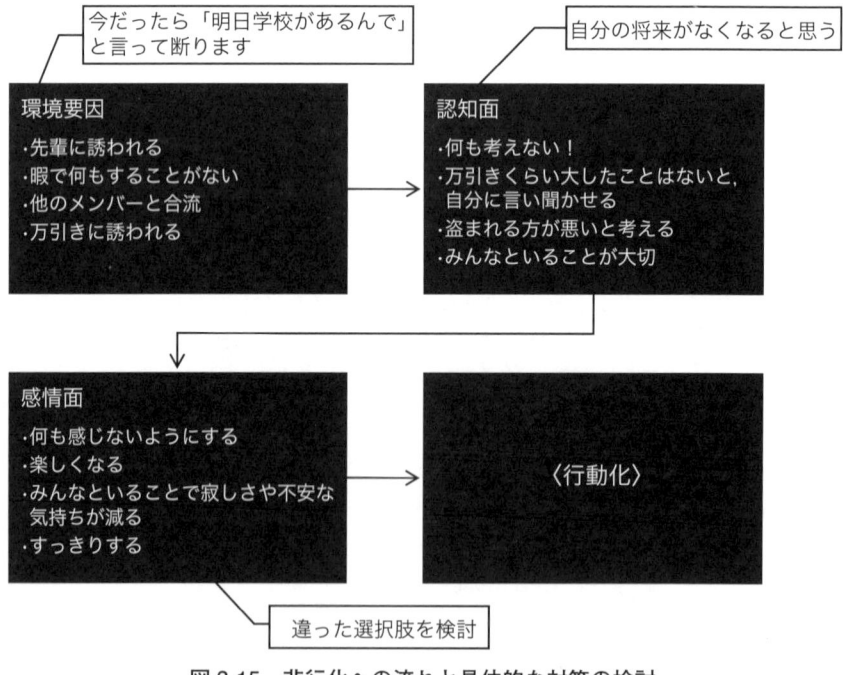

図 3-15　非行化への流れと具体的な対策の検討

な？〉

「はい，大丈夫だと思います」

〈次に，"考え方"については現在どうだろう？〉

「人を傷つけることになるから，よくないですね。それに自分の将来がなくなる，って考えています…」

〈そうだよね。相手にとってもそうだし，自分も現在の学校や生活を無駄にすることになるよね〉

このような流れで，当時の選択と異なった選択ができるように，きっかけや認知面，感情面について整理を促していく。

(5) 被害者理解

被害者の理解については，子ども自身の被害者性を整理しながら洞察を促す取り組みを行うことが多い。子ども自身の感情が一定程度癒されていることが必要になる。

〈今日は，A君の暴力を受けた被害者のことについて考えてみたいんだけど，話ができるかな〉

「はい，大丈夫です」

〈その前に，これまでA君と話をする中でA君自身も暴力を振るわれることがあったりして，痛いとか嫌だなとか怖い気持ちを抑えてきたって話してくれていたよね〉

「はい。はじめはいつ暴力を振るわれるか心配でビクビクしていました」

〈そうだったよね。それからどんな気持ちがあったっけ？〉

「はじめは怖かったんで，不安でいっぱいで。人を避けたりしていました…」

〈うん，そうだったよね。A君も大変な思いをしてきたよね」

「はい，でも僕も相手に怖い思いをさせてしまいました…」

〈そうだね。A君が今回行った行動で相手はどんな状態になっただろう〉

「とても怖かったと思います。僕も恐怖を感じていましたが，被害者の方もずっと不安や恐怖があったんじゃないかと…。ずっと残るような傷を与えてしまったと思います」

〈今話してくれたように，A君が感じていたような気持ちを被害者の人も感

じていたかもしれないね〉

「はい，しっかりと相手のことを考えていきたいと思います」

　このように，自分の被害者性と実際の被害者に与えた影響を行き来しながら，理解を深めていくことで，被害者への共感的な理解が促されるだろう。

（6）地域生活への準備

　以下に示すのは，地域で生活をしていく上で起こりうる出来事を想定した練習である。特に一時的に地域から離れている場合には，地域へ戻った場合に想定される出来事に対する準備をしておくことが必要である。そのため，想定されることを提示して，具体的な対策を検討していくやり取りが中心になる。

〈地元に戻ったときにどこに行っていたのか聞かれたらどうしようか？〉

〈以前のように家族とうまくいかない状況ではどうする？〉

〈家庭に戻る前に，これまでのお母さんへの気持ちをわかってもらえていると安心かな？〉

〈トラブルになったときの解決策を家族とも共有できているかなぁ？〉

など，具体的な出来事を想定して，事前にすべきことを整理し，子ども自身が行うこと，大人が親や学校に説明が必要なことを含めて，確認しておくやり取りが展開される。

（7）新たな目標設定

　大きな目標について評価を行い，新たな目標について話し合いを進め，今後の支援につなげて面接の終結とする。

〈これで大きな目標についてもおおよそ達成してきたから，次に自分の将来の目標を作って，またそれに向けて取り組んでいることを半年後とかでもいいけど確認できればと思っているんだけど〉

「はい，自分の目標はやっぱり高校卒業ですね」

〈そうだよね，将来は？〉

「できれば，大学とかに行って福祉の勉強もしてみたいな…って」

〈それは，すごいことだね〉

「じゃ，まず高校の卒業のためには，日々の生活ですね。毎日学校に遅刻せず
に行って単位を取ります」

〈そうだね〉

「また 1 学期の終わりに報告しに来たいと思います」

などのように，次の目標設定を行い，支援の終結とフォローアップを行う。

7. まとめ

　本章では，情緒や行動上の問題を示す子どもの個別面接について，対応の原則，通常の生活や学校での支援と面接の連携，具体的な面接手順について説明を行った。特に，情緒や行動上の問題を示す子どもに対しては，外的枠組みを提示しつつ，内的枠組みを育てる働きかけを行っていき，そのバランスがある程度取れてきた段階で個別面接による働きかけを行っていくことを示した。

　具体的には，システムズ・アプローチの視点と課題中心アプローチの目標設定の手法を参考に，動機づけを引き出し，強みを強化し，現在の要因へのアプローチ，過去の要因へのアプローチ，問題に焦点を当てたアプローチ，被害者への理解，地域生活への準備，新たな目標設定といった一連の過程があることを紹介した。

文献

Caspi, A., McClay, J., Moffitt, T. E., Mill, J., Martin, J., Craig, I. W., ... Poulton, R. (2002). Role of genotype in the cycle of violence in maltreated children. *Science, 297* (5582), 851-854.

法務省（2001）．児童虐待に関する研究（第 1 報告）その 1　一少年院在院者に対する被害経験のアンケート調査，1-93. http://www.moj.go.jp/housouken/houso_houso08.html

伊藤冨士江（2000）．ソーシャルワークにおける実証的実践――課題中心モデルに焦点を当てて――　聖カタリナ女子大学研究紀要，*12,* 47-57.

伊藤冨士江（2001）．ソーシャルワーク実践と課題中心モデル――わが国における適用をめざして――　川島書店

厚生労働省（2015）．児童養護施設入所児童等調査の結果（平成 25 年 2 月 1 日現在）

Moffitt, T. E. (1993). Adolescence-limited and life-course-persistent Antisocial behavior: A developmental taxonomy. *Psychological Review, 100*(4), 674.

生島浩（1993）．非行臨床における短期療法の活用——短期保護観察の展開に向けて
　　——　更生保護と犯罪予防, *28*(3), 46-61.

Widom, C. S. (1989). The cycle of violence. *Science, 244*(4901), 160-166.

遊佐安一郎（1984）．家族療法入門——システムズ・アプローチの理論と実際——　星
　　和書店

全国教護院協議会（1985）．　教護院運営ハンドブック——非行克服の理念と実践——
　　全国教護院協議会

全国児童自立支援施設協議会（1999）．児童自立支援施設（旧教護院）運営ハンドブッ
　　ク——非行克服と児童自立の理念・実践——　新訂版　三学出版

全国児童自立支援施設協議会（2011）．児童自立支援施設の支援の基本　試作版

全国児童自立支援施設協議会（2017）．実態調査　全国児童自立支援施設協議会

4

第4章

生活場面面接の理論と実際
生活上の出来事を通して働きかける手法

　本章では，子どもの成長，発達を促す方法の1つとして，情緒や行動上の問題やトラブルを支援に活用する考え方と方法を紹介する。その理論は，1950年代，情緒や行動の統制ができない子どもの支援から見出された生活場面面接（Redl, 1959）による。わが国においては，非行領域，ソーシャルワーク，施設心理職の業務内容等に生活場面面接が活用され，発展してきたが（相澤，1998, 2013; 大原，2016），関心はもたれながらも理論的枠組みや具体的方法について十分な研究は行われてこなかった（相澤，2013）。特に，情緒や行動上の問題を示す子どもの支援では，感情や行動をコントロールする力が身につき，言葉で自分の状態を説明できるまでに成長することが必要である。そのための技法が生活場面面接であり，日常の出来事を活用しながら，情緒や行動の発達を促す手法である。また生活場面面接は，子どもの情緒や行動上の問題を内面的な問題と環境との関係性で捉えることが特徴であり，その相互作用に働きかけの接点を見出す。本章では，生活場面面接の理論と系譜，意義と考え方，技法，実践での活用について紹介したい。

1. 生活場面面接とは？

　生活場面面接とは，日常生活の中で起こる子どもの心理社会的な混乱やトラブルに対処し，混乱を落ち着かせ，子どもの抱える課題の解決を促す即時的な面接の総称である。その面接は，生活場面の中で意図的に行われ，当事者だけではなく，周囲の環境への働きかけも含まれる。

　では具体的にどのような働きかけが生活場面面接になるのか，事例を基に説明したい。

　Ａ が B に対して暴力行為を行ったという仮想事例をもとに，どのように働きかけるか解説する。まず，暴力行為を目撃した職員は，「どうした，何があったんだ？」などと落ち着いたトーンで両者に声をかけ，二人を引き離す。まだ興奮している A の気持ちを言葉で伝えていく。これは，〈落ち着かせる〉という段階である。すると少しずつ A が冷静さを取り戻してきたため，「そのあと何があったの？」などと，A と B の間で起きた出来事を時系列で整理していく段階がある。これは，〈出来事の時系列整理〉の段階である。さらに話を聴くと，A と B が廊下ですれ違った際に肩がぶつかったことで，A は B になめられていると感じ，殴りかかったということだった。A の特徴は，人との関係を力の強さで捉え，自分よりも上か下かで大きく態度を変える特徴があった。これは A の成育歴とも関係していた。そこでこのトラブルをきっかけに職員は，人との関係を力で捉えるという A の特徴に気づけるように対話を行った。この段階は，〈出来事の背景へのアプローチ〉段階である。一方，現実的には A が B を殴ったという行為は認められるものではないため，A と B の現実的な解決と同じ状況になった場合の対応を練習した。これは〈今後の対応を話す〉段階である。最後に，今回のトラブルをふり返り，元の日常に戻るための気持ちの整理と周囲の理解を促す関わりのための調整を行った。これは，〈周囲の環境への働きかけ〉の段階である。

　このように，生活場面面接は生活の中で起きる出来事を子どもの成長・発達につなげるために積極的に活用する技法である。なお，ここでは十分に示すことができなかったが，〈日常的な働きかけ〉の段階においては子どものストレングスを強化しておくことが重要である（大原，2016b）。

　この生活場面面接には，働きかけのプロセスとそれに応じた働きかけの技法の 2 つがある（大原，2014）。本論では LSCI（Life space crisis intervention: Long, Wood, & Fecser, 2001）を基に作成した図 4-1 のような働きかけの段階，すなわち「日常的な働きかけ」→「落ち着かせる段階」→「出来事の時系列整理」→「出来事の背景へのアプローチ」→「今後の対応を話す」→「周囲の環境への働きかけ」という各段階と，それに応じた技法をどのように活用していくのかを紹介したい。

（1）生活場面面接の歴史

　生活場面面接は 1940 年代から情緒や行動の統制ができない子どもへの治療的支援を行ってきた Redl（1959）によって開発さた。この技法は，1942 年にデトロイト市社会福祉協議会の財政面の支援によって開始されたデトロイト・グループ・

働きかけのプロセス	働きかけの技法		基本となる働きかけ			子どもへの専門的働きかけ（個への働きかけ）						環境への働きかけ		
			子どもの状況の把握	子どもの波長に合わせた働きかけ	傾聴	自尊心の回復	感情の言語化	愛着の形成	認知への働きかけ	過去と現在の統合	行動の抑止とスキルの提供	集団への働きかけ	他の子どもへの説明	親への働きかけ
平常時	日常的な働きかけ		○	○	○	○	○	○						
危機場面	STAGE 1	落ち着かせる	○	○	○			○	△					
	STAGE 2	出来事の整理	○	○	○			○	△					
	STAGE 3 出来事の背景へのアプローチ	不適切な認知		○	○		○		○		△			
		合理化		○	○		○				○			
		自己否定		○	○		○				○			
		他者への不信		○	○		○		○	○	○			
		過去の体験の再現		○	○		○			○				
		スキルの不足		○	○		○				○			
	STAGE 4	今後の対応を話す	◎	○										
平常時	STAGE 5	周囲の環境への働きかけ		○								○	○	○

図 4-1　生活場面面接の働きかけの段階と技法（大原，2014）

プロジェクト，44年からの同サマーキャンプおよび46年から開始されたパイオニアハウス（入所型治療施設）での19ヶ月の経験と観察によってまとめられた（Redl, 1959; Redl & Wineman, 1951）。

その後Redlの生活場面面接は，学校場面において発展・適用させるために「生活場面危機介入（life space crisis intervention: LSCI）といった形で引き継がれてきた（Long & Wilder, 1993; Long & Gonsowski, 1994; Long, Wood, & Fecser, 2001）。現在ではLongがLSCI研究所を設立しており，学校場面でLSCIを適用した事例報告（Ashworth et al., 2008; Beck & Goshdigian, 2004; Long & Fecser, 2001）や効果の検証（D'Oosterlinck et al., 2008; Grskovic & Goetze, 2005）を行った論文がみられるようになってきた。

日本における生活場面面接の発展は，非行臨床領域における適用，ソーシャルワーク領域における適用，施設心理職における適用の3つに分けられる（大原, 2016a）。

非行臨床領域においては，家庭環境や情緒や行動上の問題を示す子どもが入所する児童自立支援施設で適用されてきた。古くは，「施設治療」の方法として紹介され（窪田, 1967），国立武蔵野学院（児童自立支援施設，旧教護院）の院長であった青木によって「治療教育」の方法（青木, 1969）として位置づけられた。

ソーシャルワーク領域においては，医療・学校・介護などと幅広く紹介されているものの，Redlの「生活場面面接」と異なった定義で使用されている。つまり，「構造化されていない普通の場面での会話，『ちょっとした言葉かけ』や『立ち話』のような，あまり『本格的なもの』とみなされてこなかった会話に意味を付与し，根拠を与えるもの」（久保, 1991）といった定義である。

施設心理職における適用は，国の施策によって進められ（厚生労働省, 1999），心理職の業務内容に位置づけられたものの，具体的な方法については未整理な状況である。

こうした歴史的な流れを踏まえ，ここではRedlの流れをくむ非行臨床における具体的な生活場面面接の技法を紹介する。

（2）対象

生活場面面接の対象は，対人関係，情緒や行動のコントロールに課題をもつ子どもを想定している。例えば，以下のような対象が考えられる。

・怒りのコントロールができずに他の子どもとトラブルばかり起こしてしまう
・自己肯定感が低く自信がもてない
・引っ込み思案
・暴力的で攻撃的
・万引きなどの非行的行動がある
・被虐待体験が生活場面の中でも顕著に影響している
・考え方やコミュニケーションの受け止め方に歪みがある

　こうした特徴をもつ子どもは，学校場面や友人関係，家庭などで様々な問題を起こすことから，個々の場面を活用しながら支援を行うことになる。

（3）誰が行うのか？

　生活場面面接は，日常生活の中で起こる心理社会的な混乱の解決や子どもの抱える課題の解決のために，生活場面の出来事を活用しながら行う即時的な面接である。そのため，日常生活場面で起こる混乱やトラブルに居合わせる大人がその実施者になる。具体的には，日々子どもの生活に寄り添っている児童指導員，学校の教員，保育士，生活場面に入る心理士などが，もっとも効果的に活用することができる。

（4）いつ行うのか？

　生活場面面接は，週1回1時間個室で行う心理面接とは構造が大きく異なる。面接のきっかけは，生活場面の中で起こる心理社会的な混乱やトラブルといった，一見情緒や行動上の問題とされるものである。その情緒や行動上の問題をきっかけとして面接が開始される。つまり，子どもが抱える何らかの課題の1つの側面が「情緒や行動上の問題」として表出されていると捉えて，その場で働きかける方法である。時にその課題が，子どもの過去の体験と関連するようなこともあり，その場面で起きた問題の解決とともに，背景への（過去への）アプローチも行う必要がある。そのため，生活場面で起きた瞬時の出来事だけではなく，それとつながる過去の体験などといった背景を含めて扱う面接もまた，生活場面面接の1つである。この点は，「背景への働きかけ」といわれる生活場面面接の最も重視する点である。
　このように生活場面面接は，子どもの抱える課題が表出された出来事をきっか

けとして，その連続線上で行われる。そして，その前提には，生活場面面接の対象となる子どものよい部分や強みを日々伝え，伸ばすための生活場面面接の技法が提供されていることが必要である。

（5）心理面接と生活場面面接

　ここでは心理面接と生活場面面接の関係について説明する。図4-2は3章で紹介した図3-6と同様のものである。これは自ら情緒や行動をコントロールすることができる内的統制と行動化できない枠組みを与える外的統制のバランスを示したものである。これがすなわち生活場面面接の適用と心理面接の適用のバランスを示している。子どもの状態から説明すれば，情緒や行動を統制できない子どもは，外的な枠組みのサポートを得ながら内的統制力を高めていくことが必要であることを示している。生活場面面接のみが効果的に機能するのが，この内的統制が弱い段階である。つまり，子どもは日々様々な情緒や行動上の問題を示すことから，その出来事を活用しながら内的統制を高めていく働きかけを行うときの技法がこの生活場面面接であるといえる。このときの子どもの状態は，情緒や行動

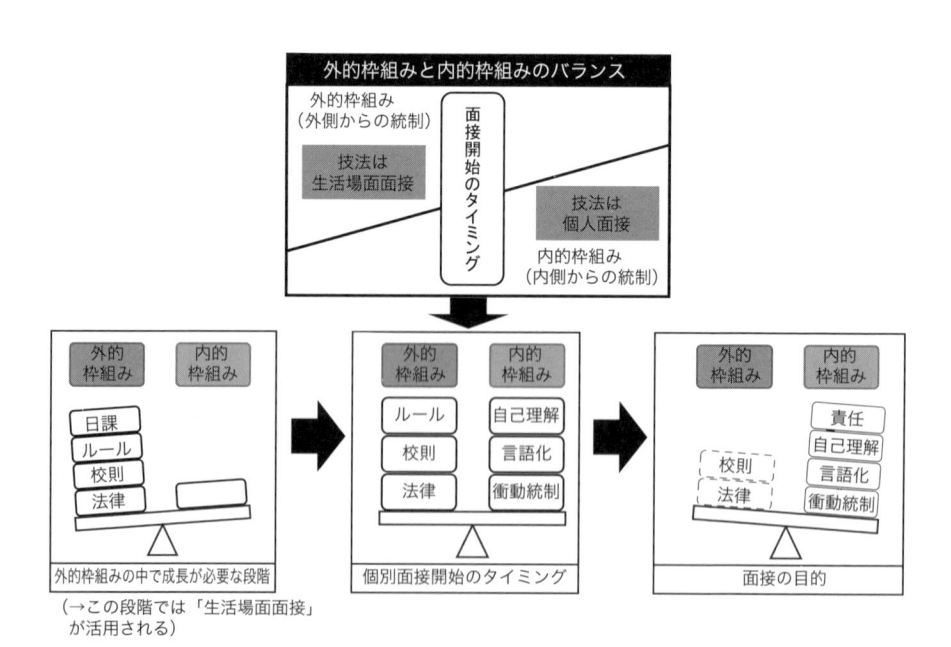

図 4-2　個別面接と生活場面面接の関係

を言葉で説明することが十分できず，個別面接の枠に収まることができないため，個別面接は十分に機能しない。

　個別面接が機能するのは，内的統制が高くなった状態である。現実生活上の出来事に葛藤を抱え，言語によって一定程度表現できるようになった状態である。もちろん言語化できない状態でも面接の意味はあるが，情緒や行動上の問題を抱えた子どもは枠内にとどまることができないため，結局面接は困難になりがちである。また生活場面面接は，内的統制が高まった場合に機能しないかというとそうではない。むしろ，タイムリーに問題に働きかけていける点で効果が発揮されやすくなるが，日常場面のトラブルは少なくなるため活用する頻度が減るといえる。

　つまり，子どもの内的統制が弱い段階では日常場面で働きかける生活場面面接が最も活用可能な技法となり，内的統制が高まった段階では個別面接等の活用できる手法の選択肢が増えると整理できる。また個別面接と生活場面面接は両立して子どもの支援に生かされることでより効果的に機能する。

(6) どこで行われるのか？

　生活場面面接は必ず決まった場所で行われる面接ではない。子どもの課題が表出されたその場面で瞬時に行われることもあれば，時間が経過してから個別に呼んで話をすることも具体的なテクニックの1つになる。したがって，生活場面面接を行う場所は子どもの状況や扱う課題によって効果的な場所を選択することになる。特定の場所でなければできないというものではない。

(7) 生活場面面接の意義と基本的考え方

　生活場面面接を活用する意義は，子どもの情緒や行動上の問題を人生史の中で捉え，意味を見出すという視点に立つことにある。具体的には，①時間軸を重視する，②子どもの強みを強化する，③子どもの情緒や行動上の問題を活用する，④個人と環境の相互作用を重視するという4点について説明する。

①　時間軸を重視する：逆境的な体験および入所前の情緒や行動上の問題は，入所後の情緒や行動上の問題を予測することが明らかになっている。過去の虐待経験は攻撃的傾向や非行行動を予測し（Matsuura, Hashimoto, & Toichi, 2007; Maxfield & Widom, 1996），施設入所前の非行行動が入所後の情緒や行動を予測する（大原・若杉，2011）。つまり，支援方策を考えたとき，現在の問題へ

の対応は過去の問題への働きかけのチャンスになるといえる。これは分断された時間を「つなぐ」視点でもある。

② 子どもの強みを強化する：問題を捉えて修正していく働きかけだけではなく，その基礎になるのは子どものストレングスに着目し強化していく視点である。

③ 子どもの情緒や行動上の問題を活用する：これまで情緒や行動上の問題への対応には，治療的な方法によって治す病理モデルに基づくアプローチや問題を減らす行動療法モデルがみられた。一方，生活場面面接は子どもの情緒や行動上の問題を積極的に活用する視点に立つ。

④ 個人と環境の相互作用を重視する：生活場面面接では，情緒や行動上の問題を子ども自身が内在化する問題としてのみ捉えるのではなく，子どもを取り巻く環境との相互作用の結果として捉えるという特徴がある。課題を抱える子どものみに焦点を当てるのではなく，過去の出来事や現在の人間関係などの相互作用に着目し介入していく。

2. 具体的な技法と働きかけ

(1) 具体的な技法

生活場面面接で用いられる働きかけの技法を図4-3の点線で示す。

具体的技法は大きく3つに分けられる。基本となる働きかけ，子どもへの専門的働きかけ，環境への働きかけである。基本となる働きかけには，「子どもの状況の把握」，「子どもの波長に合わせた働きかけ」，「傾聴」の3つの技法があり，子どもの課題の種類にかかわらず，常に行っていることが該当する。これらの技法が適切に行われ，子どもと職員との信頼関係が形成されていることが次のステップの基盤になる。

子どもへの専門的な働きかけは，「自尊心の回復」，「感情の言語化」，「愛着の形成」，「認知への働きかけ」，「過去と現在の統合」，「行動の抑止とスキルの提供」の6つの技法がある。これらは，子どもの年齢や課題別に用いられる働きかけである。

環境への働きかけは，「集団への働きかけ」，「他の子どもへの説明」の2つの技法になる。これらは，課題を表出した子どもを対象とした技法ではなく，環境面に働きかける技法である。子どもだけに課題の解決を促しても，すぐに改善されることはなく，問題は関係性の中で起きているため，個人だけではなく環境に

も働きかける方法である。「親への働きかけ」に関しては，施設に入所する子どもとその環境だけではなく，子どもが帰る重要な場所としての機能をもつ養育者への働きかけである。

　これらの技法は，児童養護施設で働くベテランの職員へのインタビューと理論的な視点を踏まえてまとめられたものである。どれか 1 つの技法を用いて支援をしていくというものではなく，子どもの示す課題によって，いくつも組み合わせて行っていくところに特徴がある。

　さらに，これらの技法の具体例を表 4-1 に示す。

(2) 技法を具体的に適用する

　生活場面面接の各技法を活用する前提は，子どもが過ごす環境が安全で安心できる場になっていることである。それは，子どもと職員の間で共有される「施設

働きかけのプロセス		働きかけの技法 →	基本となる働きかけ			子どもへの専門的働きかけ（個への働きかけ）						環境への働きかけ		
			子どもの状況の把握	子どもの波長に合わせた働きかけ	傾聴	自尊心の回復	感情の言語化	愛着の形成	認知への働きかけ	過去と現在の統合	行動の抑止とスキルの提供	集団への働きかけ	他の子どもへの説明	親への働きかけ
平常時		日常的な働きかけ	○	○	○	○	○	○						
危機場面	STAGE 1	落ち着かせる	○	○	○		○	△						
	STAGE 2	出来事の整理	○	○	○		○	△						
	STAGE 3〔出来事の背景へのアプローチ〕	不適切な認知		○	○		○		○		△			
		合理化		○	○		○		○					
		自己否定		○	○		○		○					
		他者への不信		○	○				○	○	○			
		過去の体験の再現		○	○		○			○				
		スキルの不足		○	○						○			
	STAGE 4	今後の対応を話す		○	○				○					
平常時	STAGE 5	周囲の環境への働きかけ		○	○							○	○	○

図 4-3　生活場面面接の働きかけの段階と技法（大原，2014）

表 4-1　生活場面面接の技法

技法名	具体的内容の例
子どもの状況の把握	積極的に声かけを行うようにする
	子どもの状況について，学校の担任の先生と連携する
	子どもの変化に気づき，発信する
	子どもからのメッセージに常に応答する
	子どもの状況を職員間で共有する
	支援計画を職員間で立てる
	児相ケースワーカーや心理職と，子どもの対応について話し合う
子どもの波長に合わせた働きかけ	子どもの気持ちに波長を合わせるよう心がける
	子どもに恐れを感じさせないように心がける
傾聴	子どもの気持ちを聴く
	行動の背後の気持ちを聴いていく
	物事の状況を聴く
	子どもの気持ちを解釈して伝える
自尊心の回復	長所をたくさん発見し，伝える
	小さなことでも，プラスの評価をたくさん与える
	肯定的な部分を褒める
	大切な人であるというメッセージを伝える
感情の言語化	子どもの混乱した心情を，言語化する
	子どもが，怒りや悲しみ，恐怖を感じているとき，言葉にする
	子どもの感情を言葉にして，伝える
	自分の気持ちを伝える方法を教える
	子どもが不安に思っていることを，言葉にする
愛着の形成	子どもが恐怖を感じているとき，一緒に寄り添う
	子どもがパニックになったとき，落ち着くまで付き添う
	子どもが不安な状況にあるとき，安定するまで一緒に寄り添う
	子どもが病気やケガをしたとき，丁寧に対応する
	過去のつらい体験を子どもが話したときに，じっくり聴く
認知への働きかけ	子どもの偏った考え方について，話す
	物事の受け止め方の違いについて話題にする
	子どもの物事の受け止め方について，話題にする
	子どもの考え方に焦点を当てて，話す
過去と現在の統合	子どもの家での体験について一緒に話す
	親との関係について，話題にする
	現在起きた問題行動と過去のつらい体験をつなげて話す
	少しずつ，家でのネガティブな体験を話題にしていく
	現在の問題と過去の体験をつなげて話す

技法名	具体的内容の例
行動の抑止とスキルの提供	暴力的行動は，すぐに止めさせる
	よくない言葉に注意をする
	人を傷つけるような言動があるとき，それを伝える
	行為の善悪は，はっきり伝える
	マナーを教える
集団への働きかけ	子どもたちで，話し合いの場をもたせる
	子どもたちで，話し合ってルールを決めさせる
	子ども同士で解決できるようにする
他の子どもへの説明	担当の子どもの行動特徴を周囲の子どもにも説明する
	担当の子どもが問題行動をする理由を他の子どもにも説明する
親への働きかけ	子どものことについて，親と担当で一緒に考えていく
	子どものよい部分を親に伝える
	親から子どもにメッセージを伝えてもらうように，働きかける
	親自身の気持ちの整理を手伝う
	家族アセスメントを行う

や学校の健全な文化や理念」の重要さを強調していることでもあり，また，一般家庭で行われる養育の価値観でもある。例えば，「居心地のいい場所にしましょう」，「みんながみんならしくいられるように協力し合いましょう」，「困っている人がいるなら手を差し伸べましょう」といった形で伝えられるものである。こうした考え・理念が子どもたちに浸透していることが，生活場面面接の適用をより効果的にする。以下に，具体的な技法を示す。

(3) 基礎となる働きかけ

　ここでは，「子どもの状況の把握（アセスメント）」，「子どもの波長に合わせた働きかけ」，「傾聴」について説明する。

1) 子どもの状況の把握（アセスメント）

　子どもの支援を行うにあたって，まず重要になるのがアセスメントである。これには大きく，2つの視点がある（図4-4）。

　1つ目は，生活場面の中で起こる心理社会的な混乱やトラブルそのものを正確に把握することである。正確に把握するという意味は，出来事の事実関係を時系列に整理・把握すること，その出来事に対して子どもの認知，感情，行動がどの

ように変化して現在に至っているのかという2つである。これについては，アセスメントの章でも紹介した。

　2つ目は，子どもの総合的なアセスメントをすることである。総合的なアセスメントは子どもを支援するための前提—1つ目の出来事の把握の前提—となるものである。具体的な点を改めて列挙する。

身体発達：身長や体重などの基本的な発達状況

生物学的視点：子どもの生まれながらにある発達上の課題がみられるかどうか

心理的視点：不安や怒り，気分の変わりやすさなどの情緒的な傾向について

行動的視点：攻撃的な行動や非行的行動，引きこもり傾向など

対人関係：人との関係性の作り方の把握（虐待的人間関係，力による関係，加
　　　　　害傾向，被害傾向）

成育歴：子どもの体験してきた，入所に至る歴史に関すること

家族関係：子ども自身の成育歴と過去から現在に至る家族の関係性

被虐待体験：逆境的な体験の有無や程度について

肯定的な体験：支えとなってきた人など

自己理解：子ども自身が自らのことをどのように認識しているか（基本的信頼
　　　　　感，共感性）

入所に関すること：施設に入所するにあたっての子どもの自身の理解（入所理
　　　　　由等）

強み：子ども自身が好きなことや
　　　支えとしていること，信頼
　　　できる人や安心な場所につ
　　　いて

　生活場面面接のどの技法を組み合わせて適用していくのかという課題は，生活場面で表出される子どもの情緒や行動上の問題をどのように理解するか，というアセスメントの課題でもある。日々起こる心理社会的な混乱やトラブルの正確な把握には，

図4-4　子どもの状況の把握（アセスメント）

総合的なアセスメントは欠かすことができない。むしろ，総合的なアセスメントなくして，混乱やトラブルの正確な把握をすることはできない。心理社会的な混乱やトラブル自体もまた，総合的なアセスメントの要素の1つとして組み込まれている。

2）子どもの波長に合わせた働きかけ

　子どもの波長に合わせた働きかけは，子どもと職員との信頼関係を形成するための1つの技法である。

　個別面接であっても，生活場面における支援であっても，最も重要なことの1つは，子どもとの信頼関係を形成することである。親から離れて生活している子どもにとって，大人との良好な関係を築いていくためには長期間を要するかもしれない。ここでは，信頼関係を深める働きかけの例を示す。

　施設に入所する子どもには，安全で安心できる環境を保障することが必要である。子どもの中には，大人に対して敵対的，攻撃的に接してくる場合もあり，大人が身体的にも心理的にも子ども自身を侵害することがない存在であることを伝えることが大切である。そのためには，職員自身の言動が子どもにどのように伝わるのか，どのような影響を与えるのかといったことについて検討が必要である。

　例えば，ある職員が来ると子どもたちが委縮したり，緊張したりすることがあり，その背景に恐怖や「怒られるから」といった子どもの認識があるとすれば，それは不適切な関係になっている可能性がある。子どもの気持ちに寄り添い，態度はもちろん言葉の抑揚やテンポなどにも応じていくことが重要である。

　より具体的には，黙り込んで何も語らない子どもがいれば，その沈黙にしばらく付き合うこと，興奮し，混乱している子どもがいれば，その混乱した状態に波長を合わせるのではなく，逆にゆっくりとしたテンポで語りかけることや働きかけずに待つことが，その子どもを本来の波長や状態に戻す手助けになるかもしれない。

　このように，子どもの状態に応じて言葉や態度を合わせていくことで，安心感や信頼感を強化していく働きかけである。

3）傾聴

　「傾聴」も子どもと大人の信頼感を強化する働きかけの1つである。一方的な指導的役割のみを演じていては，信頼関係を構築することは難しい。また，日常

生活支援を中心とした関わりのみで，子どもとの個別的なやり取りやコミュニケーションの時間を設けていなければ，よい支援を行えているとは言えないかもしれない。子どもからの信頼を得るには，日頃から子どもの話にしっかりと耳を傾けることが必要になる。これは混乱やトラブルになっていない生活場面で，常に意識して行っていくことが大切である。この関わりがしっかりとできているかどうかが，実際の混乱場面やトラブル場面での解決の可否に大きく影響する。

トラブルが起きた場面における傾聴は，情緒や行動上の問題を肯定することを意味していない。トラブル場面での傾聴は，これから続く生活場面面接の過程の第1段階を意味している。この導入で一方的に叱り続けたり，大声を上げて叱責したりすることは子どもとのやり取りを終結させ，時に不信感を強化することにつながる。しかし，危険な行動を瞬時に止めるために用いる場合は例外である。行動が止まったり，気持ちが落ち着いた後に，その状況やそれに対する気持ちを確認していくことになる。そのときに，大人の価値観でよい—悪いを判断せずに，出来事の事実関係と気持ちの両方の把握に努める。

子どもが混乱した状況で話を聞く場合には，気持ちを受け止めつつ，事実関係の整理と対応させながら，心の整理を手伝うことが必要である。これは，「子どもの状況の把握」や「感情の言語化」ともつながる技法である。傾聴はその基本的な姿勢を示すものである。

例えば，冒頭に示したように，小学生二人が殴り合いのけんかをしている場面を目撃したとする。そのとき，「おい，おい，どうしたんだ！」と声をかけて二人を引き離し個別に話を聞く。個室に連れて行くと，一人が泣き出すような場面では，以下のような語りかけを意識する。

「何があったのか教えてくれる？」
「どこか痛いとこはある？」
「ちょっと見せてごらん」
「○○がけんかするなんて，よっぽどのことがあったんじゃない？」

子どもが語り出すきっかけとなる言葉を選択していき，トラブルの事実関係の把握とそのときの子どもの気持ちを問いかけていくようにする。例えば，

「○○が△△と言ったあとどうなったの？」

「もう少し，□□について教えてくれるかな？」
「そのとき，○○はどう感じたの？」
「そっかぁ…○○はこういう意味で言ったんだね」
「相手はどう思ったんだろう？」
「なかなか，言葉にならないこともあるよね」

などと，子どもの主体性を尊重しながら正確な事実関係と子どもの感情を把握することを心がけていく。あくまでも事実の把握と感情の把握を中心に行い，善悪の判断についてはまだ先延ばしにすることがポイントである。善悪の判断を下してしまうと，大人との関係をシャットダウンしてしまう子どももいるためである。

(4) 状況別に活用していく生活場面面接の技法

　上述の生活場面面接の技法は，心理社会的な葛藤やトラブルを解決するためのいわば下準備でもある。児童養護施設などの社会的養護の場で生活する多くの子どもに日々用いていくことが推奨される技法である。ここでは，心理社会的な葛藤やトラブルを解決するための直接的な技法について紹介する。

1）自尊心の回復

　社会的養護の場で生活する子どもの中には，被虐待体験があったり，親から引き離されたり，生まれながらに親の存在を知らずに育っている場合もある。特に被虐待体験は，子ども自身の生命を脅かすだけではなく，自分を大切にできない気持ちや自己否定的な感情，自信の欠如，不安定な自己イメージなどを引き起こすことが多くみられる。また，こうした体験をしていない子どもであっても，適切な自己イメージや自己肯定感の低い子どももいる。そのためには日常生活の中で，小さな成長も見逃さずにフィードバックしていくことは子ども自身が肯定され，大切にされ，見守られていることを体験することにつながる。

　「○○してくれてありがとう。とても優しいね」
　「○○に気がついてくれてありがとう。なかなか気づけないことだよね。すごいねー」
　「○○もできるようになったんだね。すごいなー」
　「○○くんて，とても〜でかっこいいね」

「○○なところがとてもいいところだね」

などの語りかけが挙げられる。否定的な自己イメージをもつ子どもにとって，こうした肯定的な言葉かけはある意味「違和感」を感じることになるかもしれない。少しずつでも，褒められたり，自分の存在が認められたりしていくような働きかけが必要である。

2) 感情の言語化

　子どもは発達過程の中で，自分の中で起こる様々な気持ちの変化を感じ，その感情を養育者から言葉で表現してもらうことを繰り返す中で，感情と言葉がつながり，自らの感情をコントロールすることができるようになる。しかし，その過程を親やそれに代わる養育者から提供されない状況にあると，怒りや攻撃性を適切な言葉で表現することができず，行動化して解決していこうとする。また，混乱している状況では自分の状態を正しく認識することができていない場合も多くある。

　感情の言語化には，子どもの混乱した心情を言葉で表現することや，解釈して伝えることを通して，感情と言葉のつながりを体験させ，コントロールしていく力を助ける役割がある。また，感情と言葉のつながりがわかっている子どもでも，それを語れない，上手に表現できない子どももいる。適切に子どもの感情を伝えていくことは，子ども自身が大人から「理解してもらえている」という感覚を体験することにもつながる。具体的には，次のような言葉かけが挙げられる。

「なんだかイライラしているみたいだね？　なにかあったのかな？」
「とても悲しそうに見えるけど…」
「とっても怒っているように感じるんだけど…」
「悔しかったのかなぁ…」

　このように，子どもが感じている感情を言葉で表現していくことが，子ども自身の感情のコントロールの力を育てることにつながる。

3) 愛着の形成

　この技法は，対象年齢が比較的低い場合に特に有効な技法になる。愛着とは，「特

定の対象に対する情緒的な結びつき」と表現されるように，子どもが恐怖や不安を抱いたときにより活発になる。むしろ，恐怖や不安な状況でこそ，愛着関係が活性化され結びつきが強化される特徴がある。そこで養育者は，子どもが病気やけがをしたときに，丁寧に寄り添い対応することや，恐怖を感じているときに寄り添いその感情を言語化することが，愛着の形成や強化につながる。

　この働きかけは，青年期になっても行われることもあるが，より年齢が低い子どもに適しており必要な働きかけである。

4）認知への働きかけ

　心理社会的な葛藤やトラブル場面では，子どもの現実認識に歪みが起きたり，自己否定的な解釈を行ってしまったり，他罰的な理解をしてしまったりすることがある。例えば，

　「相手が嫌なことを言うから，やり返しただけ」
　「ちょっとやっただけで，自分は悪くない」
　「どうせ，自分が悪いんでしょ。いっつもそうだ」
　「自分はなんでも一番に決まってる。他の人はクズだ」
　「大人はみんな敵だ。信用できない」

など，不適切な認識に基づく発言がなされることがある。常にこうした反応をする子どももいるが，何らかの葛藤状況で一時的に表れる場合もある。このような反応があると，つい子どもの感情に巻き込まれ，感情的に対応してしまうこともある。職員の中の複雑な感情を引き出すのも，こうした子どもの得意とするところであり，それに乗らないように冷静に対応する必要がある。

　こうした不適切な認知が行動化とつながっていることが多く，この点に変化を与えることは情緒や行動上の問題を変化させることにもつながる。したがって，トラブルの背景が上述のような認知にあると判断できれば，そこに焦点を当てていくことが必要になる。

　「あなたはそのとき，どんなふうに考えた？」
　「例えば，○○の場合にはどんなふうに考えるかな？」
　「私なら○○と考えるんだけど，どうだろう？」

「普段は，〜って言ってくれているよね。今はちょっと考えが違うのかな？」

　子どもの中で特定の考え方があることについて，子ども自身に理解を促すような働きかけが，認知への働きかけになる。子ども自身が偏った認知があることを理解し，それを大人と共有していることが重要になる。繰り返し表出される様々な混乱やトラブルを活用しながら，背景にある認知の歪みに対して共同しながら解決に取り組むことが重要になる。

5) 過去と現在の統合

　「過去と現在の統合」は生まれてから現在に至るまでそれぞれに個人の歴史を整理する働きかけである。恵まれた環境で育った子どもにとっては，その歴史は肯定的なもので，時に大変なことがあってもそれを人生の肥やしとして順調に成長していくかもしれない。一方，親からの分離を体験し，逆境的な環境で生活してきた子どもにとっては，その歴史は断片的でつながりのあるものとして存在していないことも多い。幼い頃の記憶が全くなかったり，被虐待体験のみが記憶として保持されていたり，家族と過ごしたある一場面の記憶しかないなどである。よい体験も悪い体験も含めて，これまでの人生をつながりある1つのまとまりとして位置づけることが難しい子どもである。そのため，ある1つの体験によって現在の行動や感情が左右されてしまうこともある。

　「過去と現在の統合」とは，心の中に抑圧している家族との記憶やつらい体験を含めて，子どもの中で整理し，解消していけるように働きかける技法である。子どもの中には，生活場面の中で何気なく，家族の話題を語ることや，被虐待体験を語ることがある。また，子どもの行動の背景に過去の体験を連想させるものもある。この技法は子どもへの侵入性が高い技法になるため，十分に子どものアセスメントを行い，その関係性が形成されてから行うことが必要である。したがって生活場面では，子どもから言語化される話を中心に整理を行い，職員から積極的に働きかけていくことは適切ではないかもしれない。侵入性が低い方法としては，アルバムを一緒に見ることや，作成することなど，直接的な対話よりも物を媒介させながら働きかける方が自然で安全な方法になる。そのため，生活場面の出来事をきっかけとして，次のように話題にしていくことができる。

　「家では何が好きだったの？」（食事場面で…）

「おうちでは，どうしてたの？」

「○○くんって，かっこいい名前だよね！ 誰がつけてくれたの？」

「つらいなーっていうときは，これまでどう切り抜けてきたの？」

「これまでにも，つらい状況があったのかな？」

　日々の生活の中で，子どもの体験した出来事をゆっくりつなぎ合わせていくことが，肯定的な未来をつなげることになる。また，心理職がいるなら個別の面接との連携も重要になるだろう。

6）行動の抑止とスキルの提供

　逆境的な体験がある子どもの中には，攻撃的な傾向や非行的な傾向がみられることが少なくない。これは，「傾聴」や「感情の言語化」で説明した通りである。怒りの感情を言葉で説明していくためには，その行為自体が止まらなければ扱うことは困難である。例えば，一方的に年長児が年少児を殴りつけているような場合である。このとき，「ずいぶん，怒っているんだね」といった働きかけでは，年少の子どもを守ることができない。まず，殴っている状況を止める必要がある。また，年長児が暴力を振るうような環境や施設の風土に対して働きかけを行っていくことが必要になる。

　その上で，一方的に怒るのではなく子どもの話をしっかり受け止め，整理し，考えてもらうようにすることがこの技法の重要な点である。そのとき，子どもの行為自体の良し悪しと感情を分けて対応することが大切である。また，行為自体の良し悪しについても，すでに子ども自身が理解していることがほとんどであるため，自ら洞察できるように促すことが望ましい。

　実際には，行為の良し悪しの判断のみではなく，具体的な対応の方法を伝えたり，練習したりすることが重要になる。

「さっきの行動は，自分でどう思う？」

「今度，同じような状況になったら，どう対処する？」

「怒りたい気持ちはとてもよくわかるよ。行動はどうだっただろう？」

「こういう方法もあると思うけど…」

　行動化を瞬時に止める機能，行動の判断を促す働きかけ，新しい方法を教える

働きかけという3つの点がこの技法には含まれている。状況によってこれらを組み合わせていくことが大切である。

(5) 環境への働きかけに関する生活場面面接の技法

これまでは，子どもへの直接的な働きかけに関する生活場面面接の技法を紹介してきた。生活場面による働きかけには，子どものみではなく子どもを取り巻く周囲の人などの環境に対して行う技法も含まれている。施設や学校などの複数の子どもが生活する環境で人間関係に対して働きかけを行うことは，子ども自身の心理社会的な葛藤やトラブルの軽減に役立つ。具体的には次の3つの技法が挙げられる。

1) 集団への働きかけ

複数の子どもが一定の時間を過ごす施設や学校において，子どもたち自身が適切なルールや文化を形成してくことは，個々の子どもの成長を促進することにもつながる。集団の肯定的な力を活用していくことは，支援にとって非常に重要な要素になる。したがって，個々の子どもが尊重し合い，助け合い，協力し合い，お互いを認め合うような関係性を重視した集団の風土や文化の形成は，個への働きかけと共に重要な点である。それは，大人が一方的にその風土を形成していくものではなく，個々の子どもの中から少しずつ醸し出され，まとまっていくものでもある。そのための手助けをすることが職員の重要な働きかけになる。

例えば，日常の小さな出来事を活用しながら，生活している子どもたちみんなが話し合い，全体の約束を決めていくこと，トラブルを子ども間で適切に解決できるようにコーディネートすること，話し合いを促すこと—そうしたことが集団の文化や風土をつくることにつながる。

2) 他の子どもへの説明

上述のように，個々の子どもが尊重し合い，助け合い，協力し合い，お互いを認め合うような関係性を重視した集団の風土や文化の形成のためには，グループでの話し合いの場を設定することに加えて，次のような働きかけも重要になる。これは子ども間ではなかなか理解されにくいような言動を行う子どもについて，状況を周囲に理解してもらうための職員の働きかけである。この働きかけの前提には，職員が子どもから信頼され，「この職員の言うことなら…」という認識が

あることが必要になる。そうした関係性が形成されていると次のような言葉かけが伝わりやすくなる。

> 「○○くんは，〜な状況なんだと思うよ。△△もこういうことあったよね…」
> 「だれにでも，〜なときってあるよね。○○くんも今そういうときなのかもしれないね」
> 「○○くんのことで，何か周りの子も大変な思いをしていたら教えてね」

　このように，時間を共有する子どもたちへの理解を求めると同時に，周りの子どもたちに対しても注意を向けていることを伝えることは非常に重要である。支援ニーズが高い子どもが一人いると，職員はその子どもに手を取られ，相対的に他の子どもとの関わりの時間や生活場面面接の時間が減ってしまう可能性がある。周囲への理解を求めることと同時に，注目されていない子どもに配慮することがとても大切である。

3）親への働きかけ

　児童自立支援施設に入所する子どもは，親から分離された後，平均1年半程度で再び家族の元に戻っている。その間に家族との面会や外出，外泊があることは，多くの子どもにとって生活の大きな支えでもある。しかし一方で，養育者の養育能力や価値観，地域の環境などが整わなければ，家族再統合にはリスクが伴う。養育者自身の安定を促す働きかけや，養育者が養育者としての意識を実感し，助長できるような働きかけが必要となる。こうした働きかけは，間接的に子どもへの最大の支援になることもある。また逆に，職員が養育者からの子どもに対する肯定的なエピソードを子どもにフィードバックすることも大きな支えになる。

※養育者に対して

> 「親御さんが来るのをとても楽しみにしていたんですよ」
> 「この間，お子さんはこんなことができるようになったんです。ぜひ，お母さんに伝えたいと話していましたので，じっくり話を聞いてあげてください」
> 「お子さんにはこんないいところがあるんです。親御さんからも褒めてあげてください」

「お母さん，家で手伝いをしてくれたって，とても喜んでいたよ」

「しばらく会えなかったけど，あなたが成長していることを実感したって，お
　母さんが話してくれたよ」

「お母さんの体調が悪いとき，気遣っていたんだって？ とっても優しい子に
　なって嬉しいって話してくれたよ」

　これらのエピソードは，養育者に対しては親としての意識を促す効果が期待で
き，子どもに対しては生活の支えとなる効果が期待できる。お互いにとってよい
関係，よい成長を促すように働きかけることがポイントとなる。

　上記以外に，養育者自身の歪んだ認識や養育スキルに対しての働きかけも必要
になる場合もある。

(6) まとめ

　生活場面面接の働きかけの技法は，基本となる働きかけ，子どもへの専門的働
きかけ，環境への働きかけの3つに大きく分けられる。基本となる働きかけには，
「子どもの状況の把握」，「子どもの波長に合わせた働きかけ」，「傾聴」の3つの
技法，子どもへの専門的な働きかけには，「自尊心の回復」，「感情の言語化」，「愛
着の形成」，「認知への働きかけ」，「過去と現在の統合」，「行動の抑止とスキルの
提供」の6つの技法がある。環境への働きかけは，「集団への働きかけ」，「他の
子どもへの説明」の2つの技法があることを示した。

3. 生活場面面接の働きかけの段階

　ここでは図4-5に示す働きかけの段階について説明する。この働きかけの段階
では，働きかけの技法を活用していく場合の順番を示すものである。この段階は
LSCI（Long, Wood, & Fecser, 2001）の枠組みを参考に作成したものである。

　具体的には図4-5，4-6に示すように，「日常的な働きかけ」→「落ち着かせる
段階」→「出来事の時系列整理」→「出来事の背景へのアプローチ」→「今後の
対応を話す」→「周囲の環境への働きかけ」という段階を位置づけている。子ど
もの状態に応じて，順番に働きかけの段階をすすめていく。

（1）日常的な働きかけの段階

　職員と子どもとの信頼関係を築き，子どものよい行動を強化し，ストレングスを発見して伝えておく段階である。これはトラブルが起きていない日常の生活で意識的に行っておく必要があり，すべての働きかけの基礎になる部分である。

　トラブル場面を治療的に活用するには，日常場面で子どもと職員との関係性ができていることが前提となる。混乱している子どもに対して，見ず知らずの大人

働きかけのプロセス			基本となる働きかけ			子どもへの専門的働きかけ（個への働きかけ）						環境への働きかけ		
		働きかけの技法	子どもの状況の把握	子どもへの働きかけの波長に合わせた	傾聴	自尊心の回復	感情の言語化	愛着の形成	認知への働きかけ	過去と現在の統合	行動の抑止とスキルの提供	集団への働きかけ	他の子どもへの説明	親への働きかけ
平常時		日常的な働きかけ	○	○	○	○	○	○						
危機場面	STAGE 1	落ち着かせる	○	○	○			△	○					
	STAGE 2	出来事の整理	○	○	○		○	△						
	STAGE 3（出来事の背景へのアプローチ）	不適切な認知		○	○				○		△			
		合理化		○	○						○			
		自己否定		○	○						○			
		他者への不信		○	○				○	○				
		過去の体験の再現		○	○					○				
		スキルの不足		○	○						○			
	STAGE 4	今後の対応を話す		○	○				○		○			
平常時	STAGE 5	周囲の環境への働きかけ		○	○							○	○	○

図 4-5　生活場面面接の働きかけの段階と技法（大原，2014）

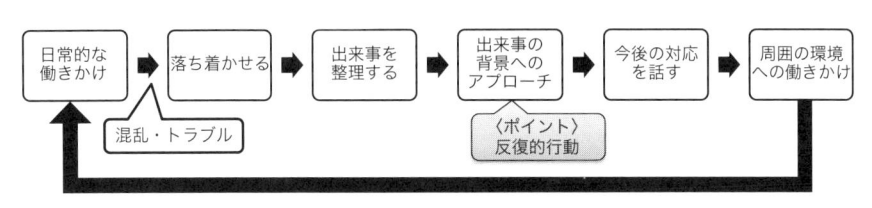

図 4-6　生活場面面接の働きかけの段階

が問いかけてもその混乱は収束するどころか、エスカレートさえしかねない。また日頃から関係の悪い大人が声をかけても同様の結果になることは予測できる。「この人の言うことならまず、話を聴いてみよう」といった子どもの認識が必須である。トラブルを子どもの成長や発達につなげる生活場面で重要なことは、この働きかけが浸透するように日頃から子どもとの関係性を構築しておくことである。

　トラブル場面を治療教育的に働きかけるには、トラブルのない状況で起こしやすい出来事を共有しておくことが必要であり、それもこの段階で行われることである。例えば、「A君は注意をされるとすぐに、すべてを否定されたと思ってしまうのかな？」、「ゲームの話題になると他のことに気が回らなくなってしまうよね」、「イライラした気持ちが出てきたときにどうやって対処しようか？」など、子どもの状態を共有し、事前に対処方法を検討しておくことが重要になる。

　このようにこの段階は、すべての働きかけの基礎になるもので関係性を構築しトラブルを治療教育的に扱うための下準備をする段階である。

(2) 落ち着かせる段階

　トラブルや子どもが混乱した場面でまず行うことは、落ち着かせることである。そのために、子ども間を分離させるなどの落ち着いた環境を整え、感情を正常に戻すことを目的としたアプローチを行う段階である。混乱状態が続いている場合には、当然冷静に話し合うこともできない。重大な行動は止めに入る必要があるが、大声で叱責しても効果は乏しく、冷静に淡々と一人の環境を整え、感情を言語化するなどの方法を活用していくことが必要になる。

　落ち着かせる技法としては、感情の言語化を中心に行い感情を吐露できるように働きかける。また、呼吸法や物理的に刺激の少ない環境に行くことなどが考えられる。この段階では、善悪の判断は控え、刺激を少なくすることが重要になる。そのため、被害感の強い子どもの場合は個室に連れて行かれたりすることがすでに刺激になることもあり、こうした子どもには、日常的な働きかけの段階で「約束」しておくことが重要になる。つまり、混乱した場合にどのような方法が最も落ち着きを取り戻す最善の方法なのかを子どもとともに共有しておくことが重要になる。

(3) 出来事を時系列で整理する段階

　「出来事を時系列で整理する段階」は、まさにその名の通り、事実関係を時系

列で明らかにすることである。といっても，職員が一方的に，「あなたは，○○と言ったよね。それはいいの？ だから相手は怒ったんじゃないの！」などと，決めつけて対応してはいけない。「事実関係」と子どもの「認識」を時系列で整理することがこの段階のポイントである。

「事実」とは，客観的に起きた出来事そのものをいい，子どもの「認識」とは，事実関係を時系列でどのように認識していたかという点である。後者の子どもの認識は次の「出来事の背景へのアプローチ」につながる点であり，事実と異なることもある。多くの場合，子どもは「事実」と「認識」を整理できずに，自分中心の理解を展開することになる。むしろ，他者の視点をとり入れて客観的に事実を認識することができていれば，トラブルになることも少ないだろう。そのため，子どもの認識と事実を整理していくことがこの段階で行うべき働きかけである。

職員の認識が誘導にならないような言葉かけを行っていく。例えば，「そのあと，なにがあったの？」，「それで？」，「次にどんな行動をしたの？」，「A君はなんていったの？」，「Bくんは？」といったように，行動や言葉がどのように展開されたかを質問していく。気持ちが語られた場合は，「～って，感じたんだね」などとくみ取ることで事実と区別して整理する。

このように，子ども自身に出来事をふり返ってもらうことを目的としたアプローチを行う段階である。

（4）出来事の背景へのアプローチ段階

「出来事の背景へのアプローチ段階」は生活場面面接の中心的な働きかけになる。一般的な対応は，AとBがトラブルになった場合にお互い謝罪をして一件落着とするかもしれない。もしくはAが一方的に悪いのであれば，それを謝罪させることで問題の解決とするかもしれない。これは生活場面面接ではなく，至極当たり前の対応である。

繰り返しになるが生活場面面接は，トラブルを子どもの成長や発達につなげていく視点にオリジナリティがあり，行動が消失すればよいとの視点のみではなく，繰り返される行動の背景に共有する要因があると仮定し，そこに働きかけていくことが重要だと考えている。つまり，現在起きているトラブルは，これまでも似た出来事が繰り返されており，実はその背景は共通しているのではないかとの視点に立っている。

そのため，生活場面面接の働きかけの最も重要な点がこの出来事の背景へのア

プローチということになる。この背景へのアプローチの焦点を，ここでは6つに分類している。すなわち，「不適切な認知」，「合理化」，「自己否定」，「他者への不信」，「過去の体験の再現」，「スキルの不足」である。これらが表面的なトラブルの背景にあり，行動や不適切な言動を操っていると捉えて働きかける。ただし，これらには行動の前に起きるものと，行動の後に起きるものがある。以下に具体例を示す。

> 例えば，すれ違いざまにAの肩がBに当たり，Aが殴りかかるというエピソードがある。この出来事の解決は，Aが自分の暴力行為についてBに謝罪をすることである。
>
> それに対して，背景へのアプローチは，上記の出来事以前に先生から注意されたばかりでイライラしていたことや，そもそもA自身の攻撃性が高いことや被虐待体験があることなどが挙げられるかもしれない。
>
> これらを6つの要因から検討する。

1）不適切な認知

　上記のエピソードについて，不適切な認知に焦点を当てて背景の問題を解決することについて整理する。他の要因は不適切な認知に関連する要因と言ってもよい。それほど認知面に焦点を当てることは他の要因とも関連し，多くの情緒や行動上の問題を示す子どもが抱えている問題と考えてよいだろう。

　先ほどのAの事例では，AがBとの接触をどのように捉えていたのかが重要なポイントである。肩が接触したことで殴りかかるという行動は，多くの人は選択しない。しかしAにとっては許しがたい行動だったといえる。それは，A自身が「俺が道を通るのに，周囲はよけるのが当たり前」，「ぶつかったことは喧嘩を売られているからだ」，「わざと挑発をしてきたに違いない」，「なめられているからだ」など，情緒や行動上の問題を示す子どもは，多くの一般の人が考えないような認知を行う。こうした認知が継続していれば，同様の問題が繰り返されることは間違いないだろう。悪意のない行動も，Aにとっては脅威となっているからである。

　したがって，Aが表面的な謝罪をしたとしても，同様のことが起き，そのたびにAは不適切な認知を強化し，大人に対する不信感を強めていくことになるかもしれない。ここでの介入は，Aの行動の背景にある「不適切な認知」に焦

点を当てることである。

2)　合理化

　合理化も不適切な認知の一形態である。合理化は自分の言動を正当化する行為をいう。間違っているように見える言動であっても，自分は正当であり間違いなんて全くしていないと，様々な理由を述べて説明する。A の場合，「日頃から B が嫌がらせをしてきたからもう我慢できなくなった。いつもちょっかいを出されているのに耐えてきたのに，自分が悪くなるのは納得いかない」，「B がわざとぶつかってきたからやり返しただけで，悪くない。B の行動を注意したり止めたりしない職員が悪い」，「B がぶつかってきたから，押し返しただけで何もしていない」など，ありとあらゆる理由をつけて，自分の行動は悪くないと訴える。

　上記の例のように，自分の行動は外的な状況から止むを得なかったかのように説明し，さらに他者批判まで繰り返すようになれば重篤である。このような少年の場合，頑なに自分の否を認めようとしないことから，支援は行き詰まることも多い。これはこうした問題ばかりが繰り返されることから起こることであるが，一方で例外があり，適切な認知をしている場面を蓄積しておくことが重要な働きかけの原動力になる。

　合理化をする少年の場合，自分の正しさを承認してほしい感情が強くあることが多く，日頃からいかにも自分が正当であるかのように振る舞うことがある。日常場面で実際によい行動を行っているのであれば，その行動や言葉を強化しておくことで，いざ合理化を繰り返す場面で，それと対照的なよい言動を提示して論理的に不整合であることを伝えるなどの方法が考えられる。その際，日頃の言動がいかに適切で役に立っているかを肯定的に伝えることで，合理化を選択することのマイナス面を伝えていくことになる。

3)　自己否定

　自己否定的な感情が行動化の背景として挙げられることもある。このようなケースでは子どもはトラブルを叱責され，失敗を繰り返すことによって自己評価が低下した状態にある。また，幼少期から肯定的な面を伝えられることが少なかった子どもに多い。「自分なんてどうせ，ダメな奴だ」，「いいところなんて 1 つもない」，「どうせ自分が悪いから怒られるんだ」などといった認識を深めていくことにより，結果としてさらに自己否定的になっていくパターンがある。

一方で，否定的評価を受けても，逆に自己評価を高める場合もある。これは，否定的な指摘を受け入れるだけの強さをもっていないために，「何でもできる」という万能感を強化していくことで起きるものと考えられる。非行少年の中には極端に自己評価が高い者と極端に低い者が存在する。

　Aの場合には，自己否定により自暴自棄になっていったことが考えられる。さらに，行動化の後には，「やはり自分は暴力をしてしまう」と自分を責めて自責的に苦しむような場合が考えられる。暴力をしたいわけではないのに自らコントロールできずに行動化してしまうような場合にみられる。これは行動化の後に起きることの方が多いかもしれない。

4）他者への不信

　他者への不信感は行動化につながる1つの要因である。行動化する子どもの中には，大人への強い不信感を抱いており，「どうせ大人は…」，「人は信用してはいけない」，「ちょっと信用したら，裏切られるに決まっている」などの認識を強化してきた者もいる。そのため些細な言動に過敏に反応して，防衛的になったり，先に攻撃的になったりすることもある。

　Aの例では，「やられる前にやらないといけない」といった認識や「どうせ自分がいけないんだ…」と，行動の善悪よりも自分に内在化させた問題として，いわばいじけることで反応する場合もある。

　このような場合，行動の善悪の判断と背景にある不信感への手当てを同時に行っていくことが必要になる。

5）過去の体験の再現

　過去の体験の再現として，暴力的な行動が示されることがある。これは暴力に対する認識が歪み，「やられたらやり返すのが当たり前」，「自分より弱い奴が調子に乗りやがって」，「暴力でわからせないと」，「力で示すことが一番いい」などの価値観と関係している。また，「ばれなければいい」，「ちょっとだけなら問題ない」などの過去に身につけてきた認知的な要因もあるだろう。

　いずれも，暴力的な環境や不適切な養育環境の中で成育してきたことが，暴力をはじめとした価値観の歪みを形成させ，これまでの行動を繰り返すことにつながっていると考えられる（もちろん遺伝的な要因もある）。また，トラウマによって行動が引き出されている場合もある。

このような場合は，過去の体験に関するエピソードを日常場面で扱いつつ，危機場面でも対応できるようにする。

6) 社会的スキルの不足

スキルの不足は，適切な行動を選択するためのスキルが不足していることを意味している。社会的な場面では常識と言われる行動であっても，それを学んでいなければできないように，トラブルの背景要因の1つにスキルが不足していることが考えられる。このような場合には，適切な行動選択を教えていくことが必要になる。

さて，このように背景要因には不適切な認知を中心に子どもが生きてきた中で身につけてきた要因が隠れている。行動化の背景にどのような要因が隠れているかを子どもと共に考えていくことがこの段階で最も重要な働きかけであり，専門職が一方的に決めつけて指導をしていく対応と異なっている。本人が気づき行動を変えていこうとする動機づけを引き出し，いくばくかの困難を共に解決していこうとする姿勢を示し続けることも必要になる。

(5) 今後の対応を話す段階

現実的なトラブルの解決や背景要因へのアプローチが終わり，ここでは同じような出来事に対する対策や練習を行うことを目的としたアプローチを行う段階である。背景要因を共有することができれば，繰り返し起こりうる反応を同定することができているため，それらに対する異なった選択を考える段階である。

まず行動の結果を踏まえて，本人自身の認知的な反応の仕方を変えること，トラブルになりやすい環境条件を同定して外的要因をコントロールすることや，トラブルになりやすい環境条件を避けるなどの行動も考える必要がある。現実的で実効性が伴う対策を検討していくことが重要である。

(6) 周囲の環境への働きかけの段階

子どもの成長は劇的に起きることもあれば，ゆっくりと変化していくこともある。挑発的な言動や他児へのちょっかい，多動・衝動性などトラブルになりやすい要因は多くの場合，そう簡単には変化していかない。年齢や身体心理的な発達が促される中で，抑制力が身につくものでもあり，周囲はその成長を見守ること

も必要だろう。

　周囲の環境への働きかけは，トラブルになりやすい子どもの特徴を周囲にも理解してもらう働きかけである。変化しようとする子どもの状態を周囲のメンバーも支えていくような風土ができるように，個々の子どもおよび集団に対して調整を行うような段階を意味している。

4. 生活場面面接の活用事例

　これまで，生活場面面接の歴史や概要，働きかけの技法，働きかけの手順について説明してきた。ここでは，具体的な事例を基に，生活場面面接の活用方法について解説する。子どもの心理社会的葛藤やトラブルの種類，背景に応じて，12の技法と働きかけの段階を組み合わせて生活場面面接を行っていく方法について説明する。

働きかけのプロセス／働きかけの技法		基本となる働きかけ			子どもへの専門的働きかけ（個への働きかけ）						環境への働きかけ		
		子どもの状況の把握	子どもの波長に合わせた働きかけ	傾聴	自尊心の回復	感情の言語化	愛着の形成	認知への働きかけ	過去と現在の統合	行動の抑止とスキルの提供	集団への働きかけ	他の子どもへの説明	親への働きかけ
平常時	日常的な働きかけ	○	○	○	○	○	○						
危機場面	STAGE 1 落ち着かせる	○	○					○		△			
	STAGE 2 出来事の整理	○	○			○	△						
	STAGE 3 出来事の背景へのアプローチ 不適切な認知		○					○		△			
	合理化		○		○	○				○			
	自己否定		○		○	○				○			
	他者への不信		○					○	○	○			
	過去の体験の再現		○						○	○			
	スキルの不足		○							○			
	STAGE 4 今後の対応を話す		○					○	○				
平常時	STAGE 5 周囲の環境への働きかけ		○	○							○	○	○

図 4-7　生活場面面接の働きかけの段階と技法（大原，2014）

　図4-7は心理社会的葛藤やトラブルに対し，その状況に応じて，生活場面面接に適用するためのプロセスを示したものである。横軸には生活場面面接の技法である基本となる働きかけ，子どもへの専門的働きかけ，環境への働きかけの3つに分類している。縦軸は，働きかけの段階を示しており，日常的な働きかけからトラブルに対して段階的に働きかけていく方法を示している。まず，STAGE 1では「落ち着かせる」，STAGE 2では「出来事の整理」，STAGE 3では「出来事の背景へのアプローチ」，STAGE 4では，「今後の対応を話す」，STAGE 5では「周囲の環境への働きかけ」を示している（Long et al., 2001; 大原，2016）。

　以下では，具体的事例を基に，生活場面面接の技法をどのように活用していくのかを説明する。

（1）事例の概要

　対象は児童自立支援施設に入所する11歳の男子Aである。入所理由はネグレクトとDVの目撃，両親の収監により，自宅での生活が不可能になったことである。児童自立支援施設に入所後，暴力行動・無断外出を繰り返すなどの情緒や行動上の問題が頻発しており，そのうち1つの出来事を例に考えていく。具体的には，Aと他児Bが言い合いになり，Aが暴力を振るってしまった場面を想定している。

（2）生活場面面接の適用の手順

　まず，日常的な働きかけについて取り上げる。ここでは，「子どもの状況の把握（アセスメント）」と信頼関係の構築のための技法を中心に説明する。その後，心理社会的な葛藤やトラブル状況に応じて，生活場面面接の技法と環境に対する技法を活用していく。

　では，AがBに暴力を振るってしまった場面ではないときに，行っておかなければならないポイントを整理し，その後，暴力場面に対する生活場面面接の展開例を示す。

1）生活場面面接の基礎技法：日常的な働きかけ

　日常的な働きかけでは，子どもの強みや肯定的な側面を引き出す関わりを日々積み重ねていく。そして子どもの些細な言動から「子どもの状況の把握（アセスメント）」に努めることが重要である。例えば，次のような特徴が見えてきた。

特に A の行動は，年下の小学生の子どもに対して攻撃的で，思い通りにならない場面や気分がすぐれないと，他者に八つ当たりし，物に当たり散らすことが多かった。またこれまで何度か注意されると，きまって「どうせ大人は…」，「何でオレばっかり」，「相手が悪いんだ」というのが口癖だった。

　A は幼少期から不適切な環境の中で生活してきており，ネグレクト状態や DV の目撃，親との分離を体験しており，人との安定した関係を築くことができていないのではないか…。また感情を適切にコントロールすることも困難で，注意されると被害的に受け止め，大人への不信感を強めていっているようだ…

　このような見立てを職員間で日々共有していくことが，日常的な働きかけのポイントである。その上で，A の大人に対する不信感や攻撃性の高さにのみ注目するのではなく，子どもの肯定的な部分をたくさん増やしていくことも大切になる（「自尊心の回復」）。また子どもに対して職員が否定的な構えをすることなく，自然に穏やかな関わりをすることを意識する。

　以下に，肯定的な側面を強化する対話の例を示す。

職員：幼児さんに絵本を読んであげるなんて，A 君はとっても優しいだね。だから，幼児さんも『A 君，A 君』って遊ぶのを楽しみしているんだね。（「自尊心の回復」）

A 君：そうなんだー。

職員：そうだよー。A 君は，○○君みたいな小さい子，どんなふうに思っているの？（「傾聴」）

A 君：べつに…。

職員：べつに…？（「傾聴」）

A 君：うん。

職員：そうかなぁ〜，今 A 君の顔を見ていると，とっても笑顔で優しそうで，まるで，お兄ちゃんみたいだよ。（「自尊心の回復」）

A 君：（ちょっと，照れる）おれ，兄弟いないし。

職員：あー，そっかぁ〜。（「傾聴」）

A 君：でも B と比べたら，幼児はかわいいよ。

職員：うーん，…幼児さんって時々，「わー」って泣いたりするけど，Ａ君はイ
　　ライラとかしないの？（「傾聴」，「子どもの状況の把握」）

Ａ君：いや，幼児さんだから，しょうがないじゃん。

職員：やっぱ，お兄さんだねー，えらい！！（「自尊心の回復」）

　このように，ちょっとしたよい行動を褒めながらＡ自身のよさをより多く引き出していく対話を意識的に行っていく。この例では，小学生に対して威圧的で攻撃的なＡが，幼児に対しては非常に優しい面が引き出されている。そして，「うるさくても幼児だからしょうがない」という寛容な認識や態度ももっていることが理解できる。こうした側面をトラブルのない状況でより多く引き出していくことが，実際のトラブル場面での対応を支えていくことになる。

　この働きかけにより職員とＡの関係性を構築して，トラブルを成長発達のために扱えるようにすることがポイントである。

（3）状況別に活用していく生活場面面接

　ここでは，ＡがＢに暴力を振るってしまった場面の対応について考えていく。このアプローチは，生活場面危機介入（LSCI: Long et al., 2001）の6つのステージを参考にしている。

〈STAGE 1〉落ち着かせる

　子どもの心理社会的混乱やトラブル，特に暴力場面では，双方もしくは一方の感情が非常に高まっている状態になる。この状態で話をすることは難しく，まず，「落ち着かせる」ということが優先的な課題である。その手順と技法を図4-8に示す。

　まず，当事者同士を分離し，感情を吐き出させることを行う。そのための技法は，「行動の抑止とスキルの提供」，「子どもの波長に合わせた働きかけ」，「傾聴」，「感情の言語化」等を活用する。具体的な対話の例を示す。

〈まず当事者同士を分離させる〉

職員：Ａ君，Ｂ君，ちょっと，ちょっと，と間に入り引き離そうとする。（「行動の抑止とスキルの提供」）

Ａ君：うるせー。（Ａ君は目を吊り上げ，Ｂ君の胸ぐらをつかんで離さない）

職員：A君，A君，わかる？（職員であることを認識させる）

A君：…おい，B。ふざけんなー。

職員：ちょっと，部屋に行って落ち着こうか。（複数の職員で対応）（「行動の抑止とスキルの提供」）

〈子どもの気持ちを汲み取り吐き出させる〉（個室に移動）

職員：A君，大丈夫，わかる？ 今すごく腹が立っているんだよね？（「感情の言語化」）

A君：…。

職員：ちょっと，こっちに座って，気持ちを落ち着かせよう。（「感情の言語化」）（しばらく，落ち着きを取り戻すまで寄り添う）

A君：もう，落ち着いているよー。

職員：う〜ん，さっきよりも少しずつ落ち着いてきているよね〜。（「感情の言語化」）

A君：…。

職員：うん…，A君がそんなにイライラしているなんて…。何があったの？（「傾聴」）

A君：アイツがやってきたから，いけないんだし…。（合理化）

職員：う〜ん，やってきた？（「傾聴」）

A君：そうだよー。俺が話しかけたのに無視したから。だから，殴ったんだし。別に俺，悪くないし。（合理化）

職員：ああ〜，無視されちゃって，それで，A君が頭に来ちゃったのかな？（「感情の言語化」）

当時者同士を分離させる（環境の変化）	
技法：「行動の抑止とスキルの提供」	技法：「子どもの波長に合わせた働きかけ」

気持ちを汲み取り吐き出させる	
技法：「傾聴」	技法：「感情の言語化」

図4-8　落ち着かせる段階での技法

Ａ君：そう，あいつマジムカつくし…。

職員：そっかぁ～すごくムカついているんだぁ。（「感情の言語化」）

Ａ君：…うん。

職員：少し，落ち着いてきたかな？　もう少し具体的な流れについて教えてくれ
　　　る？（「傾聴」）

　このように，ＡとＢなどの対人的なトラブルの場合には，双方がいる状況で
はエスカレートする可能性が高いことから，二人を引き離すという物理的な対応
が優先される。次に，感情が高ぶって怒りを表出している場合，静かに寄り添う
働きかけや感情を言語化し，子どもが自分の状態に気づけるように対話をしてい
くことがこの段階である。また，感情を吐き出させて，コミュニケーションを維
持する機能もある。

〈STAGE 2〉　出来事の整理

　前の段階では子どもが落ち着きを取り戻すまで「傾聴」や「感情の言語化」を
用いた。この STAGE 2 でも，図 4-9 に示すように「傾聴」や「感情の言語化」
を用いて，どのような出来事が起きたのかを整理することが目的である。

　以下に，出来事を整理するための対話の例を示す。

職員：Ａ君，今回何があったのか順番に教えてくれる？

Ａ君：ＢとＣが遊んでいて，俺が近くに行ったらＢが叩いてきたんだし。

職員：う～ん。近くに行く前はどうしていたの？　（「傾聴」）

Ａ君：一人で漫画読んでた。

職員：それから？

Ａ君：その後，だれか遊ぶ人がいないかな～と思っていたら，ＢとＣがいたか
　　　ら近くに行ってみたんだ。

出来事の時系列整理	
技法：「傾聴」	技法：「感情の言語化」

図 4-9　「出来事の整理」段階で活用する技法

職員：そっか，そっかー。それで？

A君：Bに「ねーねー」って言ったんだけど，無視したんだ。（認知の歪み）

職員：B君に声をかけたのに返事がなかったんだね。

A君：わざと，アイツが無視したんだ。（認知の歪み）

職員：「わざとだ」とA君は思ったんだね。

A君：そうだよ，だってわざとだし。どうせ，大人は…（他者への不信感），俺が悪いと思っているんでしょー。俺が嘘をついているって…。（自己否定的認知）

職員：A君，A君，今嫌な思いをしたかもしれないけど，まず，何が起きたのか，ちゃんとA君からもB君からも話を聞きたいんだよね。だから，こうして話を聞いているんだよ。A君を疑ったりしているわけじゃないんだ。まず，そのあと，何があったか教えてくれる？（「感情の言語化」，「傾聴」）

A君：無視されて，むかついたから，消しゴムを投げた。そしたら，Bが俺の手を叩いてきたから，やり返しただけ。（合理化）

職員：そっかそっか〜，消しゴムを投げたら，B君が叩いてきたんだ。だから，A君はやり返したんだね。それで，さっきの殴る場面だったんだ？

A君：うん。

このように，職員は誘導的にならないように「それで次に？」，「そのあとは？」など，子どもの言葉で何があったのかを話せるように促していく。その際，不適切な認知に基づく発言や自分の行動を合理化する言動があっても，まず事実関係の把握という点に努める。この段階で日頃からアセスメントがなされている場合には，特定のパターンが繰り返されていることに気づくだろう。

特定のパターンに働きかけるのは，まず全体像の把握（子どもが認識する全体像）に努め，それが他児の語る出来後との一致点と不一致点を整理していき，次の介入の方策を検討していく。多くの場合，次の段階で焦点を当てる背景要因があるために，事実を適切に話せていなかったり，防衛していたり，嘘をつくことになっている。まずは本人なりのストーリーを語ることができれば，この段階での働きかけは達成したことになる。

〈STAGE 3〉 出来事の背景へのアプローチ

STAGE 2までの働きかけにより，Aの感情が落ち着き，何が起きたのかを時

系列で整理をすることができた。そこで次の段階は，生活場面面接の最も重点的な視点である行動化の背景に対してアプローチすることになる。すでにＡの発言や認識から行動化に至る複数のポイントが示されているが，現実的には優先的に焦点を当てる点がある。ここでは，便宜的に，①不適切な認知，②合理化，③自己否定，④他者への不信，⑤過去の体験の再現，⑥スキルの不足の6つの視点に働きかける対話の例を示す。なお，1つの出来事に対して6つの背景に焦点を当てて対応するわけではなく，どれか主要な1つに働きかければよい。

①不適切な認知：「わざとアイツが無視したんだ」

　不適切な認知とは，現実の出来事についてその人独自の不適切な色眼鏡で受け取ってしまうことをいう。

　Ａの例では，「わざとアイツが無視したんだ」という発言があった。返事がなかったという事実に対して，「無視された」とＡは受け取っているという点で不適切な認知になる。返事がなかったことは，単に聞こえていなかったのかもしれない，違ったことに集中して返事ができなかったのかもしれないなど，無視されたとは異なる要因があることも考えられる。しかし，当時のＡにとっては，「無視された」というひどく傷つく体験として認識することになり，それがＡにとっての

不適切な認知の根拠の確認	
技法：「認知への働きかけ」	技法：「感情の言語化」

相手の受け止めを確認 / 異なった考え方を探す	
技法：「認知への働きかけ」	技法：「感情の言語化」

事実と認知のずれを確認・修正する
技法：「認知への働きかけ」

図 4-10　「不適切な認知」への対応

真実となっている。それがトラブルに発展する認知的な要因と考えられる。

　そこで，不適切な認知の根拠を確認する→相手の受け止めを確認し，異なった考え方を探す→事実と認知のずれを確認・修正する，というプロセスで対話を進めていく（図4-10）。

職員：A君はさっき，「B君から無視されたんだ」って言っていたけど，どうして，無視されたと思ったんだっけ？（「認知への働きかけ」）

A君：えぇ，話しかけたのに，何も言ってくれなかったから…。

職員：うん，うん，そうだよね〜。一緒に遊びたかったから話しかけたのに，何も言ってもらえなかったら，無視されたと…。（「感情の言語化」）

A君：うん。

職員：う〜ん，そうだよね。それでムカついたし，でも悲しい気持ちにもなっちゃったのかな…？（「感情の言語化」）A君はB君に何て話しかけたの？

A君：う…ん，「ねーねー」って。

職員：あぁ，そうだったよね。もしかしたら，B君が聞こえてなかったとか？（「認知への働きかけ」）

A君：う…ん，わからない。

職員：もしB君に聞こえていなかったら，無視したことになるかな？（「認知への働きかけ」）

A君：聞こえていなかったら，ならない。

職員：そうだよね。A君は，話しかけたのに，返事をしてもらえなかったから無視されたと感じたけど，もし聞こえていないと考えたら…？（「認知への働きかけ」）

A君：イライラしないし，無視されたことにもならないと思う。

職員：そうだよね〜。実は，さっきB君にも確認したんだけど，B君は話しかけられたことがわからなくて，急にちょっかいを出されたと思っているみたいだったよ。

A君：そうなんだ…。じゃ，聞こえていなかったのかもしれない。

職員：そうだね。だから，A君を無視したりしようとしたわけじゃなかったみたいだね。

A君：うん。

職員：今回の出来事って，どんなことがポイントだったんだろう？

A君：オレが無視されたと思って，イライラしたり殴ったりしちゃったこと。

職員：そうだねー，無視していたわけじゃなかったんだね…。

　このように，A の認知面の歪みに対して，丁寧に話を聴きながら違った捉え方ができないか対話をしていく。これによって，行動化に至る背景の整理を進めていくことができた。

②合理化：「アイツがやってきたから，いけないんだし…」
　合理化は防衛機制の 1 つで，自分が行ったことをいろいろな理由をつけて，正当であると主張することである。上記の例では，「アイツがやってきたから，いけないんだし」，「ちょっかい出してきたんだよ。だから，殴ったんだし。別に俺，悪くないし」，「B が俺の手を叩いてきたから，やり返しただけ」などの発言が該当する。このような言葉は，情緒や行動上の問題を示す子どもの多くが，頻繁に

合理化している出来事の確認
技法：「傾聴」　　　　　　　　　技法：「感情の言語化」

合理化する背後の感情に焦点を当てる
技法：「傾聴」　　　　　　　　　技法：「感情の言語化」

健全な判断力を引き出す
技法：「傾聴」　　　技法：「感情の言語化」　　　技法：「自尊心の回復」

行為の善悪を再確認する
技法：「行動の抑止とスキルの提供」　　　　技法：「自尊心の回復」

図 4-11　「合理化」への対応

無意識に使っていることである。

　こうした防衛機制に対しては，合理化している出来事の確認，合理化する背後の感情に焦点を当てる，健全な判断力を引き出し，行為の善悪を再確認するようなプロセスで対話を行っていく例を示す（図4-11）。具体的には，次のような対話になる。

職員：さっき，「アイツがやってきたから，やり返しただけ」って，Ａ君は言ってたけど，もう少しそのことについて教えてくれる？

Ａ君：Ｂが手を叩いてきたから，やり返して殴ったんだ。

職員：うん，さっき…，その前何があったっけ？

Ａ君：何もないよ。

職員：そうだったけ？　Ａ君は無視されたと思って，ムカついたし，悲しくなっちゃったんじゃ…？　それで…，もし間違ってたら「違うー」って言ってほしいんだけど，本当は一緒に遊びたかったのかなーって思ったんだけど…。（「感情の言語化」）

Ａ君：うん。それで，消しゴム投げちゃった。

職員：う〜ん。Ａ君が話しかけたのにＢ君は気づいてくれないから，消しゴムを投げて気づいてほしかったのかな？　（「感情の言語化」）

Ａ君：うん。

職員：でも，一緒に遊びたいっていう気持ちはＢ君には伝わったかな？　（「感情の言語化」，「傾聴」）

Ａ君：ううん。（首を横に振る）

職員：逆に手をはたかれちゃったんだよね？　Ａ君にしたら，わかってもらえなかった…て，気持ちになったんじゃないかな？　（「感情の言語化」）

Ａ君：うん。

職員：そうだよねー。だから，殴り返したっていうことだと思うけど…。本当は，Ａ君もちゃんとわかっていると思うんだけど…。（「自尊心の回復」，「傾聴」，「健全な判断を引き出す」）

Ａ君：うん，僕が消しゴム投げたりしたから，Ｂ君も怒っちゃったんだと思う。

職員：そうだね。さらに，Ａ君はＢ君を殴ってしまったよね。これについては，どう考えている？　（「傾聴」）

Ａ君：俺がいけなかった。Ｂは何も悪くないのに，俺がわかってもらえないと思っ

　　て，イライラして，ムカついてやっちゃった。

職員：うん，暴力は絶対に許されることじゃないよね。(「暴力の抑止とスキル」)

　　これはずっと伝えてきたことだし，A君もわかっていると思うけど。(「自尊心の回復」)

A君：うん，やり返すとかもいけないってわかっている。

職員：そうだよね。

　このように，当初Aは自分の行動を合理化して，相手が悪いと主張していたが，合理化する背景の感情を言語化することで，Aのより深い傷つきをくみ取り，健全な判断力を引き出すような対話を行っている。

③自己否定：俺が悪いと思っているんでしょ，俺が嘘をついているって…（自己否定的認知）

　自己否定とは，「自分はダメな人間だ」，「自分の存在価値がない」，「どうせ自分のいいところなんてない」など，自らを否定するような認知や発言である。出来事の整理では簡単に触れる程度であったが，自己否定が中心的な問題であった場合やその感情にとらわれて身動きがとれなくなってしまっているような場合に

自己否定に関する出来事の再確認	
技法：「傾聴」	技法：「自尊心の回復」

出来事と感情を分ける		
技法：「自尊心の回復」	技法：「行動の抑止とスキルの提供」	技法：「認知への働きかけ」

行為を否定し強みを強化	
技法：「自尊心の回復」	技法：「行動の抑止とスキルの提供」

図 4-12　自己否定に関する働きかけ

は，重点的に取り扱うことが必要である。

　このプロセスは，自己否定に関する出来事の再確認，出来事と感情とを分ける，最後に本人自身の自尊心や強みを強化するという順番で働きかける（図4-12）。以下にその一例を示す。

職員：A君，さっき「俺が悪いと思っているんでしょ」って話していたよね？（感情の再確認，「傾聴」）

A君：そうだよ，だっていつも俺ばっかり怒られるんだし…。

職員：そうかなぁ，これまで私がA君くんのことを一方的に怒ったりしたことはあったかな？（「傾聴」）

A君：う…ん。

職員：私は，A君が普段から幼児さんに対してとても優しく接しているのを知っているし，幼児さんも慕ってくれているよね。（「自尊心の回復」）

A君：うん。

職員：そう，A君にはそういういいところがたくさんあるって知っているから，A君が悪いなんて，言っていないよ。ただ，今回の出来事について何があったのかっていうのを知りたいんだ。（「傾聴」）

A君：でも，最後は俺が悪くなるじゃん…。

職員：いやいや，A君は今回どんな行動をしたんだっけ？

A君：ムカついたから，消しゴムを投げた。そしたら，Bが俺の手を叩いてきたから，殴った。

職員：そう，ムカついて殴っちゃったんだよね？（「感情の言語化」）

A君：そうだよー。

職員：いつも，暴力は絶対だめだーって，この施設の共通の約束だったよね。（「行動の抑止とスキルの提供」）それはA君もしっかりとわかっていたと思うんだよね。（「認知への働きかけ」，「自尊心の回復」）今，A君は今回殴っちゃったってことはどう思っている？（「傾聴」）

A君：悪い。

職員：そう，悪いんだよ。でもそれは，A君自身が悪いんじゃなくて，今回A君がB君を殴ったことが悪いんだよ。（「行動の抑止とスキルの提供」）

A君：うん。

職員：だから，「俺が悪くなるんだ…」とかっていうのは，悪いことをしたとき

には，その行動に対して悪い行動とは言われるよ。それに，「うそつき」だとかって言っているんじゃないよ。A君の優しいところとか，よい部分をしっかり知っているからね。(「行動の抑止とスキルの提供」，「自尊心の回復」)

A君：(泣く) うん，殴ったのはいけなかった…。

職員：そうだね，これからは A 君のいいところをもっと伸ばしていってほしいから。今後，同じようなことが起こったとき，どうすればいいか考えよう。

　上記の対応の例では，行動化の背景というよりは現実的な認識が自己否定的な認知によって阻害され，行動化した事実を適切に認められないような設定として示した。自己否定的な認知が行動化の背景になっていることもあり，上記のような対話は活用可能である。

現在の出来事と過去の出来事のつながりを問う
技法：「過去と現在の統合」

過去の体験の語りを受け止める
技法：「感情の言語化」　　　　　　　技法：「傾聴」

心理教育
技法：「過去と現在の統合」　　　　　技法：「認知への働きかけ」

今後の過去の体験の扱い方を探る
技法：「過去と現在の統合」　　　　技法：「行動の抑止とスキルの提供」

図 4-13　他者への不信への対応

④他者への不信：どうせ，大人は…（他者への不信感）

　大人への不信感がある子どもの多くは，当然信頼関係を構築することが困難になる。不信感が強くなる背景には，これまで大人からの肯定的な評価が与えられず，否定的な評価が繰り返し行われていることが考えられる。その典型が，被虐待体験や逆境的な体験の累積である。またこれは，大人だけではなく子ども同士の関係においても言えることで，裏切られたり，いじめられたりしてきた子どもの中には，人への不信感を強めてしまうことが考えられる。つまり，現在の行動は過去の体験によって身につけられたものである可能性が高い。そのため，子どもが抱えている（抑圧している）体験へのアプローチを行うことが必要になる。

　そのプロセスは，現在の出来事と過去の出来事のつながりを問う段階，過去の体験の語りを受け止める段階，心理教育を行う段階，次の面接へつなげる段階になる（図4-13）。以下に具体的な対話例を示す。

職員：「どうせ，大人は…」って，A君の口癖だけど…これまで何か嫌な思いをしてきたのかな？（「過去と現在の統合」）

A君：そーだよ。いっつも，俺ばっかり怒って，他の人には何も言わないでさ。大人なんて，いっつもそうだよ。

職員：そうかなぁ…。

A君：だって俺の親なんてさ，妹には優しくして，俺がなんかするとすぐに殴ったり，蹴っ飛ばしたりするんだ。

職員：そっかぁ。A君はお家で大変な思いをしていたんだね。（「感情の言語化」）

A君：そうだよ。それから，皿で頭を殴られたりもしたんだ。

職員：うん，そっかぁそっかぁ，恐怖がいっぱいの中でよく耐えてきたよね。辛かったよね。（「傾聴」，「感情の言語化」）

A君：うん…。

職員：そっかぁ〜。そういう体験があると，どうしても大人に対して恐怖やいつも怒る嫌な奴だって思っちゃうよね。A君以外にもこれまで，家で大変な体験をしてきた子も知っているんだけどね，その子も「いつも大人は…」とか，言っていたなー。（「過去と現在の統合」，「心理教育」）

A君：えぇ，そうなの？

職員：うん，A君だけじゃなくて，これまでの体験が今の行動や考え，気持ちに影響を与えることってあるんだよね。実際，私がA君のことを一方的に

怒ったり，叩いたりしたことってこれまであったかな？（「認知への働きかけ」，「過去と現在の統合」）

A君：確かにない。

職員：そう，大人の中にはそういうことをしない人もいるよね。（「認知への働きかけ」）でも，A君の中には，またあのときみたいに大人からされるんじゃないか…って，不安があるのかなーって思うんだけど…。（「感情の言語化」，「過去と現在の統合」）

A君：う…ん。なんか，スイッチが入っちゃうとそういう感じになって，抜け出せなくなっちゃうんだ。

職員：あー，A君自身もうまくコントロールできなくて，困っているんだね。そっかぁ〜。じゃ，これから「どうせ，大人は」っていう考えが出てきたらどうすればいいか，一緒に考えていこうか。（「行動の抑止とスキルの提供」）

A君：うん。

　この対話の例も，行動化に至る背景の整理よりも，問題に対処するときに表れた固定化された大人への不信感が根強くあることが，行動化への適切な認識を妨げている。それが A の本質的な課題であるならば，そこに焦点を当てるきっかけが生まれたと捉えて，上記のように自己理解を促す対話をすることが効果的である。

　また，他者への不信が行動化の直接の背景になっている場合も同様に働きかけることができる。相手の自然な言動に対しても不信感を強め攻撃的に反応してしまうような場合は，その認知の過程を丁寧にふり返っていくことが，行動化とつながる背景に働きかけることになる。

⑤過去の体験の再現

　暴力や攻撃的行動が強い子どもの中には，これまで暴力的な行動を体験してきた子どもも多くいる。その場合，暴力に対する認知の歪みがみられたり，情緒や行動がコントロールできずに無意識に暴力を振るってしまったりすることもある。このような場合には，子ども自身も実は暴力はいけないものであると認識しているものの，自分ではコントロールできない状態があり，そのことについて悩んでいるとも考えられる。そこで，本人自身のそうした困難さを少しでも引き出し，それが本人だけではなく，同様の体験をしてきた人にとっても同じような困難が

あることを心理教育していくことが役立つ場合がある。さらに，大人と協同しながらコントロールの力をいかに強化していくかを話していくことが効果的な場合がある。図4-14に具体的な対話のポイントを示した。以下に具体的な対話例を示す。

職員：A君，さっきの出来事が少し整理できてきたね。暴力や暴れてしまう場面では，あまり何が起きていたのかよく覚えていないみたいだったね。（「傾聴」）
A君：うん，イライラしたところまでは覚えているんだけど，そのあとなんか，プチンとなっちゃって…。
職員：あ…A君自身，暴れちゃったり，暴力を振るったりすることって，どんなふうに思っている？（「傾聴」）

出来事の確認
技法：「傾聴」

行為の善悪の判断をする	
技法：「行動の抑止とスキルの提供」	技法：「感情の言語化」

過去の体験との関連を考える	
技法：「過去と現在の統合」	技法：「認知への働きかけ」

今後の過去の体験の扱い方を探る	
技法：「過去と現在の統合」	技法：「傾聴」

図 4-14　過去の体験の再現への働きかけ

A 君：いけないこと…。

職員：そうだよね。A 君は暴れちゃうことや暴力が人を怖がらせちゃったり，とても危ないことだし，よくないことだってわかっているんだよね。(「行動の抑止とスキルの提供」)

A 君：うん。

職員：うん，でもわかっているのに，なぜかいつもコントロールできない…って，とても辛いんじゃないかな…って，思ったんだけど…。(「感情の言語化」)

A 君：えぇ…うん。

職員：あのね，これは他の子が話してくれたことなんだけど，その子はここに来る前に家で暴力を受けたり，辛い体験をしてきたりしたんだけど…。その子は，自分の暴力が止められなくて，悩んでたんだけどね。(「過去と現在の統合」)

A 君：そうなんだ，俺と似ているかも（こっくりうなずく）…。

職員：うん，そうだね。A 君自身も辛い体験があったよね？(「過去と現在の統合」)

A 君：うん，俺がなんかすると親がすぐに殴ったり，蹴っ飛ばしたり，皿で頭を殴られたりもしたんだ。

職員：う～ん，それはとても辛かったよね。そう，小さいときに大変な体験をした子の中には，行動がコントロールできなくて悩んだり，気持ちが落ち着かないことってよくあるんだよ。だから，A 君だけじゃないんだよー。(「過去と現在の統合」)

A 君：そうなんだ…。

職員：うん，さっき話した子も少しずつ自分自身のことを知っていって，ゆっくりだけどコントロールできるようになったんだ。だから，A 君も少しずつこれまでの出来事を整理できるといいよね。一緒に考えていこうね。(「過去と現在の統合」)

A 君：はい。

　上記は，行動化の背景に虐待的な体験があり，そのために情緒や行動のコントロールがうまくいかない状態がある場合の対話の例である。A と B のトラブルの背景には，感情のコントロールの問題や自己理解の問題が潜んでおり，それらに対して働きかけていくことが本質的な成長につながるような場合，地道に対話を積み重ねていくことが重要である。毎日の積み重ねが，過去の再現的な行動を

コントロールできる力を伸ばすことになる。

⑥スキルの不足：Bに「ねーねー」って言ったんだけど，無視したんだ。
　ここでは，対人関係や物事がうまくいかない背景の1つに，現実的な対応をするスキルが不足している場合のアプローチを紹介する。具体的には，AがBに「ねーねー」って言ったんだけど，無視された，と捉えた出来事を例にして考える。「無視をされた」という点に焦点を当てて話をすれば，「認知への働きかけ」を中心技法として活用することになる。ここでは，Aの友だちの誘い方のスキルに不足があると捉えて働きかける場合を考えていく。
　そのプロセスは，まず出来事の確認の段階，次に違った見方ができないかと考えを促す段階，最後に具体的なスキルの練習をする段階になる。多くの対話の例でもスキルの不足に対して練習を促す過程があるが，そこに焦点を当てると図4-15のようになる。以下に具体的な対話例を示す。

職員：A君が話してくれたことをまとめてみたいんだけど，もし間違っていたら教えてね。(「子どもの波長に合わせた働きかけ」)
A君：うん。

出来事の確認	
技法：「傾聴」	技法：「子どもの波長に合わせた働きかけ」

出来事と感情を分ける	
技法：「認知への働きかけ」	技法：「感情の言語化」

具体的スキルの練習
技法：「行動の抑止とスキルの提供」

図 4-15　スキルの不足に対する対話

職員：A君は,「だれか遊ぶ人がいないかな〜と思っていたら, B と C がいたから近くに行ってみたんだ」って話してくれたよね？

A君：うん。

職員：そうだよね。それで, きっと一緒に遊びたくて,「ねーねー」って声をかけたって言ってくれたけど, 合っているかな？（「傾聴」）

A君：合っている。

職員：お, お。（「傾聴」）先生さ, ここがポイントだと思ったんだよ。

A君：どういうこと？　俺, 話しかけたのに無視されたんだよ, 頭にきて当然じゃん。

職員：うんうん, B君が「ねーねー」て言われているのがわかっていたのに, 無視していたら頭にくるよね。（「感情の言語化」）

A君：そう思ったし。

職員：うん, 例えばね, 先生も, 学校帰りのA君を見つけて「おーい」って呼んだことあるんだよ。でも気づいてもらえなかったんだ。（「認知への働きかけ」）

A君：えぇ, そうなの？

職員：うん, それで, 気づいてないなーと思って,「A君ー！」って呼んだ。（「行動の抑止とスキルの提供」）

A君：あぁ, あのとき？

職員：そうそう, だから, 相手が気づいていないこともあるんじゃないかなーと思ったんだけど…。（「認知への働きかけ」）

A君：あー, もしかしたら, 気づいていなかったかもしれない。

職員：そうすると, A君が一緒に遊びたいって気持ちを伝える方法って何かあるかな？（「行動の抑止とスキルの提供」）

A君：名前を呼んだり, 遊ぼうって言ったりする。

職員：うん, うん, どんな風に言えそう？（「行動の抑止とスキルの提供」）

A君：「ねーね B君, B君, 一緒に遊びたいんだけど, いい？」

職員：おーお！！ それ, 完璧だね。そう, 今度「あれ, 無視？」とか思ったら, ちょっと伝え方を変えてみてもいいかもしれないね。

　上記の例では, スキルの不足と認知的な誤りが結果として不適切な行動を増幅させることにつながっていたと捉えた場合の対応である。認知面の不適切さに対

して働きかけつつ，現実的な対応スキルを教えていくことが対話の中で示されている。

<STAGE 4> 今後の対応を話す

　これまでの段階では，心理社会的葛藤やトラブルを時系列で整理し，その背景となる要因へのアプローチを行ってきた。ここでは，今回のトラブルの対応と今後のトラブルの予防の2つに焦点を当てた対話の具体例を紹介する。今後のトラブルの予防という点では，トラブルの中心となった子どもと集団（その他の子ども）に対して，どのように対応するか，という視点も含まれている。

　次に示す対話の例は，Aが友だちを誘うスキルが不足しており，無視されたと受け止めて暴力的行動をとったと考えて，今回の問題に対しての解決策を探り，今後の対応を考えていくものである。

　その手順は，まず今回のトラブルから学んだことを確認し，次に今回のトラブルに対する現実的な解決方法を考えていく。最後に，今後の対策について対話を行っていく（図4-16）。

トラブルから学んだことを確認	
技法：「行動の抑止とスキルの提供」	技法：「感情の言語化」

出来事と感情を分ける		
技法：「集団への働きかけ」	技法：「傾聴」	技法：「感情の言語化」

具体的スキルの練習		
技法：「行動の抑止とスキルの提供」	技法：「認知への働きかけ」	技法：「他の子どもへの説明」

図 4-16　今後の対応を話す段階

職員：A 君，今回のトラブルについてだいぶ整理できてきたと思うんだけど…，
　　　A 君が今回のトラブルからどんなことを考えたかな？

A 君：うんっと，暴力はいけないってわかっていたんだけど，暴力をしてしまっ
　　　た。

職員：うん，そうだったね。（「傾聴」）それから？

A 君：もともとは，「遊ぼう…」ってしっかり言えればよかったと思う。

職員：あ〜そうだよね。「遊ぼう」って言えれば…ちゃんと相手が気づくまで話
　　　しかければよかったなーって思っているんだ？（「感情の言語化」）

A 君：うん。

職員：そっかぁそっかぁ。これから B 君にはどうしよっか？（B がどんなふう
　　　に思っているか確認し，A の思っていることも伝えつつ実際の対話の下準
　　　備をする）

A 君：謝る。

職員：どんなふうに伝えられる？

A 君：本当は一緒に遊びたくて話しかけたのに，B 君が無視したと思ってちょっ
　　　かいを出したり，殴ったりしてごめんねって。

職員：うん，さっき B 君にも話を聞いてきたら，なんで A 君が怒っていたのか
　　　わからなかったんだって！（「感情の言語化」）

A 君：そうなんだ…。

職員：うん，A 君も無視されたと思ってとっても悲しくなっちゃったし，B 君も
　　　なにが起きたのかびっくりしたんだろうね。（「感情の言語化」）

A 君：うん。

職員：じゃ，これから A 君と B 君と私で話をしようと思うけどいいかな？（「集
　　　団への働きかけ」）

A 君：はい。

（A，B，職員で）

職員：今回，A 君が B 君のことを殴ったりしたことについて，さっきまで A 君
　　　とじっくり話をしたんだけど…，A 君，自分で話せる？（「傾聴」）

A 君：うん，さっき，B 君のことを殴ってごめんなさい。

B 君：はい。

職員：A 君，B 君とも話したことなんだけど，この生活の場をみんなが安心でき

て，ホッとできる場所にするってことはいつもみんなに伝えていることだし，集会でもみんなで決めたことだよね。（「集団への働きかけ」）それに園長先生もいつも言っていることだよね。だから，暴力っていうのは，何があっても絶対にしてはいけないことだし，A君もそのことをふり返って考えたんだよね。（「行動の抑止とスキルの提供」）

A君：うん。

B君：（こっくり，うなずく）

職員：で，今回なんでA君が頭にきちゃったんだっけ？

A君：あ，えっと…。

職員：ちょっと言いづらいかな？ うんと，B君とC君が遊んでいるのを見て，A君も一緒に遊びたかったんだけど，それで「ねーねー」って，声かけたんだよね？

A君：うん。

職員：B君はそれ，聞こえたんだっけ？

B君：いや，C君と遊んでいたからわからなかった。

職員：そうだったよね。B君はA君に話しかけられたことがわからなかったけど，A君にしたら…，どんな気持ちになっちゃったんだっけ？

A君：無視されたと思って，ムカついて…。

職員：うん，A君はB君が気づいていると思って，イライラしたりムカついたり…。（「傾聴」）でも，本当は少し悲しかったんだよね。（「感情の言語化」）

A君：うん。

B君：そうだったんだ。俺もごめんね。

A君：いや，暴力したのは俺がいけなかったし，ちゃんと「B君，遊ぼう」とか言えばよかったんだし，ごめんね。

B君：うん。

職員：今回のトラブルは，ちょっとした二人のずれから大きな暴力にまで発展しちゃったよね。これで，A君もB君も今回の件については，納得できたかな？

A君：はい，すいませんでした。

B君：はい。

職員：じゃ，確認なんだけど，これから先，同じことがあったらどのように対処できるかな？（「行動の抑止とスキルの提供」）

A君：ちゃんと自分の話が聞こえているか確認したりして，言葉で伝えるよう

にする。

職員：そうだね，次回同じような場面でやってみてね。それにA君は「無視された〜」とかって，感じやすいところもあるような気がするけど…。（「認知への働きかけ」）

A君：う…ん，そうかもしれない。

職員：う〜ん，みんなにもA君の特徴を知っておいてもらえると，ちょっと「無視された」と感じたり，悲しくなったりすることが少なくなるかもしれないね。（「他の子どもへの説明」）

A君：はい。

B君：周りもA君のことをわかるようにしたい。

職員：そうだね。ではこれで，今日の話は終わりにしよう。

　上記の対話の例では，二人のトラブルのきっかけや背景の感情を共有しながら，具体的な対応方法を確認している。またAの特徴的な認知傾向については，周囲の子どもにも理解を促すように働きかけることが重要である。

〈STAGE 5〉周囲の環境へのアプローチ

　すでにSTAGE 4では，「集団への働きかけ」，「他の子どもへの説明」について行っているので，ここでは「親への働きかけ」について紹介する。周囲の環境として，「集団への働きかけ」，「他の子どもへの説明」によって，暴力がなく，みんなが安心・安全を感じられる施設文化や理念を再確認すること，A個人の

施設の文化を再形成	
技法：「集団への働きかけ」	技法：「他の子どもへの働きかけ」

親の養育意欲を引き出す
技法：「親への働きかけ」

図 4-17　周囲の環境へのアプローチ

特性を理解してもらい包摂した環境を整えていくプロセスがある。

　次の「親への働きかけ」については，養育者自身の困難さを受け止めつつ，養育者としての意欲を引き出す働きかけが大切である。特に子どもの悪い部分を伝える場合にも，○○すると解決できた，などプラスの側面と合わせて伝えていく。図4-17 に具体的な対話のポイントを示した。以下に具体的な対話例を示す。

職員：こんにちは，お母さん。来ていただけてよかったです。A 君，すごく楽しみに待っていたんですよ。

A 母：そうですか。しばらく，会えていなかったので…。心配だったんです。

職員：そうですよね。心配ですよね。(「傾聴」) ぜひ，うれしい気持ちを A 君に伝えてあげてください。

A 母：はい，施設での生活はどうだったんでしょうか？

職員：とてもよく頑張っていると思いますよ。A 君は幼児さんからもとても人気で，優しく接してあげることができているんです。だから，好かれていますよ。

A 母：まさか，同級生とはケンカばかりしていたのに…。

職員：あぁ，そうですね，やはり時々ケンカもありますね。こないだ，A 君は他の友だちと遊びたかったんですけど，うまく伝えられず無視されている…と，感じてしまってトラブルになってしまうことはありました。

A 母：やっぱり，そういうところは全く成長してないんですよ，先生。

職員：いや，お母さん，それが以前だとケンカしたら話をすることもなかなかできなかったじゃないですか？

A 母：そうです。

職員：それが今回，なんで自分がイライラしてしまったのか理由や気持ちをきちんと話すことができたんですよ。これはすごい成長です。

A 母：そうですかー，それはこれまでできなかったですね。

職員：そうです，ぜひ，お母さんの方からも話を聞いて褒めてあげてください。

A 母：わかりました。

職員：お母さん自身は何かお変わりありませんか？

A 母：いや，私は仕事を変えてから生活リズムも整い，体調面も順調です。

職員：そうですかー。それはなによりですね。今，お仕事はなにをなさっているんですか？

A母：今月からファミレスで働くことにしました。

職員：そうですか，お忙しそうですけど…。

A母：毎日決まった時間なので，働いている間は忙しいですが，これまでの夜
　　　の仕事よりも生活リズムは安定しているので…。

職員：あぁ～安定していると，A君とも一緒に過ごせる時間がとれそうですね。

A母：はい，そう思います。

職員：ご自宅でも何かよい行動があったらぜひ，帰ってきてから教えてください。

A母：わかりました。

　非常にシンプルに母親の感情をくみ取り，Aの状態への理解を促すような対
応を行っている例である。母親から子どもが称賛されるように働きかけること，
母親自身をエンパワメントするように対話をすることがポイントである。

5.　行動別の活用技法

　ここでは，情緒や行動別の対応方法について説明する。表4-2の縦軸は情緒や
行動上の問題を示している。横軸には働きかけの技法を示している。クロス表に
○がつけられているところは，活用されやすい技法である。

・「引きこもり」傾向にある子どもに対しては，「過去と現在の統合」技法を多く
　活用することができる。これは，引きこもりの背景について話題にすることや
　家での体験について話し合うような項目である。

・「身体的訴え」がある子どもに対しては，「愛着の形成」，「感情の言語化」，「過
　去と現在の統合」，「子どもの波長に合わせた働きかけ」を多く活用することが
　できる。「身体的訴え」は，めまいや痛みなどの症状があるため，そうした場
　面で感情を言語化し，子どもの状態に寄り添うような対応が適している。

・「不安抑うつ」では，「愛着の形成」，「自尊心の回復」，「認知への働きかけ」，「感
　情の言語化」，「過去と現在の統合」，「他の子どもへの説明」が多く用いられる。
　「不安抑うつ」とは，落ち込みや自責感，自分を大切に思えないなどの状態が
　含まれている。そのため，背景の感情を言語化したり，よい部分を強化したり
　していくような働きかけ，自責的な考え方に焦点を当てるような働きかけが多
　く活用できる。また，不安抑うつ状態について，周囲の子どもにも理解を促し

表 4-2　子どもの行動上の問題と具体的な働きかけ

働きかけの技法 ＼ 情緒や行動上の問題	引きこもり	身体的訴え	不安抑うつ	社会性の問題	思考の問題	注意の問題	非行的行動	攻撃的行動
親への働きかけ								
愛着の形成		○	○			○	○	○
自尊心の回復			○			○		○
行動の抑止とスキル				○				
認知への働きかけ			○	○	○	○		○
子どもの状況の把握				○		○		
感情の言語化		○	○	○	○	○		○
傾聴				○		○		○
過去と現在の統合	○			○		○		
集団への働きかけ							○	
他の子どもへの説明			○	○	○	○		○
子どもの波長に合わせた働きかけ		○						

サポートを得られるような働きかけも必要になる。

・「社会性の問題」がみられる子どもに対しては，「行動の抑止とスキル」，「認知への働きかけ」，「子どもの状況の把握」，「感情の言語化」，「傾聴」，「過去と現在の統合」，「他の子どもへの説明」等の技法を活用することができる。「社会性の問題」は，行動が幼いことや他の子と仲よくできないこと，大人に頼りすぎるなどの傾向を示している。そのため，子どもの状態を的確に把握し，言葉で具体的な対応方法を教えたりするような働きかけがなされている。さらに，これまでの子どもの体験とつなげたり，考え方に焦点を当てた働きかけが活用されやすい。

・「思考の問題」がある場合には，「認知への働きかけ」，「感情の言語化」，「他の子どもへの説明」が多く用いられている。「思考の問題」は，存在しないものが見えるといった状態であるため，それを言語化したり，認知に働きかけるような言葉かけが活用されやすい。

・「注意の問題」に対しては，「愛着の形成」，「自尊心の回復」，「行動の抑止とスキル」，「認知への働きかけ」，「子どもの状況の把握」，「感情の言語化」，「傾聴」，「過去と現在の統合」，「他の子どもへの説明」が活用できる。「注意の問題」とは，

落ち着きのなさや衝動性などを特徴とする傾向であるため，行動の抑止や具体的な対応を教える働きかけが行われている。そのためにも子どもの言葉に耳を傾け，感情を言語化し子ども自身がモニタリングできるように働きかけていくことが必要になる。こうした子どもの状態については，他の子どもにも理解してもらう必要があり，そのための働きかけが必要になる。

・「非行的行動」では，「愛着の形成」，「行動の抑止とスキル」，「認知への働きかけ」，「子どもの状況の把握」，「感情の言語化」，「傾聴」，「過去と現在の統合」，「集団への働きかけ」，「他の子どもへの説明」が多くの場合活用できる。「非行的行動」とは，うそをついたり，盗みをしたり器物破損などの行為である。そのため，子どもの状態を把握し，行動を抑止しながらも，感情を言語化して背後にある気持ちを傾聴していく。また，行動化に至る認知の過程に焦点を当てることや，現在の行動が子どものこれまでの体験とどのようにつながっているのか，洞察を促すような働きかけが行われる。

・「攻撃的行動」では，「愛着の形成」，「自尊心の回復」，「行動の抑止とスキル」，「認知への働きかけ」，「子どもの状況の把握」，「感情の言語化」，「傾聴」，「過去と現在の統合」，「他の子どもへの説明」が多く用いられる。「攻撃的行動」とは，言い争いや暴力，ケンカ，かんしゃく，言うことをきかないなどの行動を捉えている。働きかけの技法は，「注意の問題」と同様の技法になっている。ポイントとしては，表面的な攻撃行動と，背後の感情を分けて対応することである。実際の行動に対しては制限を行う必要があるが，十分に子どもの話を聴き，行動化の背後の感情を言語化し，受け止めていくことが大切になる。また，攻撃性の背景にこれまでの過去の被虐待体験やいじめなどの暴力による支配 - 被支配といった体験が影響を与えている可能性も十分に検討していくことが必要である。もし関係しているのであれば，現在の問題を扱いつつ，過去の体験を整理することも必要になる。

6. まとめ

　生活場面面接は，子どもの心理社会的なトラブルを子どもの成長や発達につなげるための具体的な手法を示している。日常場面から危機場面の双方に対して，働きかけの段階と技法を組み合わせから個人と環境の双方に対して働きかけていく視点がある。また，危機場面を扱うためには，日常生活場面において子どもの

強みを強化し，子どもとの関係性を強化しておくことが重要であることを示した。

文献

相澤仁（1998）．教護院における生活教育的アプローチ――生活場面面接による問題解決学習――　生島浩・村松励（編）非行臨床の実践　pp. 160-183　金剛出版

相澤孝予（2013）．第 6 章 生活場面面接　相澤仁・奥山眞紀子（編）生活の中の養育支援の実際　明石書店

青木延春（1969）．少年非行の治療教育　国土社

Ashworth, J., Van Bockern, S., Ailts, J., Donnelly, J., Erickson, K., & Woltermann, J. (2008). The Restorative Justice Center: An alternative to School Detention. *Reclaiming Children and Youth, 17*(3), 22-26.

Beck, M., & Goshdigian, C. (2004). "I'm going to kick your candy ass": New tools salesmanship reclaiming intervention. *Reclaiming Children & Youth, 12*(4), 248-250.

D'Oosterlinck, F., Goethals, I., Boekaert, E., Schuyten, G., & Maeyer, J. (2008). Implementation and effect of life space crisis intervention in special schools with residential treatment for students with Emotional and Behavioral Disorders (EBD). *Psychiatric Quarterly, 79*(1), 65-79.

Grskovic, J. A., & Goetze, H. (2005). An evaluation of the effects of life space crisis intervention on the challenging behavior of individual students. *Reclaiming Children and Youth: Journal of Strength-Based Interventions, 13*(4), 231.

厚生労働省（1999）．厚生労働省雇用均等・児童家庭局長通知：0627002 号（平成 18 年 6 月 27 日）「児童養護施設，乳児院および児童自立支援施設における虐待を受けた子ども等に対する適切な援助体制の確保について」

久保紘章（1991）．構造化されていない面接――生活場面面接の視点から――　ソーシャルワーク研究, *16*(4), 268-272.

窪田曉子（1967）．施設治療　水島恵一・村瀬孝雄（編）臨床心理学講座第 3 巻 心理療法　pp. 201-219　誠信書房

Long, N. J., & Fecser, F. A. (2001). Building safe and reclaiming schools: A certification program of the LSCI Institute. *Reclaiming Children and Youth, 9*(4), 229-33.

Long, N. J., & Gonsowski, R. (1994). A manipulation of body boundaries: "The set up". *Journal of Emotional and Behavioral Problems, 3*(1), 52-55.

Long, N. J., & Wilder, M. T. (1993). From rage to responsibility: A massaging numb values LSI. *Journal of Emotional and Behavioral Problems, 2*(1), 35-40.

Long, N. J., Wood, M. M., & Fecser, F. A. (Ed.) (2001). *Life space crisis intervention: Talking with students in conflict* (2nd ed.). Austin, TX: Pro-Ed.

Matsuura, N., Hashimoto, T., & Toichi, M. (2007). Investigation using a LD, AD/HD Screening Test and Adverse Childhood Experience (ACE) Questionnaire in a juvenile training school (reformatory): Risk factors of juvenile delinquency from the standpoint of developmental psychopathology. *Japanese Journal of Child and Adolescent Psychiatry, 48*(5), 583.

Maxfield, M. G., & Widom, C. S. (1996). The cycle of violence. Revisited 6 years later. *Archives of Pediatrics & Adolescent Medicine, 150*, 390-395.

大原天青（2014）．児童養護施設における生活場面での意図的働きかけ――生活場面面接の手引き――　福島会津児童福祉研究会

大原天青（2016a）．生活場面面接（Life space Interview, Life space crisis intervention）に関する研究動向と課題――諸外国と日本の比較を通して――　上智大学社会福祉研究, *40*, 53-80.

大原天青 (2016b)．生活場面面接の理論と実際―― Life space crisis intervention (LSCI) ――　非行問題, 204-213.

大原天青・若杉夏樹（2011）．児童自立支援施設入所前の被害と加害体験が入所後の情緒と行動に与える影響――自己評価と他者評価による検討――　日本子ども虐待防止学会第 16 回大会, 208.

Redl, F. (1959). The life space interview. *American Journal of Psychiatry, 29*(1), 1-18.

Redl, F., & Wineman, D. (1951). *Children who hate: The disorganization and breakdown of behavior controls.* New York: Free Press.

　　（レドル，F.・ウィネマン，D. 大野愛子・田中幸子（訳）（1975）．憎しみの子ら――行動統制機能の障害――　全国社会福祉協議会）

第5章

非行領域における家族合同ミーティングの理論と実際

家族再統合支援の一形態

　非行領域における家族合同ミーティングは，当事者とその家族の問題解決の力を引き出し，過去をふり返る機会，現在を共有する機会，再犯防止やよりよい家族関係の再構築の機会を提供する。この手法は，到達すべき目標を設定し，そのための明確なプロセスを設定し，目標設定と評価を繰り返すことで，限定された回数の中で計画的に問題の解決を目指す短期アプローチである。その理念は修復的司法にみられる被害者 - 加害者の責任と癒し，当事者や家族の問題解決を引き出す視点に立っている。本章では非行領域における家族合同ミーティングの対象，活用場面，テーマ等について概観し，一般の面接と比較した特徴，理念や理論，具体的な活用方法を紹介する。

1. 非行領域における家族合同ミーティングとは

　家族合同ミーティングとは，子どもと家族および関係者で，これまでの出来事を共有し，ふり返り，今の状況を理解し，今後の生活に向けた準備をするための目的をもった対話の会である（図5-1）。このミーティングでは，子ども，家族（両親，きょうだい，祖父母等），入所施設の職員，心理職，児童相談所の児童福祉司等が参加することで，家族のストレングスを引き出し，当事者が主体的に問題を解決していく力となることを促していく。子どもの情緒や行動上の問題の原因としての家族ではなく，解決手段としての家族の力を活用するための1つの具体的な方法を示している。

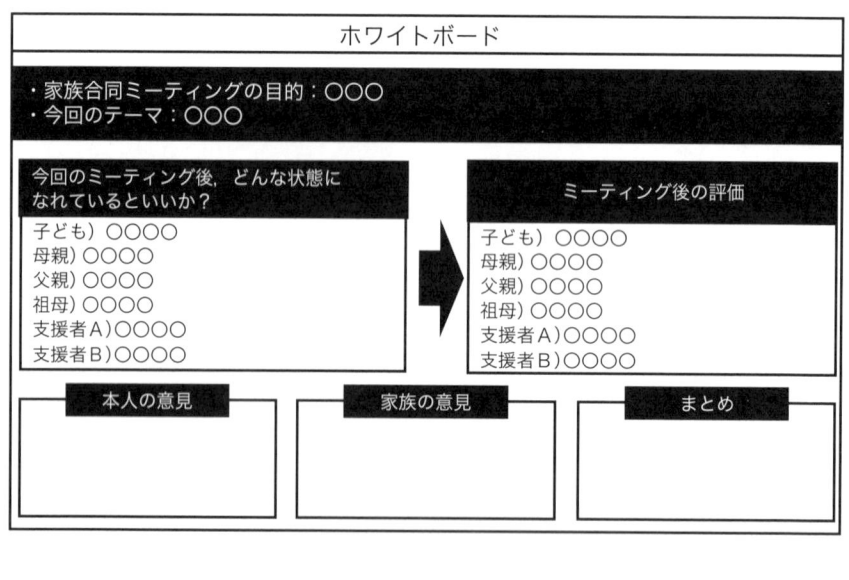

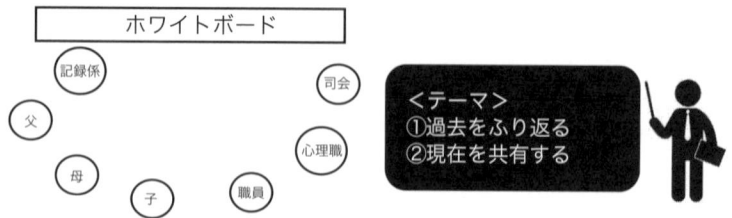

図5-1　家族合同ミーティングのイメージ

これまでサインズ・オブ・セーフティ・アプローチによる家族支援は多くの児童相談所にとり入れられてきたが，その方法は，子どもと家族の弱み（心配なこと），強み（うまくいっていること），夢と希望を聞くことで安全プランを作成していく「3つの家」を用いたものが中心であった。こうした手法は，今後の支援プランを計画するための手法として効果的である。

加えて，子ども自身が情緒や行動上の問題を起こして司法機関の関与により施設入所に至ったケースに対する支援を考えると，情緒や行動上の問題に対してふり返りの機会や問題の成り立ちを家族とともに整理し，被害者への謝罪や再犯防止のための解決策を共に考えていくことも，欠かすことができない支援の過程である。この過程では，子どもと家族の被害と加害の関連を修復していくことも含まれる。この過程は，修復的な司法における「被害者と加害者の対話」という方法と関連する。

このように，過去をふり返る機会，現在を共有する機会，今後の再犯防止やよりよい関係を構築する機会を提供することが，非行領域における家族合同ミーティングの特徴であり，意図するところである。

なお，ここでは子どもが親や地域から一時的に分離していることを想定した記述が多いが，必ずしもそのような設定でなければならないわけではない。

(1) 対象

家族合同ミーティングの対象者の条件は，①子どもと保護者の双方に対話の動機づけがあること，②言語的なやりとりができること，③家族合同ミーティングのための事前の準備ができる子どもとその両親や家族などである。

(2) 参加者

家族合同ミーティングでは，子どもとその両親，きょうだい，祖父母などの拡大家族を含む形で実施される。加えて，家族合同ミーティングの全体をマネージメントする役割として，司会者，ホワイトボードへのメモをとる記録係，子どもの直接支援担当者，心理担当者，精神科医などが挙げられる。

(3) 活用場面

家族合同ミーティングを実施する場合のテーマとして，次のような点が挙げられる。

・子どもと家族の思いにずれがみられる場合
・子どもと家族の特性について双方が共通した理解を得られるようにしたい場合
・子どもと家族で発達・問題行動の経過を共有したい場合
・子どもの感情・考えを家族に受け止めてもらいたい場合
・家族の思いを子どもに伝えたい場合
・現在の課題や今後想定される事態に備えた練習をしたい場合

　なお，この手法は，いじめ問題や被害者－加害者の話し合いなど，様々な場面で活用可能である。

(4) 時間の設定・回数・期間

　家族合同ミーティングは，通常1回につき1時間～1時間半程度で設定される。目標設定を踏まえて，各回で焦点を当てるテーマを絞り込む関係から回数も限定される。また，子どもが施設入所している場合には，様々な制約があるため，家族合同ミーティングに割ける時間は非常に限られている。

　このような理由から，家族合同ミーティングを実施する以前に参加者，実施者との入念な準備に時間をかける必要がある。この準備が十分にできていればいるほど，短時間かつ少ない回数で家族合同ミーティングを実施することが可能になる。成功の可否もこの準備次第である。

(5) テーマ

　家族合同ミーティングのテーマとしては，過去をふり返ること，今を共有すること，これから先の出来事への対応を準備することの3つのテーマが含まれている必要がある。

　情緒や行動上の問題をくり返してきた子どもたちにとって，主訴となる問題がどのようにこれまでの人生の過程の中で起きてきたのかをふり返ることは重要なテーマである。個々の子どもに対しては，生活場面面接が活用されるように，生活の様々な場面を通して洞察を促し，対応スキルを学習したり，自分の特徴をふり返ったりする機会が提供されている。また，非行化した子どもは家族の離婚や収監，虐待を経験していることも多く，逆境的体験を経ている。こうした子どもの被害と加害の時間的な経過を家族とともにふり返ることは，過去の関係性の修復と未来への展望を描く上で重要な働きかけになる。そのため，家族合同ミーティ

ングでは，過去をふり返るというテーマを扱うことが多い。

　次に，「今を共有する」という点は，入所施設に子どもがいる場合は親元から離れて生活する中で成長してきた点や現在の課題を整理していくことで，今後につなげるテーマである。保護者にとっては，関わりが困難な状態で施設入所に至った子どもの成長している様子を目にすることは大きな喜びとなる。一方で，現在の課題を共有することも，保護者としての自覚を促す意味で重要になる。

　最後に，今後の出来事への準備も重要なテーマである。児童自立支援施設に入所している場合，逸脱できない外的な環境が整えられているが，退所後は必ずしもそのような環境が保障されているわけではない。そのため，どのようなことが起こりやすいのか，どのような準備が必要なのかを整理していくことも重要である。

　このように，非行臨床における家族合同ミーティングは，過去・現在・未来を家族と共に共有していく具体的な方法である。

(6) 家族合同ミーティングに取り組む理由

　非行や情緒，行動上の問題が顕著な子どもへの対応として，子ども自身への働きかけに加えて，子どもを取り巻く環境に対して同時に働きかけることが必要である。その理由として，思春期になり情緒や行動上の問題を表出し始めた子どもの多くは，子ども自身が重篤な問題を内在しているわけではなく，周囲との関係性から情緒や行動上の問題を示していることが多いことが挙げられる。もう1つの理由は，施設入所を伴うような幼少期から重篤な情緒や行動上の問題を示す子どもの場合，入所期間中は一定程度発達が促されるが，反社会的な家族や地域に戻れば，瞬く間に逆戻りしてしまうことが多いことである。実際，反社会的行動に与える環境要因のうち，家族環境の影響は20%，それ以外の環境要因は30%であるとされている（Wikström & Sampson　松浦訳 2013）。

　つまり，反社会的行動の50%は環境要因を調整することによって変化可能であり，中でも家族は最も身近な存在として立ち直りの重要な資源になる。これらの理由から，家族を含めた働きかけが重要であるといえる。

2.　家族面会と家族合同ミーティング

　ここでは，一般的な家族面会と家族合同ミーティングの比較を行いながら，解説する。表5-1には，一般的な家族面会と家族合同ミーティングの特徴について，

<table>
<tr><td colspan="3">表5-1　家族面会と家族合同ミーティングの比較</td></tr>
</table>

	一般的な家族面会	家族合同ミーティング
目的の共有	×	○
目標の設定	×	○
計画の作成	×	○
当事者の参画	△	○
支援者関与度	高い：面会の主導的な役割	低い：ファシリテーターとしての役割
準備	△	
理論を活用する	×	○
実践の形	対面方式が多い	円卓形式を用いる
ホワイトボードの活用	×	○
フィードバック	△ 口頭で行う	○ 書面，板書のコピー
宿題を出す	×	○

目的の共有，目標の設定，計画の作成，当事者の参画，支援者関与度，準備，理論を活用する，実践の形，ホワイトボードの活用，フィードバック，宿題を出す，という点から示した。

(1) 目的の共有

　家族合同ミーティングの目的は，すでにテーマについて説明した内容と同様に，「過去をふり返ること」，「今を共有すること」，「今後の出来事への準備をすること」を通して，子どもと家族の関係を修復し新たな関係の構築を目指すことである。

　通常の家族の面会にも関係の修復や調整，現状を共有することは行われている場合が多いが，家族合同ミーティングではそれを構造的に行っていく特徴がある。

(2) 目標の設定

　通常の面会の場合，保護者からの依頼に基づき面会を設定することになる。子どもには当日，面会があることが知らされる。支援者は，家庭での様子や地域での様子，地元の人間関係等について，保護者から情報を得る。施設からは，子どもの生活の様子や頑張っている点，課題となる点などを伝えていくことが多い。その上で，実際に家族面会を行うことが一般的であろう。このように，通常の家族面会の場合は，子どもおよび保護者の強みや課題，関係修復について，目標を設定し，共有し，実施することはあまり行っていない。

　一方で家族合同ミーティングは，長期的な目標の設定，家族や子どもの課題の設定，1回ごとのミーティングの目標設定を行い実施するという特徴がある。そのため，家族合同ミーティングの開始時点で，支援の終結までの目標設定と支援の過程を保護者および子どもと共有していく。こうした点で，家族合同ミーティングは短期間で課題の解決を目指す意図的な家族関係調整モデルである。

(3) 計画の作成

　自立支援計画の中に家族支援について盛り込むことは多いが，家族面会について計画を作成することは一般的に多くはないだろう。家族合同ミーティングでは，短期間で焦点を絞り進めていくため，目標の設定，計画，評価の過程を重視している。

　支援者側は，子どもと家族のアセスメントに基づいて，課題を設定し焦点を定める。このとき，当事者がどのようなニーズをもっているのか丁寧に引き出し，当事者が主体的に目標設定を行えるように促す。具体的なミーティングの計画は，達成時の大きな目標とそれに到達するための小さな目標設定（1回ごとのミーティングの目標）から成り立っている。

　また，目標の設定は，子ども自身が取り組む課題と家族が取り組む課題を踏まえて，家族合同ミーティングで具体的に何を扱うか設定する。計画は文書や視覚的な図で示し，参加者全員が共有できるようにすることが重要である。

(4) 当事者の参画

　当事者の支援への参画は，家族合同ミーティングの理念に深く関わる重要な事項である。これまでの支援では，支援者がすべてを理解し，子どもや家族のマネージメントを担うという考え方が主流であったと思う。特に，行動化の激しい子どもを支援する場合には，子どもと支援者のパワーバランスをいかに保つかが重要になってくるため，専門職主導型の実践になりがちである。専門職による抑制がきかない，子ども主導型の実践になれば，支援が成立しない状態になりかねないためである。

　この当事者参画の意味は，子どもと家族の問題を自分たち家族で力を結集し，解決していく姿勢を引き出していく視点を示している。家族合同ミーティングは，専門職の指導や助言に単に従うのではなく，当事者が主体的に問題解決を図っていく姿勢を引き出していくための機会を提供する。

(5) 支援者関与度

　一般的な家族面会における専門職の役割は，子どもの様子を伝えたり家族の
ニーズを汲み取ったりするなど，主体的な関与をすることが多い。一方で家族合
同ミーティングの場合には，実施時の関与は少なく，相互の対話を促すファシリ
テーターとしての役割を担う。家族合同ミーティングの準備の段階では，参加者
に対する双方の洞察や入念なやり取りを確認していく関わりがあるため，専門職
の関与の割合も高くなる。つまり，家族合同ミーティングの場合は，準備段階と
実施段階では専門職の関与の程度が徐々に弱くなるという特徴がある。

(6) 準備

　一般的な家族面会では，準備をすることは多くないだろう。家族合同ミーティ
ングの場合には，目標の設定，計画の作成を踏まえて，数回の合同ミーティング
で課題の整理を実施するため，入念な準備を必要とする。特に子どもにとっては，
家族合同ミーティングがどのようなイメージで，どのように進められるのかわか
りにくいため，子どもと共に事前の練習を行うことが多い。

　まずは，子ども自身に入所の理由や背景，家族関係などを整理する過程を通し
て，家族合同ミーティングの必要性について話をしていくことになる。同様に，
家族に対しても家族合同ミーティングの必要性，具体的なテーマについて共有す
る。また専門職間でも，家族合同ミーティングの必要性や共有するテーマについ
てコンセンサスが得られれば，実施に向けて準備が進められる。

　具体的には，目標の設定，扱うテーマを絞り込むことを踏まえて，当日の一連
の具体的な進行を共有する。

　「今回のミーティングでどんなことが話し合えればいい？」など，子ども自身
に必ず行う質問についても回答できるように練習しておく。また，家族の特徴を
踏まえて，「○○のテーマには必ず××って返ってくると思うから，どうやって
答えようか」など，想定されるやりとりを事前に再現しておく。その際，「〜っ
ていう意味で聞いてくると思うよ」など，親側の認識をリフレーミングしておく
ことも重要である。これによって，子どもがショックを受けることなく，肯定的
な意味づけを共有することができる。

　このように，家族の関係性が困難であるほど，事前の準備を丁寧に実施してお
くことが必要になる。

(7) 理論を活用する

　家族合同ミーティングでは，いくつかの理論や技法，ツールを活用して進めていく。重要な理念は当事者の参画と意思決定プロセスへの関与，ストレングス視点である。理論については後述するが，主にシステムズ・アプローチ，課題中心アプローチ，サインズ・オブ・セーフティ・アプローチ，ソリューション・フォーカスド・アプローチ，修復的司法などの考え方を参考に用いている。また，具体的な支援のツールもあり，それぞれのニーズに合わせて取り組むことができる設定になっている。

　こうした理論やツールを用いる理由は，だれもが一定の支援を提供できるような体制を作るためである。これまでの入所施設における家族支援は，マニュアルにならず，個々の個性・独自性・職員の考え方を活かした実践が取り組まれてきたが，支援の一定の質を担保するという点では課題があった。

　一定の理論やツールに基づく実践は，他の施設や支援者の力量を高めるためにも重要である。ただし，支援は個別のニーズに応じて柔軟に工夫される必要がある。

(8) 実践の形

　通常の面接や面会の場合には，テーブルを真ん中に挟み，対面式で実施される場合が多い。そのため，一定の距離間が保たれ，記録を取りやすいというメリットがある。反対に，話が停滞したり，一定の緊張感が出てくることもある。

　家族合同ミーティングでは，ホワイトボードを囲むように半円形で参加者全員

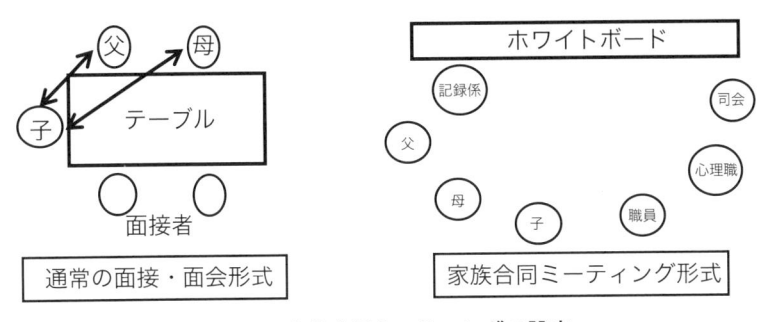

図 5-2　家族合同ミーティングの設定

が座りやりとりを実施する形式が多い（図 5-2）。ホワイトボードが面接記録の役割を果たし，記録者と司会者がそれぞれ位置づけられる。参加者はホワイトボードを囲むように用意された椅子に座りホワイトボードを見つめるため，対面形式に比べて，緊張感が低く，難しい話題でも司会者や記録者に話をする形式となるため，家族とシビアなテーマを共有しなければならない場合にも話しやすい（林・鈴木，2011）。また，司会者と記録者が明確に位置づけられているため，ファシリテーターとしての役割を遂行しやすいという実践者側のメリットもある。

（9）ホワイトボードの活用

　すでに上記で説明したように，家族合同ミーティングではホワイトボードを活用する（林・鈴木，2011）。通常の面接では，対象者に記録を見せずに手元の用紙に記載していくことが多いが，当事者の参画と当事者による問題解決を促していくことがこの手法の特徴であるため，参加者の意見は視覚化しながら全員が共有できるように整理を進めることが効果的である。記録者が重要なポイントだと思うことと，参加者が重要だと感じていることが異なっている場合もあるため，ホワイトボードを見ながら「ここは重要なので赤で示してください」などと，意見が出る場合もある。このように，参加者全員から出た意見を視覚化しながら整理していけるメリットがある。

　また，ホワイトボードを介してやりとりする点で，参加者間の緊張緩和の役割を果たすことも多い。対面方式による面接では，目のやり場に困ったり，対立しがちなテーマでは話が硬直したりしがちである。一方で，ホワイトボードを活用する家族合同ミーティングでは，テーブルもなく出席者が半円形に着席して実施されることから，直接視線を合わせる必要もなく，リラックスした状態で対話もスムーズにやりとりできることが多い。

（10）フィードバック

　一般的な家族面会では，目的をもって行うことが少ないため，専門職は一方的に情報を伝達することになりがちである。そのため，面会のふり返りやまとめ，「要約」をすることもあまり多くはないだろう。一方で家族合同ミーティングでは 1 回ごとのフィードバックを重視する。大きな目標の設定とそれを達成するための小さな目標を 1 回ごとのミーティングで設定するため，必ず達成度や話し合った結果をふり返る。

　家族合同ミーティングの開始時には，全体の目的，大きな目標，今回の目標を確認し，今回の家族合同ミーティングの終了後，「どのような気持ちになれているとよいか？」という質問を行っているため，終了時には「実際にどうだったか？」というふり返りを行う。これは家族合同ミーティングに参加した子ども，家族のみではなく，参加した支援者すべてから意見をもらう。

　家族合同ミーティング終了後には，参加者の意見を記載したホワイトボードを写真に撮り，それぞれ持ち帰ってもらうことで，フィードバックを実施している。また話し合った内容を視覚的に図で整理することで，次回のカンファレンスの整理と当日のフィードバックをするツールに活用できる。

(11) 宿題を出す

　家族合同ミーティングの全体計画で設定したテーマや目標を達成するために，参加者に主体的に課題解決に取り組んでもらう必要があるため，宿題に取り組んでもらうこともある。多くの場合，家族合同ミーティングの最後には，次回の目標について設定している。そのため，次回のテーマについてワークシートに整理をしてくることを宿題とする。子どもは，家族合同ミーティングに参加する支援者，心理職と一緒に宿題に取り組むこともある。これによって，次回の家族合同ミーティングの練習を行うこともできる。

3.　理念と理論

　家族合同ミーティングを実施するにあたり，参考になる理論やモデルについて簡潔に説明する。まず，家族合同ミーティングのテーマである過去の共有，現在の共有，未来の共有という展開過程に対応する理論と方法を表5-2に示す。理念としては，当事者の意思決定への参画，修復的司法における被害 - 加害の癒やしと責任，未来の関係の構築を重要なこととして位置づけている。

　次に，対象者・家族を見る全体的な視点に，世代間のつながりを重視するボーエンの家族療法モデルを活用し，全体的にはシステムズ・アプローチの視点をもっている。また家族合同ミーティングを実施するにあたって，目標の設定と評価，計画的な進め方のモデルには課題中心アプローチの考え方が参考になる。具体的な進め方は，全期間を通して修復的司法におけるファミリー・グループ・カンファレンスや被害者 - 加害者の対話の手法を活用している。また現在の共有や未来の

表 5-2　家族合同ミーティングの展開過程と理論の対応

家族合同ミーティングのテーマ	過去の共有	現在の共有	未来の共有
具体的な進め方	○被害者 - 加害者対話 ○ファミリー・グループ・カンファレンス ○ソリューソン・フォーカスド・アプローチ		
理論・方法		サインズ・オブ・セーフティ・アプローチ	
	○修復的司法 / 修復的正義		
目標設定・評価	○課題中心アプローチ		
全体的な見方	○システムズ・アプローチ（○ボーエンの家族療法モデル）		
理念	○当事者の意思決定への参画 ○被害 - 加害の責任と癒やし ○未来の関係の構築		

共有にあたっては，サインズ・オブ・セーフティ・アプローチの「3つの家」をツールとして活用できる。

　このように，理念と全体的な見方，目標設定と評価，理論と方法について，家族合同ミーティングの展開に応じて活用している。以下では各理論について説明する。

（1）システムズ・アプローチ

　システムズ・アプローチは，家族療法の重要な理論の1つとして位置づけられている。システムズ・アプローチでは，個人の精神病理または行動障害は個人を取り巻くシステムの問題の反映であると考え，システムを変化させることにより，個人問題も解消すると考える（遊佐，1984）。この考えでは，環境の中でも最も影響力が強いと考えられるのが家族であると捉えており，家族全員が面接に登場することがなくても，誰か一人の変化によって家族システムに変化を与えることができ，結果

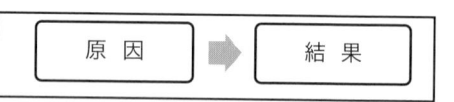

1）直線的思考

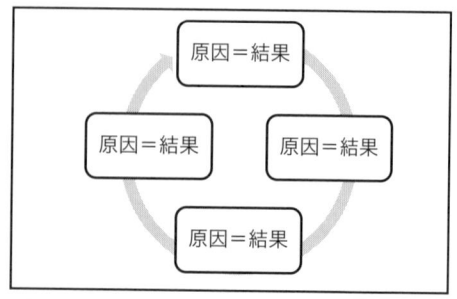

2）円環的思考

図 5-3　直線的思考と円環的思考（遊佐，1984）

としてクライエントの変化を促すことにもつながると捉える。

　精神分析や行動療法では，クライエントの心理・行動面の変化を促すために問題やその背景に直接的な働きかけを実施することで改善を試みる直線的思考がある。一方でシステムズ・アプローチでは，クライエントの問題は複数の要因が相互に関連して生じていると捉える点に特徴があり，円環的思考といわれる（図5-3：遊佐，1984）。

　このような考え方は，司法や更生保護においても取り上げられており，非行臨床における家族療法の試み（生島，1985），家族療法の技法と実際（生島，1986）などとして紹介されている。

　非行臨床，特に児童自立支援施設における家族合同ミーティングの実践にあたって，この考えは非常に参考になる。実際に，家族への課題の設定や働きかけは，このシステム論的視点を踏まえてなされる。

(2) 課題中心アプローチ

　1960年代，課題中心アプローチは，リードとエプシュタインによって，ソーシャルワークにおける短期処遇アプローチとして体系化された。課題を中心にして展開される一連の介入（援助過程）で，援助者（ワーカー）と被援助者（クライエント）の協働関係（パートナーシップ）を基盤にして，クライエントが認めた問題の解決を図るところに特徴がある（伊藤，1998）。具体的には以下のような点である（伊藤，1998）。

・クライエントが認めた問題の解決に焦点を置く：クライエントと支援者が協同関係を形成しながら，双方にずれが生じている場合は合意を形成し課題に取り組む必要がある。自ら認めた課題の方が，自発的な問題解決を行いやすい。
・介入を短期に限定する：通常週1回程度，8〜12回，期間にして1〜3ヶ月と限定されている。
・課題を用いることで変化を図る：クライエントが認めた問題を解決するために意図的に取り組んでいくために，面接と面接時以外の日常生活場面で実行する課題を設定することで支援が展開される。
・介入過程が構造化されている：初期局面（1〜2回の面接：介入が必要な理由を検討する，クライエントが認めた問題とその問題状況の調査，契約の作成，課題の実行），中期局面（次のようなフォーマットに沿って面接を実施

する。問題と課題についての検討，障害の特定と解決，問題の焦点化，面接時の課題，面接以外で行う課題の計画），終期局面（認めた問題と全体の問題状況についての検討，うまくいった問題解決の方策の確認，残された問題の確認）

　このような特徴をもつ課題中心アプローチは，目標の設定，宿題，短期間の面接設定などの家族合同ミーティングの中心的な枠組みである。

(3) サインズ・オブ・セーフティ・アプローチ

　サインズ・オブ・セーフティ・アプローチは，ファミリーセラピストであったターネルと児童福祉領域のワーカーだったエドワーズによって，実践と理論の積み重ねにより開発された支援モデルである（Turnell & Edwards, 1999）。特に,「児童虐待事例で，子ども・家族とパートナーシップを築きながら，厳密な意味で，不適切な養育を改善することはどうやってできるのか？」という問いに答えようとする，ケースマネージメントモデルである（井上，2008）。その特徴は，以下の4点にまとめられる（井上，2008）。

・当事者の声に耳を傾ける：これまで支援者は，専門家としての視点からアセスメントや支援を展開してきたが，子どもや家族が現状をどのように捉えて，どのようにしていきたいのか,当事者の視点に立ち，解決の糸口を探っていく。
・2つのよい関係を重視する：1つは支援者と家族メンバーの関係を意味するパートナーシップ,もう1つは支援者間のよい関係を意味するコラボレーションである。パートナーシップは，支援者が一方的に指導や課題をあたえるという関係ではなく，ともに課題の解決に向けて努力する関係のことである。

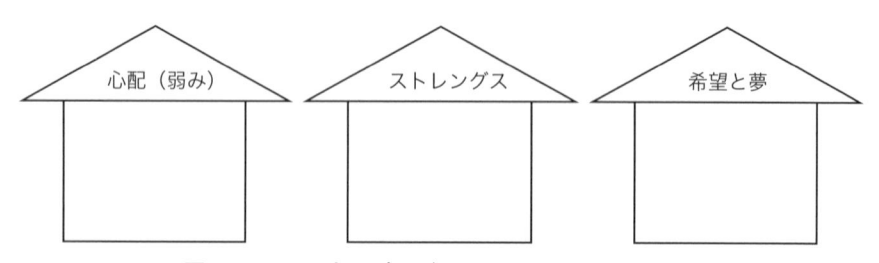

図5-4　3つの家モデル（Turnell & EdwArds, 1999）

　コラボレーションは，1つのケースを支援するにあたって，他職種・他機関と協力しながら支援を展開することである。

・3つのことに焦点を当てる：①心配していること，②うまくいっていること，③今後起こりうること。①心配していることは，虐待被害の事実は何か，被害がどのように起きたのかという点に焦点を当てることである。②うまくいっていることは，虐待が起きていない例外的な状況，ケースを支える社会資源などを意味している。③今後起こりうることは，虐待の被害がない状況が示されること，子どもの希望する生活像が示されることである。

・視覚的なツール：情報を整理するためのツールがあることである。アセスメントとプランニングツール，子どもや家族に強み，弱み，夢や希望を聞く，「3つの家」（図5-4）などが代表的なものである。

　非行領域における家族合同ミーティングでは，サインズ・オブ・セーフティの当事者参画型の理念や「3つの家」を参考にしている。

(4) ソリューション・フォーカスド・アプローチ

　1980年代，ソリューション・フォーカスド・アプローチは，ドシェーザー，インス・キム・バーグらによって開発された手法である。その特徴は，病歴や症状といった問題の査定を厳密に行い，その問題に応じた仮説を立ててクライエントを解決に導くといった，従来の多くの療法で選択されてきた問題解決の思考をとらない（磯貝，2013）。具体的な技法には，以下のようなものがある（磯貝，2013）。

・コンプリメント：クライエントへのねぎらいや賞賛を意味する。宿題への取り組みや努力していることへの評価を肯定的に返す。また，取り組んできたことに対して，「どのように達成できたのですか？」と尋ねることで，クライエント自身が自分で力を再確認することにつながる。

・ミラクル・クエスチョン：「もし奇跡が起きて，問題がすべて解決したとすると，翌朝どのようなことから気づきますか？」といった質問をする。解決した後の状態をイメージしてもらうことが狙いである。

・スケーリング・クエスチョン：1〜10までの段階で，例えば「これまでの人生でよい状態を10，最悪な状態を0とすると，現在どのくらいでしょうか？」

と質問し，少しでもよい数字を答えた場合，それを拡張するような質問を重ねていく。

・コーピング・クエスチョン：「大変な状況の中，どのように対応されてきたのでしょうか？」。こうした質問によって，クライエントが逆境の中でも乗り越えてきた，対処してきた方法を引き出すことができる。クライエントなりの努力を賞賛すること，潜在的な強みを引き出し，強化することができる質問として位置づけられている。

　このように，クライエントにとっての解決を構築していくような質問を重ねていくところに特徴がある。

(5) 修復的司法／修復的正義

　修復的司法／修復的正義について，「ソーシャルワーク研究」に掲載された伊藤（2015）の文献を基に，以下に整理する。修復的司法／修復的正義とは，加害者に罰を与える応報的な司法と対比される概念であり，①誰がこの状況で害を受けたのか，②そのニーズは何か，③その責任はどこ（誰）にあるのか，④一番影響を受けたのは誰か，その原因はどこにあるのか，⑤この状況を正すには何が必要かを問う（伊藤，2015）。具体的には，以下のような定義がある（Zehr, 2002）。

　「癒やしを得て物事をできるだけ正しくするために，具体的な損害に関する人々が可能な限り関わって，傷つき，ニーズ，責任を共同して明確化し，取り扱うプロセスである」

　その原則は以下の5点に整理されている（伊藤，2015）。

①　損害とそれがもたらした被害者のニーズに焦点を当てる。同時に加害者，コミュニティのニーズにも考慮する
②　損害に対する責任を明確にする
③　包括的で協力的な手続きをとる
④　被害者，加害者，コミュニティ・メンバー，そして社会を含めたその状況に関わる人々が参加する
⑤　不正と過ちを正すことを追求する

　このような修復的司法／修復的正義の根幹には，個々の違いを大切にし，お互いに敬意を払うという「尊重」がある。この考え方を基に，いくつかの実践形態が位置づけられている。

- ・被害者と加害者の対話：犯罪による被害者とその犯罪の加害者が直接対話する形式で実践される（伊藤，2004）。そのため被害者・加害者双方のアセスメント，対話に向けた入念な準備が行われた上で対話の場が設定される。わが国では，2001年に山田由紀子弁護士が「対話の会」を設立し，非行少年事件を中心に実践を行っている。
- ・ファミリー・グループ・カンファレンス：児童虐待や非行などの問題を抱える家族に対して，拡大家族を含む多くのメンバーが集い，参加者のみで問題解決のための意思決定を行っていく手法である。わが国では，神奈川県の児童相談所を中心にその実践の取り組みが始まった（林・鈴木，2011）。

　家族合同ミーティングのテーマである過去の共有では，①家族と子どもの関係性に焦点を当てる視点，②子どもが起こした加害に焦点を当てて，見つめ直す視点がある。特に，時間の経過とともに家族との関係性がどのように変化し，入所理由となる加害行為がどのように発生してきたのかを共有する。その点で，家族との関係性を整理する段階から加害に向き合う段階へと展開していく過程がある。

4.　具体的な進め方

　ここでは，家族合同ミーティングの基本的な取り組み過程を整理する（図5-5）。目標の設定や共有，話の展開方法などの具体的な進め方について記載する。これらは，被害者 - 加害者対話の手法（被害者加害者対話の会運営センター，2011），

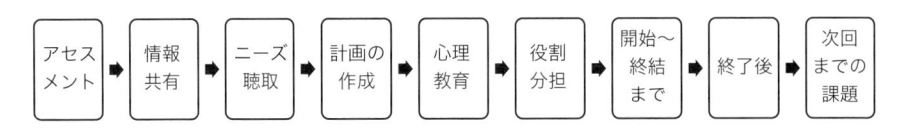

図5-5　家族合同ミーティングの全体の概要

ファミリーグループ・カンファレンス（林・鈴木, 2011）の手法を参考に，非行領域における取り組みを示した。

(1) アセスメント

　アセスメントは，子どもと家族の双方に対して必要である。子どもに対しては，主訴となる問題が時間の経過とともにどのように構成されてきたのかを明らかにする。その過程の中で，子ども自身の発達特性や自己理解がどのようにされたのか，また家族との関わりや家族への感情，家族内での被害－加害関係などについてアセスメントを実施する。同様に家族に対しても，子どもの発達特性をどのように捉えてきたのか，子どもにどのように関わってきたのか，子どもへの感情などをアセスメントする必要がある。

　さらに，子どもと家族の双方の思いや行動がどのように相互作用して現在に至っているのかを丁寧に見ていく必要がある。例えば，子どもが家族への思いをうまく伝えられていないこと，家族が発達の特性を理解できていなかったこと，暴力的な対応でしつけを行ってきたことなど，子どもと家族の認識や思いの違いが長期間にわたり存在していることもある。また子ども自身は，起こしてきた問題に対する適切な認識や責任を理解することができていない場合もある。

　子どもの主訴と家族との関連性をふり返る機会を提供することが，家族合同ミーティングの1つの目的であるため，子どもの主訴と家族との関連性をアセスメントすることが必要である。

(2) 支援者の情報共有

　支援者の情報共有では，アセスメントや家族合同ミーティングの必要性に関する認識を共有する段階である。

　個々の子どもの背景要因を踏まえて，子どもと家族のずれを修復し，どのような理解や関わりができるとよいか具体的なイメージを支援者間で共有する。また現実的に保護者が家族合同ミーティングに参加できるのか，関与の程度，子どもや家族合同ミーティングの理解の程度，保護者の柔軟性などの情報を共有する。

　その上で，支援者として誰が参加することが家族合同ミーティングを活性化させ，よい方向に進めることができるのかを検討することも必要になる。

(3) 個別のニーズに関する聴取

　家族合同ミーティングには，過去の出来事の共有，現在の状態についての共有，今後の退所に向けた共有の3つのテーマがある。それぞれのテーマについて家族合同ミーティングを実施する場合には，子どもと家族の双方のニーズを調整する必要がある。

　過去の出来事を共有するためには，子どもの人生史を時間の経過とともにふり返ることが必要である。子ども自身がどのように育ち，家族や友人とどのようにコミュニケーションをとってきたのか，学校場面で過ごしてきたのかを時系列で整理していく。逸脱をしたときの親の対応，暴力を受けたこと，逸脱の背景などもふり返りつつ，家族がそれをどのように認識してきたのか，どうしてほしかったのかなど，様々な出来事や感情を扱う。その中で家族と共有したいテーマが整理されていく。

　実際の家族合同ミーティングで動揺が激しく，混乱，感情的になって話せないような場合には，テーマとして扱うにはまだ早い段階かもしれない。双方の感情や当時の状況を理解して，お互いをわかり合うこと，被害に対する癒やしと加害に対する責任を自覚していくプロセスを一定程度，家族合同ミーティング以前に個別的面接によって整理を進めていく必要がある。

　家族に対しても同様に，動機づけを引き出し，これまでの子どもとの関わりや養育スタイル，対処方法をふり返ることが必要になる。虐待的な対応を行ってきた親であれば，その点について具体的に内省をしてもらう事も必要であるし，親自身の困難さや苦労についても聴取しておくことが必要である。

(4) 家族合同ミーティングの計画

　個別のニーズを把握できたら，家族合同ミーティングの各段階で何を焦点とするのかを整理し，計画を立てる。例えば，過去をふり返る段階では，行動化していたときの保護者の気持ちや子ども自身の気持ち，背景などをテーマとして取り上げることが多い。その場合には，家族合同ミーティング以前に子ども自身に，①行動化の背景を理解すること，②行動化による感情の変化，③家族の感情を推測することなどの働きかけが必要になる。同様に保護者に対しても，これらの過程を整理していくことが課題になる。

　実際の家族合同ミーティングの計画は，話題と実施回数，日程を含めた用紙を作成し，事前に共有する（図5-6，5-7参照）。必ずしも計画通りに進まないが，

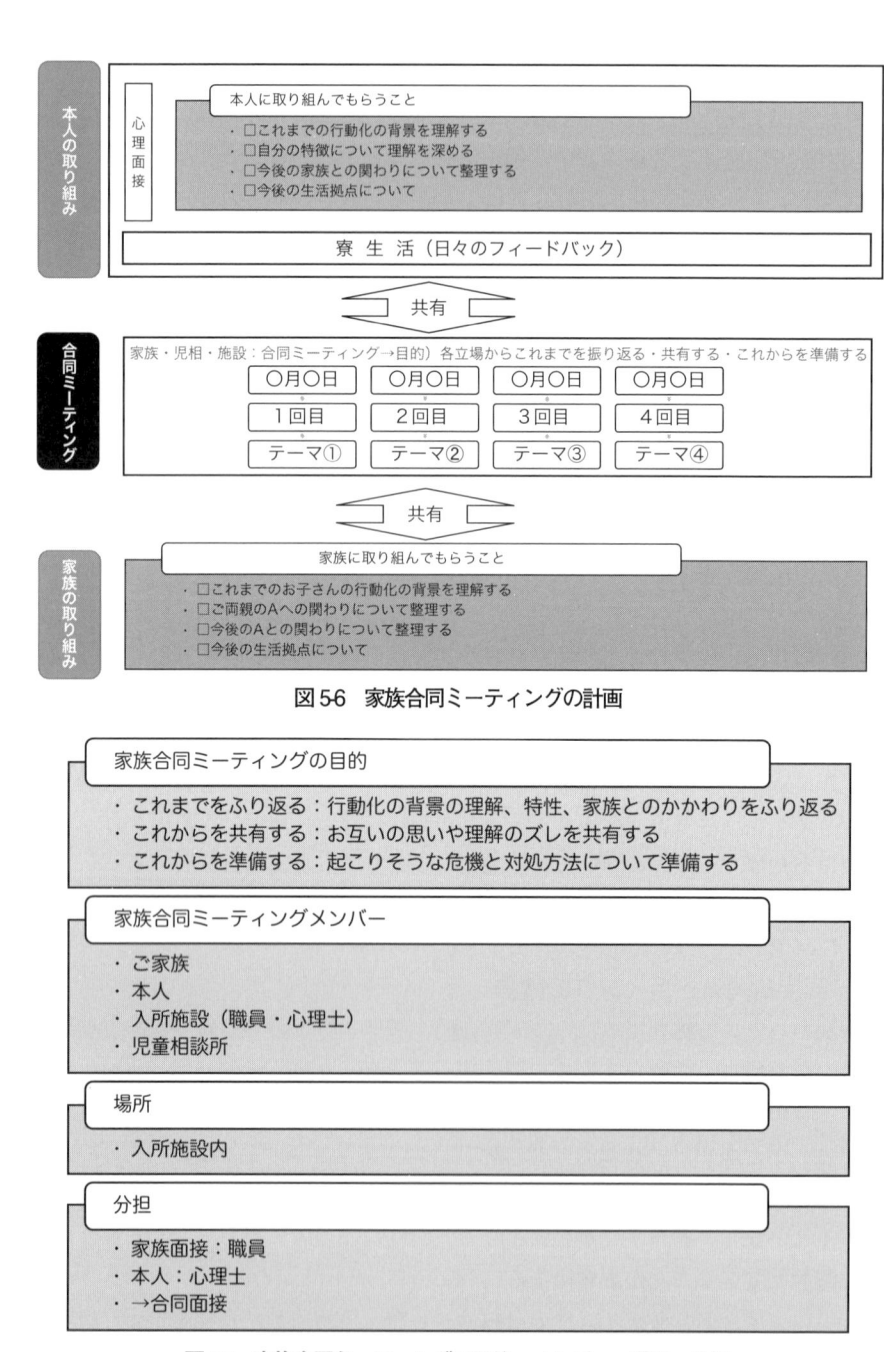

図5-6 家族合同ミーティングの計画

家族合同ミーティングの目的

- ・これまでをふり返る：行動化の背景の理解、特性、家族とのかかわりをふり返る
- ・これからを共有する：お互いの思いや理解のズレを共有する
- ・これからを準備する：起こりそうな危機と対処方法について準備する

家族合同ミーティングメンバー

- ・ご家族
- ・本人
- ・入所施設（職員・心理士）
- ・児童相談所

場所

- ・入所施設内

分担

- ・家族面接：職員
- ・本人：心理士
- ・→合同面接

図5-7 家族合同ミーティングの目的，メンバー，場所，分担

目安を作ることは短期に終結させるために必須である。

(5) 家族合同ミーティングの心理教育

　家族合同ミーティングの実施手順や進め方を説明しておくこと，双方の意見を
ファシリテーターが代弁できるような状態にしておくことが，ここで取り組む課
題である。実施手順や進め方は，簡単なパンフレットなどを用意しておき，一定
程度予測を与えておくことが安心感につながるだろう。例えば，家族合同ミーティ
ングの開始の段階では，決まって，以下のような質問をすることを伝えておく。

　　〈家族合同ミーティングの目的は？〉
　　〈今日の家族合同ミーティングのテーマは？〉
　　〈今日の家族合同ミーティングが終わったあと，どんな気持ちになれたらい
　　　い？〉

　また，シビアなテーマを話題とする場合には，子どもも家族も強い緊張感をも
つことがあり，具体的な展開を一緒に考えておくことが重要である。例えば，子
どもが親の反応を心配している場合には，以下のような質問を投げかけておくこ
とで，気持ちの準備を行うことができる。

　　〈ここでは，お母さんは，厳しいことを言いそうだよね？〉
　　〈○○って言われたらどうしようか？〉
　　〈××って言われても，これは心配しているからかもしれないよね…〉

　同様に保護者に対しても，子どもとの関係を再形成していく段階でどのような
言動で臨むことがよいのかを事前に伝えておくことも役に立つ。例えば，

　　〈相手が話をしているときには，聴くことに徹しましょう〉

などである。また，以下のような質問をしておくことで，保護者側の理解や対応，
発言を整理しておくと，スムーズな展開になりやすい。

　　〈こんな話題が出た場合は，お父さんはどのようにお答えになりますか？〉

表5-3　家族合同ミーティング役割分担一覧

	役　割	用意するもの
司　会	・家族合同ミーティングのマネージメント ・記録の作成	□半円で参加者が座れる部屋 □ホワイトボード
書　記	・当日の板書 ・面接記録のまとめ ・記録の作成	□マーカー □カメラ □進め方の進行表
直接支援者	・子どもの日々の生活の視点からの発言	
親担当者	・家族の面接等を担う	
心理担当者	・心理面からの発言	

〈この頃はお子さんをどのように思われていたのですか？〉

　この過程は，参加者の不安や緊張を低下させる役割をすることもあるが，ファシリテーターとしての準備をすることでもある。難しいケースであるほど，この準備に時間をかけることで当日の負担を軽減でき，スムーズにミーティングを展開できる。その場で出てきたテーマについて子どもと家族の意見を，お互いの折り合いを付けながらまとめていくことは，困難な場合もある。

（6）家族合同ミーティングの役割分担

　家族合同ミーティングは，当事者とその家族，施設支援者をはじめとした関係者が集うため，事前に役割分担や進行の展開を確認しておく必要がある。まず必要な役割として，司会者，ホワイトボードへの記録担当者が必要になる。また，現在子どもを直接支援している職員の参加は，保護者の思いを代弁することや，困難を共有する立場として，また保護者とは違った一面で関わることができるものとして，非常に重要である。子どもにとっても一定の枠組みを提供してくれる存在は安心感をもたらす。また別に親面接担当者や子どもの面接担当者がいれば，さらに側面的なサポートを得ることが可能である。

　また，当日必要なものは，表5-3に示した。

（7）家族合同ミーティングの開始～終結までの流れ

【導入】

　家族合同ミーティングの開始にあたり，司会者が以下のように進めていく。

〈本日はお忙しい中，家族合同ミーティングにお越しいただき，ありがとうございます。このミーティングでは，これまで A とご家族で話せなかったことやすれ違っていたことなどを共有し，現在の成長や今後起こりうることを準備するためのものです。各回の目標やテーマについて整理ができればと思います〉

〈また，家族合同ミーティングを開催する前に，A やご家族からそれぞれの思いや共有したいテーマを整理してきました。回数が限られているため，1 回 1 回を大切な時間にしていければと思います〉

〈紹介が遅れましたが，本日の司会を担当する○○です。よろしくお願いします。それでは，順番に自己紹介をしていただきたいと思います。まず，A から…〉

このように，家族合同ミーティングの全体目標や位置づけを確認しながら，各参加者に自己紹介を促し，話題を展開していく。

【目標の設定】

〈さて，ではまず，この家族合同ミーティングでどのようなことが達成できるといいでしょうか。全員から話を聴きたいと思います。まず，A どうだろう？〉

などと，全員に家族合同ミーティングを通して達成されたらよいことを確認する。このとき，記録者はホワイトボードに各参加者の意見のポイントを記載していく。

〈はい，ありがとうございます。おおよそ，○○の状態になれているとよいということですね。では，次に，○○の状態になるために，まず今回どのようなテーマを共有できたらよいでしょうか？〉

と，本日のテーマを明確化していく。〈A はどうだろう？〉などと，必ず子どもや力動的な関係も踏まえて話を振る順番を意図的に変えていくことも必要になる。

〈では，本日のテーマは，△△ということでよろしいでしょうか〉などと，確認した上で，

〈では，今から1時間くらいミーティングを始めます。1時間後にそれぞれ，
　どんな気持ちや考えになれていると，参加してよかったなーと思えるでしょ
　うか。まず，Aは？〉

などと，目標設定に対して達成したときの状態をイメージしてもらい，そのこと
について語ってもらう。これはソリューション・フォーカスド・アプローチの技
法である。記録者は，それぞれの発言をホワイトボードに書き込み，参加時間中
はいつでも目に留まるようにしておく。そうすることで，参加者メンバーの話題
が自然と目標の達成に向かうようにする狙いがある（図5-8）。

　ここまでで，目標設定と1時間後の状態を全体で共有することができた。この
過程を丁寧に進めることで，家族合同ミーティングの進行を有意義なものにする
ことができる。

【家族合同ミーティングの開始】

〈それでは，今日の目標の設定と1時間後の状態も共有することができました。
　これから，具体的な対話を進めていきましょう。まず，○○の頃について
　A教えてくれる？〉，

〈それでは，お母さんはどうでしょうか？〉

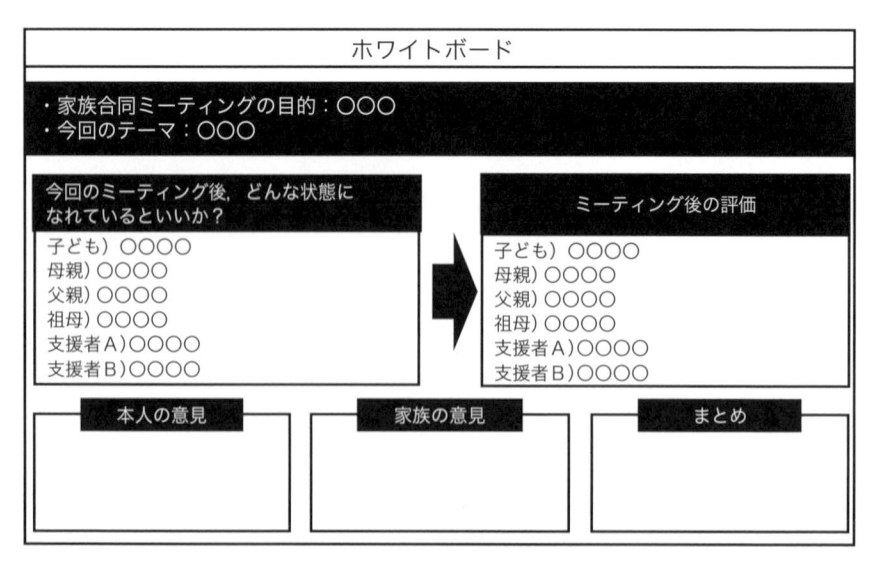

図5-8　ホワイトボードの活用と具体的な進め方

など，家族の思いを引き出し，共有していく時間が始まる。

【家族合同ミーティングの終わり】

〈そろそろ本日の時間が迫ってきました。今日は○○について，A は家族の思いを共有するという目標で話してきました。そしてはじめに，1時間後の状態を伺いました。どうでしょうか。今話し合った後のご感想をそれぞれ，お話しいただけますか？〉

などと伝えて，1時間前の目標設定がどの程度達成されたのかをふり返る。この場面でも全員から意見を聴き，ホワイトボードに記載していく。

　この過程が終わると，

〈では，本日はこれで閉じたいと思います。次回のテーマは△△になりそうですね。A には□□，ご家族には☆☆について考えてきてもらいたいと思います。ワークシートを用意していますので，こちらに考えたこと，感じたことなどを書いてきてください〉

などと，次回までの宿題を出して終了する。

(8) 家族合同ミーティングが終了した後にすること

　家族合同ミーティングが終了したら，板書のコピー（写真）を人数分印刷して持ち帰ってもらい，本日のまとめとする。一般的な面会では口頭でふり返るか，支援者だけが見るためのメモを取ることが多く，それを当事者に見せることは少ない。この手法では，家族が主体的に問題解決に取り組むことをエンパワーするため，最後に，参加者をねぎらい，主体的に参加してくれていることを賞賛する。

(9) 次回の家族合同ミーティングの準備

　各回で話し合えたことをよりわかりやすく視覚的に示す資料を作成する。資料は次回の家族合同ミーティングの開始時に参加者全員に，前回のまとめとしてフィードバックするために活用する。板書のみではなく，さらに再整理することで，支援者側のふり返りを可能にし，次回の展開過程をイメージしやすくなる。

また，参加者にも改めて整理を促すことができる。

5. 家族合同ミーティングの実際

　ここでは，家族合同ミーティングの実際について仮想事例を基に具体的なやりとりを紹介する。まず，事例の概要について説明を行い，家族合同ミーティングの導入の経緯と実際のやり取りの過程を紹介する。

（1）事例の概要
1）ケースの概要
- ・対象児：12歳男子（以下，A）
- ・家族：母，A，弟の3人。近隣には母方祖父母がいるが，疎遠である。（ジェノグラムは図5-9）
- ・主訴：暴力，学校不適応

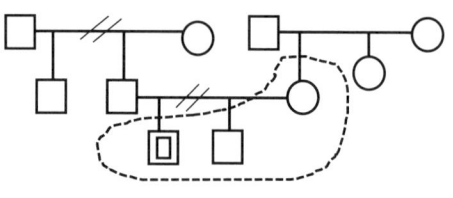

図5-9　ケースのジェノグラム

2）医学診断
- ・ADHD
- ・反抗挑戦性障害→子ども期発症型素行障害

3）成育歴と心理・行動的特徴
　主訴は暴力・学校不適応であり，その背景にはADHD，友だちとの関係，家族との関係があった。Aは幼少期から落ち着きがなく，小学校でのトラブルが絶えず，ADHDの診断があり服薬をしていた。

　家族関係では以前から関係がよくなかった両親の喧嘩が絶えなくなり，母親は飲酒を繰り返し，父親は仕事で不在がちになった。Aの行動に対して家族は，「当たり前のことができない。私を困らせているようにしか感じられない」などと訴え，子どもの特性についての理解は乏しい状況にあった。逸脱行動に対して家族は，暴力的なしつけによって教育してきた。そのため，Aは家族に対して拒否的な感情を抱いていた。

　上記のような状況から，これらの調整（家族への心理教育・養育スキルの習得）が今後必要になると思われた。

(2) 家族合同ミーティング導入の経緯

　Aの情緒や行動上の問題は，ADHDなどの生物学的要因とそれに伴う様々な葛藤に加えて，特性に関する保護者の理解が十分ではなく，逸脱に対して応報的な関わりが繰り返されてきたことにより，さらにエスカレートしていった経過がみられた。そこで，Aの行動化の背景を含めた保護者への心理教育，関係調整を行うことが必要であると考えられた。

　家族関係の問題が修復していない状況であり，再び一緒に生活することはこれまでと同様の結果を招くことが想像できた。実際，Aの家族も入所前の背景について話せていないことに不安を抱えており，再び同様の行動化を恐れてもいた。こうした理由から，Aおよび家族に家族合同ミーティングの実施を提案し，実施に向けた準備を開始することになった。

　具体的には前掲の図5-6，図5-7，そして次頁の表5-4のような計画を立て，家族合同ミーティングの準備のために，Aへの個別の面接と家族の意向の事前調整を行い，家族合同ミーティングを実施する計画を立てた。

(3) 家族合同ミーティングの実際

　標準的な家族再統合では，過去の出来事の共有に2〜3回，現状の状況について1回，将来起こりうる出来事への対処として1回程度の回数を設ける。これらは子どもと家族が共有を希望するテーマによって異なる。今回は1回目の家族合同ミーティングを終えて話が深まってきた2回目を想定して，展開されやすいテーマを紹介する。

1) 家族合同ミーティングの準備

　家族合同ミーティングを実施するにあたっては，Aと家族に対して入念な準備を行う。その際，表5-5のようなワークシートを活用しながら，特に①発達特性についての理解，②行動化の背景についての理解，③感情のコントロールの不足などについて整理を行う。

　家族に対しては表5-6に取り組んでもらい，問題意識を共有するための面接を実施する。家族のAに対する関わりや思いを整理してもらい，Aとの共有を促す意図がある。家族は，①Aの幼少期の出来事について共有したい，②問題行動についてふり返りたい，③今後の約束やルールを確認したい，という希望が出

表 5-4　各会の目的と注意事項

回数	日にち	内容	事前準備
		テーマの共有	〈本人〉 ・過去の整理：心理面接で実施
	事前準備 X年X－2月	〈家族〉 ①全体の目的，家族の動機づけを引き出す ②これまでの子どもの理解と関わりを整理する（別紙1：家族用ワークシート） ③課題の提示 〈本人〉 ①動機づけ ②テーマ，目標設定 ③模擬合同ミーティング＝練習を行う	目標の設定，テーマの設定
1回目	X年X月	〈家族－本人〉 ①幼少期の出来事や感情について共有する	〈家族・子〉 ・話し合いのテーマと方向性の共有 ・Aの気持ちを受け止めてほしい趣旨を説明
2回目	X年X＋1月	〈家族－本人〉 ①小学校の出来事，背景について共有する ②発達特性について理解をする	〈家族・子〉 ・発達特性についての理解
3回目	X年X＋2月	〈家族－本人〉 ①中学校時代の出来事，背景について共有する ②家族の関わりについてふり返る ③家族への影響について理解を深める	〈家族・子〉 ・情緒や行動上の問題の背景について整理←家族への影響を考える
4回目	X年X＋3月	〈家族－本人〉 ①成長点，今後の心配，対策を考える ②想定される出来事を共有しておく	〈家族・子〉 ・今後，起こりうる出来事を考えてくる
5回目	X年X＋5月	〈家族－本人〉 ①アフターケア	〈家族・子〉 ・4回目の目標設定をふり返る

てきた。

2）家族合同ミーティングの実施

　ここでは，小学生時代のトラブルや喧嘩，逸脱について，Aの状況と家族の考えの違いについて調整を行う会となった。

表 5-5　過去を整理するためのツール（子ども用）

年月	年齢	出来事	気持ち	その他（家族の受け止め）

表 5-6　過去を整理するためのツール（家族用）

年月	年齢	出来事	本人の気持ち （想像して書いてください）	家族の状況 家族の理解

〈開始前〉

　今回は，小学生時代のエピソードを取り上げる予定であった。家族は ADHD などの特性について十分な理解がなく，受け入れるつもりはないと公言していた。

　家族には当日の家族合同ミーティング前に，話し合いのテーマと方向性を共有し，まず A の気持ちを受け止めて欲しいという趣旨の説明を行う。

〈家族合同ミーティング〉

　家族合同ミーティングの内容は，ホワイトボードに記載をしながら進める。各椅子の位置は図 5-10 の通りである。

　まず，前回の合同ミーティングについてふり返り，今回のミーティングのテーマについて話を振る。〈A はどんな話ができるといいだろう？〉と聞くと，少し

悩んだ様子で、「小学生の頃のこと」と言う。家族にも同様にそのように聞くと、「そのテーマでよい」との返答があった。

　次に、〈これから1時間の対話を行ったあと，どのような状態になれたらいいですか？〉と質問すると，A は「思っていた事を伝える，お母さんの気持ちと同じところ，違うところを理解する」と答えた。〈ご家族はどうでしょうか〉と聞くと、「重要な出来事を共有して，すり合わせたい」と述べる。職員からは，「二人に違いはあって当然。『そっか〜，そうだったか』と共有できるといい」と意見があった。司会からは、「これまでを共有できればいい」と，それぞれの目標設定について共有した。

　その後，小学生時代のエピソードを確認していく。小学校1〜2年生についてA からは「クラスを抜け出し，喧嘩をしたり，気にくわないと暴れたりしていた」との話があった。家族は本児の行動が単なるわがままであって，面倒くさいからではないかとの認識で，会話が膠着してしまった。

　そこで，この時期の理解を促すため，A の障害特性を踏まえた見解について心理士に意見を求めた。心理士からは、「コントロールできないのは本人の意識の問題ではなく，薬などの力も借りる必要があるんですよ」と説明があった。それに対して，家族は「そうか，この当時は発達障害の影響が強かったのか。A も辛かったのか」とそれを受け入れた。

　終了時間が迫っていたことから，1時間前にあげたテーマについてふり返った。A は「知らなかったことがわかった。自分では気づかなかった。順を追って話していき，つながってきた」と述べる。家族は，「当時はわがままだと思っていていたが，今日本人の話も聞き，理解しようと今気持ちを整理しています」と話した。

〈終了後〉

　A と2回目の家族合同ミーティングのふり返りを実施した。A は「食い違うところが少なかった。家族の意見を聞くことで，わかっていなかったこともつながってきた」と述べた。また，自分の考えと相手の意見を合わせることで，つながってい

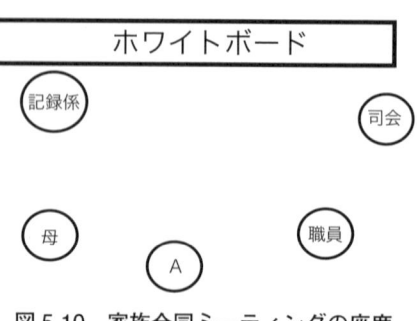

図 5-10　家族合同ミーティングの座席

くことを実感したようだった。

6.　まとめ

　本章では，非行領域における家族合同ミーティングの理論と実際について紹介した。その特徴は，過去をふり返る機会，現在を共有する機会，今後の再犯防止やよりよい関係を構築する機会を提供し，家族のもつ力をエンパワーすることで主体的な問題解決を促す点にあった。当事者の参画という理念の基に，修復的司法における被害者と加害者の対話の手法や課題中心アプローチの目標，計画の設定と評価のプロセスなどいくつかの理論と手法を統合しながら活用していることを示した。

文献

林　浩康・鈴木浩之（2011）．ファミリー・グループ・カンファレンス入門　明石書店

被害者加害者対話の会運営センター（2011）．対話の会の進め方——少年犯罪をめぐる被害者，少年，地域のために——　被害者加害者対話の会運営センター

井上薫（2008）．サインズ・オブ・セイフティ・アプローチとリゾリューションズ・アプローチ　井上直美・井上薫（編著）子ども虐待防止のための家族支援ガイド　サインズ・オブ・セイフティ・アプローチ入門　明石書店

磯貝希久子（2013）．ソリューション・フォーカスト・アプローチ　日本家族研究・家族療法学会（編）家族療法テキストブック，pp. 124-127.

伊藤冨士江（1998）．課題中心アプローチの理論と実際　刑政，*109*, 52-61.

伊藤冨士江（2004）．少年司法における家族グループ会議——ソーシャルワーク実践からの検討——　社会福祉学，*45*(1), 67-67.

伊藤冨士江（2015）．修復的司法／正義とその実践　ソーシャルワーク研究，*41*, 51-57.

生島浩（1985）．非行臨床における"家族療法の試み"　更生保護と犯罪予防，*76*, 41-58

生島浩（1986）．家族療法の技法と実際　更生保護と犯罪予防，80, 41-58.

Turnell, A., & Edwards, S. (1999). *Signs of safety: A solution oriented approach to child protection casework*. New York: Norton.

Wikström, P. H., & Sampson, R. J. (2006). *The Explanation of Crime: Context, Mechanisms and Development (Pathways in Crime)*. Cambridge, UK: Cambridge University Press.
（ウィクストラム，P. H.・サンプソン，R. J.（編著）松浦直己（訳）（2013）．犯罪学研究——社会学・心理学・遺伝学からのアプローチ——　明石書店）

遊佐安一郎（1984）．家族療法入門――システムズ・アプローチの理論と実際―― 星和書店

Zehr, H. (2002). *The little book of restorative justice.* Intercourse, PA: Good Books.

192

第6章
地域資源を活用した支援の展開
BBS ともだち活動を中心に

　情緒や行動上の問題を示す子どもの支援には，専門職による個別的な支援のみではなく，地域資源を活用したソーシャルワーク実践を欠かすことができない。情緒や行動上の問題を示す子どもが一定期間施設に入所することになっても，いずれは地域の中で生活していくことが必要になる。

　本章では地域資源を活用した支援の展開として，公的な制度やいくつかのボランティア活動について概説したあと，法務省の保護観察制度において主に学生が中心となって活動しているボランティア団体である Big Brothers and Sisters（以下，BBS）に焦点を当てて紹介する。BBS 活動は，少年の自立支援のための青年ボランティアであり，その目的を，「非行少年や社会不適応少年のいない犯罪や非行のない明るい社会の実現」としている。その活動は「ともだち活動」を基本に，「非行防止活動」，「研鑽活動」の3つを主な柱としている。地域で少年を支える1つの資源としてともだち活動に焦点を当て，活動の意義と具体例を紹介したい。

1. 地域資源を活用した支援の展開

　重篤な情緒や行動上の問題を示す子どもの場合は，入所型の施設に一定期間在籍することで，内的な統制力を高めることができる。その間に家族合同ミーティングを活用するなど，子どもと家族の調整を行い，地域生活の準備を行う。しかし，家庭復帰する地域が荒れた状態であり，非行化した少年が多い場合には，本人の成長だけでは数ヶ月のうちに元の状態に戻ってしまうこともある。そのため，家庭復帰後の地域環境に対して働きかけるソーシャルワーク機能は重要である。

　以下では，地域資源を活用して情緒や行動上の問題を示す子どもを支援する，法律上位置づけられた制度と民間ボランティア活動について紹介する。

(1) 児童相談所・児童福祉司指導

　児童相談所は，児童福祉法第12条に位置づけられた児童の総合的な相談を担う専門機関である。具体的には，市町村と適切な役割分担・連携を図りつつ，子どもに関する家庭その他からの相談に応じ，子どもが有する問題又は子どもの真のニーズ，子どもの置かれた環境の状況等を的確に捉え，個々の子どもや家庭に最も効果的な援助を行い，子どもの福祉を図るとともに，その権利を擁護することを主たる目的としている（厚生労働省，2018）。

　相談には養護相談，保健相談，心身障害相談，非行相談，育成相談があり，それぞれ児童福祉司や児童心理司が対応することになっている。家庭環境や情緒・行動上の問題をもつ子どもに対しては，児童福祉法第26条，第27条に児童福祉司による指導，または児童家庭支援センターや障害者等相談支援事業を担う者に指導を委託することが定められている。児童福祉司の関わりは社会的養護に措置される子どもや通所等の在宅による支援も提供している。

　特に，情緒や行動上の問題をもつ子どもの多くは，幼少期から様々な問題を抱えており，保健所の保健師や市区町村の福祉課，保育園や幼稚園，小学校や発達支援センターなど，地域の社会資源と関わりがあることが多い。これらの資源を活用しながら，ソーシャルワークを展開していく役割が児童福祉司であり，上記のような複数の機関が協働的に連携するネットワークを要保護児童対策地域協議会という(本章1-4参照)。近年,児童虐待の増加に伴い児童相談所が担う担当ケースが増加しているため，児童家庭相談に関する一義的な相談窓口を市町村に移行し，比較的重篤なケースは児童相談所で対応するような整理がなされている。

（2）保護観察所・保護観察制度

　保護観察は犯罪をした者及び非行のある少年に対し，社会において適切な処遇を行うことにより，再び犯罪をすることを防ぎ，又はその非行をなくし，これらの者が善良な社会の一員として自立し，改善更生することを助けるとともに，恩赦の適正な運用を図るほか，犯罪予防の活動の促進等を行い，もって，社会を保護し，個人及び公共の福祉を増進することを目的（更生保護法第1条）とした更生保護法に位置づけられた制度である。

　少年の場合，家庭裁判所で保護観察処分となった者か少年院を仮退院した者が保護観察の対象となる（図6-1）。保護観察では，月に2回程度の担当保護観察官または保護司との面接を通して，生活や仕事，家族関係や人間関係の状態を報告し，指導や助言を受ける。地域社会の中で継続した生活を続けるための支援が行われている。

　更生保護においては，地域の篤志家の存在が欠かせない。後述の（5）で説明するような民間ボランティアによる支援があって成り立っている。この点でも更生保護に関わるボランティアは地域で子どもを支える資源になりうる。

（3）家庭裁判所・試験観察制度

　家庭裁判所では少年事件に対して最終的な審判を行う前に，社会生活を適切に行うことができる状態であるかを判断するために，家庭裁判所調査官の下で一定期間様子を見る「試験観察」という制度がある（図6-1）。この試験観察には，在宅試験観察と補導委託試験観察がある。在宅試験観察では，家庭において生活を継続しながら，交友関係や家庭環境，学業や仕事への取り組み状態を判断しながら，少年院収容の必要性や保護観察処分での対応可能性を見極めることになる。

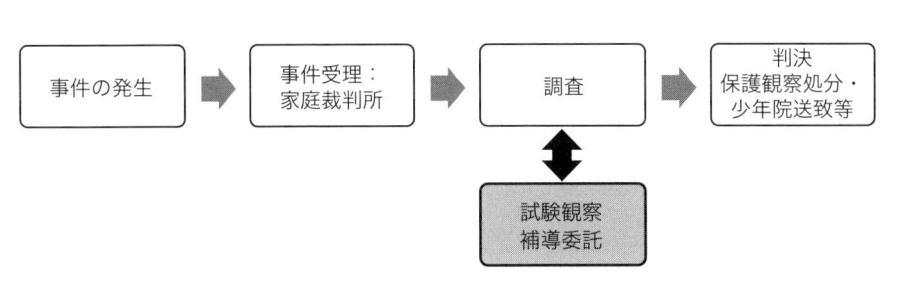

図 6-1　試験観察制度・保護観察制度の位置づけ

補導委託試験観察では，自宅ではなく民間の篤志家へ少年を預けることで，定期的に少年の様子を委託先から聴取し，最終的な審判結果を判断することになる。

このような試験観察は，家庭や地域で生活しながら実施されることから，地域環境が不安定であった場合や，反社会的な家庭環境であった場合には実施可能性が低くなる。こうした制度を活用していくためには，安定した地域資源があることが重要である。

（4）要保護児童対策地域協議会

要保護児童対策地域協議会は，地域の力を活用したソーシャルワークを実践していく上で1つの重要な機能を果たしている。要保護児童対策地域協議会とは，虐待や情緒や行動上の問題を示す子どもを早期に発見し，関係機関が子どもや家族に関する情報について個人情報の保護と役割の明確化を行い，適切に対応していくことを目的としている（児童福祉法第25条）。この関係機関の中には，児童相談所，警察，家庭裁判所，保健所，学校関係者，福祉事務所，司法関係者，民間ボランティア等が含まれる。会議では，当該子どもの情報を共有し，各機関や担当者の役割と責任を明確化して地域で支えていく方策を検討する。

厚生労働省では要保護児童対策地域協議会の意義として，以下の点が挙げられて

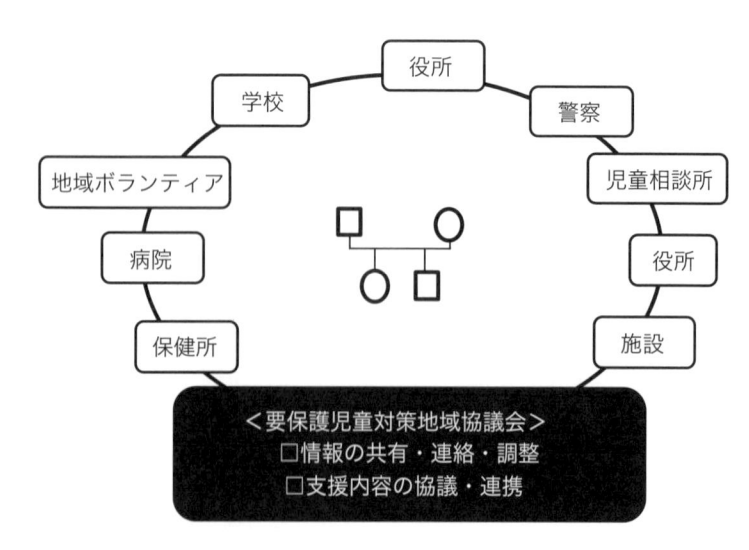

図 6-2　要保護児童対策地域協議会

いる（厚生労働省，2009）。

① 要保護児童等を早期に発見することができる。
② 要保護児童等に対し，迅速に支援を開始することができる。
③ 各関係機関等が連携を取り合うことで情報の共有化が図られる。
④ 情報の共有化を通じて，それぞれの関係機関等の間で，それぞれの役割分担について共通の理解を得ることができる。
⑤ 関係機関等の役割分担を通じて，それぞれの機関が責任をもって関わることのできる体制づくりができる。
⑥ 情報の共有化を通じて，関係機関等が同一の認識の下に，役割分担しながら支援を行うため，支援を受ける家庭にとってよりよい支援が受けられやすくなる。
⑦ 関係機関等が分担をし合って個別の事例に関わることで，それぞれの機関の限界や大変さを分かち合うことができる。

図6-2には家族を取り囲む地域資源を示し，情報の共有と連絡や調整を担い，支援内容の協議や分担を行い，連携するイメージを示した。こうしたネットワークを設けることで，孤立しがちな家族や子どもをサポートしていく体制を整えていくことができる。

(5) 民間ボランティア

　要保護児童対策地域協議会の中には，「地域ボランティア」が多くの場合位置づけられている。学校，児童相談所，警察などの公的機関の専門職だけではなく，拡大家族や民間のボランティアを活用していくことも効果的である。中でも法律や施策上，明確に位置づけられたボランティアの名称と内容について表6-1に示した（内閣府，2018）。各ボランティアは無給で，地域で支援するための「地域づくり」から個別の支援まで担う重要な役割がある。

　司法領域においては，再犯者対策として，少年院からの仮退院や保護処分とされた少年や元犯罪者を地域社会において円滑に立ち直ることができるように支える民間の篤志家である保護司や更生保護女性会，Big Brothers and Sisters（以下BBS）などの更生保護のボランティア活動がある。これらの活動は地域において，情緒や行動上の問題を示す，もしくは示していた少年や元犯罪者の社会復

表6-1　情緒や行動上の問題を示す子どもに対する民間ボランティア

保護司（法務省）	「保護司法」（昭25法204）により，法務大臣から委嘱された非常勤の国家公務員。保護観察官と協働して，保護観察，生活環境の調整，地域社会における犯罪予防活動にあたっている。全国で約48,000人の保護司がいる（平成28（2016）年1月1日）。
更生保護施設	「更生保護事業法」（平7法86）により，法務大臣の認可を受けるなどして設置・運営される施設。少年院仮退院者や保護観察中の少年を保護し，各種の生活指導や宿泊場所の供与，食事の給与，就労の援助や自立更生を支援している。全国に更生保護施設は103施設あり，このうち少年を対象とする施設は84施設ある（平成27（2015）年4月1日）。
更生保護女性会	犯罪や非行のない明るい地域社会を実現しようとするボランティア団体。約170,000人の会員が在籍し，各地域で活動を展開している（平成27（2015）年4月1日）。
BBS（Big Brothers and Sisters Movement）会	非行防止や子供の健全育成のための多彩な活動を行っている青年ボランティア団体。約4,500人の会員が，市町村などを単位とした地区組織や大学を単位とした学域組織を結成し，全国各地で活動している（平成27（2015）年4月1日）。
協力雇用主	犯罪や非行歴のある人に，その事情を承知した上で職場を提供し，その人の立ち直りに協力しようとする民間の事業主。全国に約14,500の協力雇用主がいる（平成27（2015）年4月1日現在）。
人権擁護委員（法務省）	法務省は，様々な人権問題に対処するため，幅広い世代・分野の出身者に人権擁護委員を委嘱しており，全国に約14,000人いる（平成28（2016）年1月1日）。
児童委員（厚生労働省）	児童委員は，民生委員をもって充てられ，全国で約23万人が厚生労働大臣から委嘱されている（平成27（2015）年4月1日）。
母子保健推進員（厚生労働省）	母子保健推進員は，市町村長の委嘱を受け，母性と乳幼児の健康の保持増進のため，家庭訪問による母子保健事業の周知，声掛け，健康診査や各種教室への協力をはじめ，地域の実情に応じた独自の子育て支援と健康増進のための啓発活動を行っている。
少年警察ボランティア（警察庁）	少年の非行を防止し，その健全な育成を図るため，少年指導委員・少年補導員・少年警察協助員等の少年警察ボランティア約58,000人を委嘱している（平成27年4月1日現在）。
少年補導委員（内閣府）	内閣府では，地方公共団体が委嘱している少年補導委員（平成28年1月現在約6万人）の活動に関して，青少年センター関係者が集まる会議・会合等の機会を活用して，補導・相談の効果的な進め方などの情報共有を図っている。

内閣府「第5章　子供・若者の成長を支える担い手の養成（第1節）」から整理
http://www8.cao.go.jp/youth/whitepaper/h28honpen/s5_1.html（2018/09/13）

帰のための重要な役割を担っている。特に保護司や更生保護女性会の方々は，その地域に長年暮らし，横のつながりも広く，様々な地域活動に取り組んでいることが多いため，社会資源についての多くの情報をもっていることがある。

こうした地域資源の中核を担う篤志家は，専門職のみでは十分に対応できない課題をくみ取り発信してくれる貴重な存在であり，1 人ひとりが暮らしやすい地域社会の実現に大きく貢献している。

2.　BBS のともだち活動

情緒や行動上の問題を示す子どもに対する地域における支援の 1 つに BBS という法務省の管轄するボランティア組織がある。以降では，これまで取り上げられることが少なかった BBS に焦点を当て，活動の実態と具体的な取り組みから，地域で子どもを支えるポイントを整理する。

BBS とは，少年の自立支援のための青年ボランティアであり，その目的を，「非行少年や社会不適応少年のいない犯罪や非行のない明るい社会の実現」としている。その活動は「ともだち活動」を基本に，「非行防止活動」，「研鑽活動」の 3 つを主な柱としている（BBS 基本原則：日本 BBS 連盟，2004）。

BBS 運動は 1904 年，ニューヨークの少年審判所の職員であったアーネスト・クールターによって提唱された。日本では 1947 年 2 月，「京都少年保護学生連盟」として正式に発足し，法務省の保護観察所における保護観察制度の 1 つの支援形態として位置づけられた。全国的な組織として日本 BBS 連盟，50 の都道府県 BBS 連盟，8 つの地方 BBS 連盟，500 の地区 BBS 連盟といった組織体制になっている。現在，4,700 人の会員が各地域に在籍している（日本 BBS 連盟，2018）。

欧米においては，Big Brothers Big Sisters（BBBS）Community-Based Mentoring（CBM）Program として，対象少年へのメンタリングの効果についての研究が蓄積されており，薬物やアルコールの使用頻度が減少したことや仲間や家族との関係が改善されることが報告されている（Tierney, 1995; Tierney et al., 2000）。また，限定的には対象少年とメンターとの関係性が形成されることが重要であるという報告もある（Rhodes & DuBois, 2008）。

本論では，BBS の活動の重要な柱である「ともだち活動」の意義と役割・特徴について，不登校児に対する訪問援助活動の 1 つである「メンタルフレンド活動」と比較しながら整理する。

(1) BBS のともだち活動

ともだち活動は，BBS を特徴づける中心的活動であり，「非行少年や，社会に

適応できないなどの何らかの悩みを抱えた少年と『友だち』になることを通して，自立を支援する持続的な活動（法務省保護局，2006)」である。それは，少年と同じ目の高さで，一人の会員が一人の少年と関わる One to One を原則として，場合に応じてグループワークを行ったり，社会参加活動を一緒に行ったりするものである。

ともだち活動の効果は，流されやすい非行少年に対して効果的に機能するとの指摘（山田，1988)，家庭裁判所の調査官が試験観察における BBS の活用についてまとめたもの（野田，1983）や実践報告（武藤，1989；大原，2009）がある。しかしながら，非行臨床や司法福祉分野における社会内処遇の担い手としての BBS に関する研究は日本ではまだ少ない。

(2) ともだち活動の対象

更生保護領域におけるともだち活動の対象は，保護観察処分を受けた非行少年であり，具体的には少年院から仮退院した少年や家庭裁判所で保護観察処分に付された少年である（図6-3)。しかし近年，ともだち活動は，不登校や引きこもり，緘黙など対人関係上の課題をもった「社会不適応少年」も対象とされるようになってきた（BBS 基本原則：日本 BBS 連盟，2004)。つまり保護観察処分となった少年のみではなく，情緒や行動上の問題を示す子どもを対象とする活動も多くなってきたといえる。

ともだち活動が想定される子どもの特徴について，以下に列挙する。

- ・保護観察や試験観察のついた少年
- ・反社会的な行動を示す青少年
- ・対人関係に困難を抱える子ども
- ・コミュニケーションがうまくとれない子ども
- ・余暇など適切な時間の使い方ができない子ども
- ・興味や関心が限定的である子ども
- ・適切な家族との距離を保てない子ども
  など

なお，ともだち活動の対象範囲が拡大しているとはいえ，ボランティアである学生が専門職の助言を受けながら関わりを継続する点から，重篤な非行少年や著

しく情緒や行動が不安定な少年を担当することは適切でない。対象年齢については，小学生年齢から高校生年齢前後まで幅があり，中学生年齢がもっとも多い。

（3）活動者

ともだち活動を実施する者は18歳以上の大学生が中心である。全国に500ある地区会のうち，90地区程度が学域といわれる大学のサークルの1つとして位置づけられている。ともだち活動の対象年齢の中心が中学生から高校生年齢であるため，時間の融通が利きやすく，少し年上の兄や姉の立場としての関わりが期待されるのは大学生年齢になる。

対象少年と活動者の性差については配慮が必要である。異性で活動を行う場合には，1対1の活動ではなく，活動者を男女二人にするなどの工夫をすることがよいかもしれない。

なお，BBS活動自体には年齢制限はなく，社会参加活動や非行防止活動など，多くの社会人も活動している。

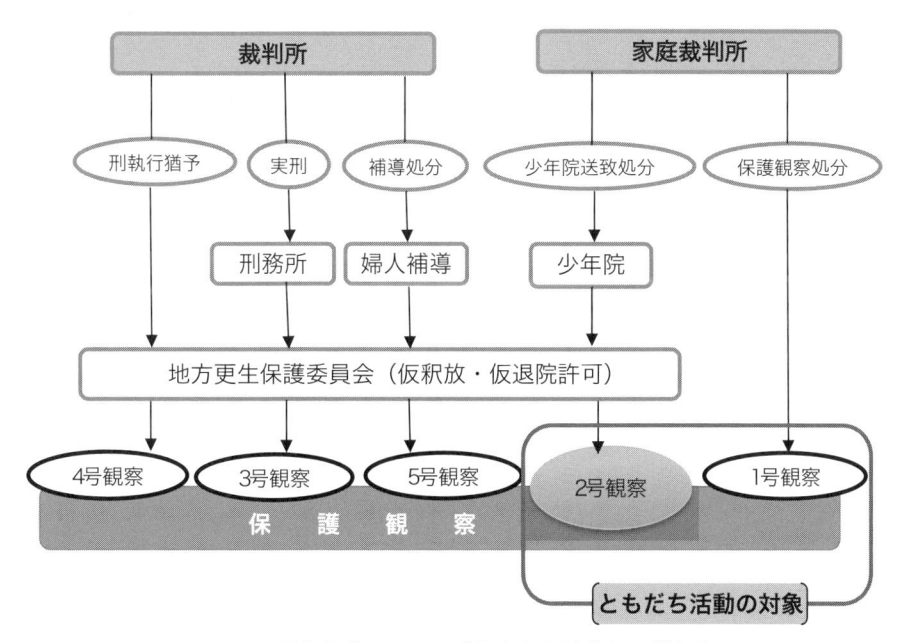

図 6-3　更生保護における「ともだち活動」の対象者

(4) 活動内容

対象少年との活動内容は，ともだち活動の目的や対象少年のニーズに応じて異なる。受験が迫った少年の場合には受験勉強を教えること，適切な時間の使い方ができない少年の場合には趣味や適切な余暇活動を共有することなど，多様に考えられる。いずれの活動でも，少年と活動者の関係性を大切にすることがもっとも重要な活動になるといえる。

(5) 活動期間

活動期間は，基本的には依頼元から提示された期間になる。保護観察処分の対象者であれば，その期間が活動期間になることが多いが，中学生年齢の場合には，高校進学や就職の決定などによって終結することもある。

活動開始時点で関係機関や対象少年と活動期間を決めておくことができれば，終結もスムーズに行うことができる。

(6) 活動頻度

活動頻度も対象少年に応じて決定されるが，開始時点で合意をしておくことが重要である。少年の中には，週1回程度を希望する者もいれば，月1回程度を希望する者もいる。過度な期待をされても応えることができないこともあるため，事前の枠組みについて依頼機関の担当者と少年，BBS会員で相談しておくことが継続的で円滑な活動を行うために必要である。

(7) 活動場所

活動場所も対象少年に応じて様々である。少年の自宅である場合もあれば，地区センターのような開かれた場所，ファミリーレストランなども考えられる。また，少年の地域から少し離れた場所に出かけてスポーツや関心を広げるためのサポートをすることもある。どこか一定の場所でなければならないわけではなく，対象少年との合意によって決まる。

(8) 報告書

ともだち活動が保護観察処分の一環として実施される場合，BBS会員は月に1回保護司を経由して保護観察官に報告書を提出することが義務付けられている。A4用紙に1枚程度で，活動内容を報告する。ともだち活動は同じ目の高さでの

関わりを求められていることから，少年を評価する報告ではなく，活動の内容や具体的なやり取り・印象などを報告することになる。この報告については，活動開始時点で事前に共有しておくことで少年からの不信や誤解を招かずに済む。

3.　ともだち活動の意義と役割

　BBS の中心的活動であるともだち活動は，情緒や行動上の問題を示す子どもの兄や姉のような身近な存在として，主に大学生を中心にした比較的近い年代の BBS 会員が担ってきた。具体的な活動内容として，少年の兄や姉あるいは「ともだち」として彼らの悩みや葛藤を理解し，喜びや悲しみを分かち合う人間関係を築くことにより，少年自ら，望ましい社会的態度や価値体系を習得して問題を克服し成長することを助けることが挙げられる。

　ここでは，その意義と役割について，8つの点から説明する。それは，①少年への精神的・生活上のサポート，②新しい興味・関心の提供，③適切な人間関係の形成，④社会性の形成，⑤学習面での支援，⑥余暇の使い方，⑦垂直関係から水平関係，⑧地域から離れた関係の8つである。

①少年を支える

　情緒や行動上の問題を示す子どもの中には，友人関係がうまくいかずに悩んでいる場合や学校や仕事で葛藤を抱えている場合も多い。こうした葛藤を適切な形で表現できれば問題ないが，それらをうまく処理できずに再び行動化してしまうこともある。そのため，ともだち活動では，心理的な葛藤や辛さを受け止め，共にいることを通して少年を支える役割がある。

②興味や関心を広げる

　興味や関心を広げることは，狭い関心の中にとどまる少年にとって意義がある。メンタルフレンドの役割としても指摘されていることであるが（金井，1997），不登校の子どもだけでなく，非行少年にとっても興味や関心の幅を広げるきっかけとなる。情緒や行動上の問題を示す多くの子どもにとって，やることがなく暇をもてあましてしまうことが，新たな問題を生むことにつながっている。そのため，適切な趣味や関心に時間を使うことは，不適切な行為や仲間との時間を相対的に減らすことにもつながる。

③適切な人間関係の形成と年長のモデルとしての役割

　非行少年にとって反社会的な友人関係は重要なリスク要因である（Andrews & Bonta, 2010）。非行の程度が進んだ少年（鑑別所再入少年）にとって対人関係は，相手が受け入れてくれるかどうかに重点が置かれ，非行歴のある友人よりもない友人に対して信頼・親和感を抱いていることが指摘されている（藤野，2002）。しかし，その非行交友を断ち切ることができないのは，反社会的ではない健全な友人関係を築くことへの不安があることが関係しているという。つまり，そうした非行交友を断ち切るためには，より適切な人間関係をもつことが必要であると考えられる。ともだち活動には，適切な人間関係の形成と年長のモデルとなるという意義と役割があるといえる。

④社会性の形成

　特に限定的な人間関係を形成している少年は，精神的な幼さや世間の一般常識とのずれ，生きていく上での必要なスキルの弱さ等が目立つことがある。そうした少年にとって，身近な兄や姉としての存在は，適切な価値観や社会的な常識を身につける効果も期待できる。

⑤学習面での支援

　ともだち活動において学習支援は，少年との関わりのきっかけにもなり目的にもなる重要なツールである。これは，山田（1988）でも指摘されているように，非行少年にとって基礎学力の不足は，授業についていくことができず学校に行く気力を失わせる大きな要因になっている。情緒や行動上の問題を示す多くの子どもにとって，小学校2年生程度から授業につまずき，教室にいることが苦痛になり行動化が進んでいくことがある。かつてともだち活動を行った少年から，「（授業中に）寝たくて寝ているんじゃないんだ。寝るしかないんだ…」と言う言葉を聴いた。ともだち活動を通して学習支援をすることは，学校への適応を促す1つの重要な働きかけになるだろう。また，ともだち活動の導入としても，「学習支援」というキーワードは，進学を希望する少年にとっては抵抗感の少ない方法になる。

⑥余暇の使い方

　余暇の使い方も再犯に関連する重要な要因である。暇をもて余し，刺激やスリルを求めて反社会的行為をしてしまう傾向のある少年にとって，健全な余暇の使い方を体験していくことは非常に重要である。適切な余暇の使い方を共に模索することは，興味・関心を広げることと重なる。

⑦垂直関係から水平関係

　垂直関係とは，上司と部下のような関係のことを意味し，ここでは少年と保護観察官などの指導的立場との権力関係のことである。こうした垂直関係が重要なことは，非行臨床でもすでに指摘されていることである（生島，1993）。一方で，ともだち活動における少年との関係は，水平関係であることが求められている。水平関係には，少し年上の擬似的な「ともだち」としての意味や，保護司や保護観察官と少年との物理的な年齢の開きを縮めるという意味，さらにその年齢の開きから生じる感覚のずれや趣味などの文化的側面を近づけるという3つの意味がある。

⑧地域から離れた関係

　普段は地元での友だちや先輩との関係が深い少年の場合でも，多くのしがらみや抑圧された関係性に縛られている場合もある。特に先輩との厳しい上下関係がある場合など，どこにいても誰かに遭うのではないかという不安の中では，落ち着いて人間関係の困難さを語ることも難しい。そのような場合にも，地元の人間関係とは離れたところで適切な人間関係，友だち関係を築くことには一定の意味がある。

　以上のような8つの意義や役割は，「ともだち活動」のみではなく，メンタルフレンド活動とも重なる。金井（1997）は，メンタルフレンド活動の役割として，①子どもを支える役割，②子どもの興味や関心を広げていく役割，③子どもの生き方のモデルとなる役割の3つを挙げている。

4. ともだち活動とメンタルフレンドの比較

（1）メンタルフレンド活動

　主に反社会的な傾向をもつ少年をサポートしてきたボランティアがBBS活動だとすると，不登校や引きこもりなどの非社会的な傾向をもつ子どもに対してのボランティア活動にメンタルフレンド活動がある。これは，1991年から厚生省の「ひきこもり・不登校児童対策モデル事業」の一環として進められてきた，不登校や引きこもりなどの非社会的な傾向をもつ子どもに対してのボランティア活動である。その内容は，「児童相談所の児童福祉司による指導の一環として，子どもの兄又は姉に相当する世代で子どもの福祉に理解と情熱を有する大学生等（以下「メンタル・フレンド」（ふれあい心の友）という）を児童福祉司等の助言・指示のもとにその家庭に派遣し，当該子どもとのふれあいを通じて，子どもの福祉の向上を図るもの」（厚生労働省，2005）だとされている。こうしたメンタルフレンド活動は，歴史は浅いものの，多くの積極的な研究と実践活動の蓄積がなされてきている。

　対象少年は，不登校少年を中心として，年齢も6歳から15歳までの義務教育課程にある子どもや高校生年齢の子どもが中心となる。支援者にはメンタルフレンドという名称があり，大学生や大学院生が中心的に活動している。もともとは，岡山の児童相談所によって試みられた活動であるが，その後，厚生労働省（当時厚生省）によって後押しされている。

　また，実践を行う上で事前の研修が行われている。全国の児童相談所を対象としたメンタルフレンド活動の調査からは，登録時に87.4％が研修を行い，さらに年1～3回の定期的研修が設けられているところが85.9％であった（酒井・伊藤，2001）。その内容は，活動内容（82.4％），倫理規定・活動上の注意事項（68.2％），児童青年の心理や発達についての講義（65.9％），事例検討（62.4％），体験談（54.1％）等である。

　活動場所は対象者が引きこもりであることから，児童の自宅に訪問する形式が多い。活動内容としては，カードゲーム，テレビゲーム，パズルなどを一緒に行った事例が報告されている。例えば東（2001）は，二人の不登校生徒との関わりと変化を事例研究によって明らかにしている。そこでは，テレビゲームやパズルなどを媒介としてコミュニケーションを行い，適応指導教室に行けるようになったことが報告されている。

表6-2　ともだち活動とメンタルフレンドの比較

	ともだち活動	メンタルフレンド
所管	法務省・保護観察所	厚生労働省・児童相談所 文部科学省・教育相談所
開始	1947 年	1991 年
対象	反社会的な傾向をもつ少年	不登校や引きこもりなどの非社会的な傾向をもつ子ども
組織	全国的な活動	各地域ごと
実施者	大学生中心（18 歳以上）	大学生中心（18 歳以上）
研修体制	実施者が必須の研修があるわけではない	各機関ごとに異なる
活動場所	対象者との相談	家庭
活動方法	家庭訪問型，地域コミュニティ	家庭訪問型，地域コミュニティ
活動内容	自由度が高い	限定しているところもある
研究状況	メンタルフレンド活動より少ない	友だち活動より多い

　また，実証的な研究も取り組まれている。伊藤（2002）は，不登校のタイプとメンタルフレンドの属性と相性による違いについて検討し，メンタルフレンドでは対等な友だちづきあいを心がけ，子どもの主体性を尊重し，気持ちを受け止めようとする傾向が強く，内向性を有する不登校タイプには効果を発揮していることが示されている。また，その他にも，メンタルフレンド導入の社会的背景について論じた論文（酒井・伊藤，2001）や学校との連携について述べたもの（酒井・伊藤・伊藤，2001），児童養護施設に導入した報告（土田，2006）などもみられる。

（2）ともだち活動とメンタルフレンド活動

　ともだち活動とメンタルフレンド活動の比較を表6-2に示した。ともだち活動の対象者が反社会的な傾向がある少年であるのに対して，メンタルフレンド活動は非社会的な傾向がある子どもを主として対象としている。ともだち活動もメンタルフレンドも担当者は大学生が中心であり，活動内容，活動方法については各対象者と依頼機関との間で相談して決められることが多く，どちらも共通している点が多い。

　ともだち活動の所管は法務省・保護観察所が中心である。一方メンタルフレンド活動は全国的な組織ではないが，厚生労働省が「ふれあい心の友訪問援助事業」として位置づけ，児童相談所を中心とした各地域の取り組みによってなされている。

メンタルフレンド活動は，歴史的に短いものの，取り組みと実践を支える非常に積極的な研究が数多く行われている。一方で「ともだち活動」は，歴史は長いもののその実践の積み重ねが十分に言語化され，蓄積されているとは言いがたい。そこで，以下では具体的な手順について説明する。

5.　ともだち活動の実施手順

　ともだち活動を実施するにあたって，開始前の段階，開始時の段階，活動中の段階，終結の段階の4つの時期について，ポイントを整理する。

(1) ともだち活動開始前：関係者会議

　開始の流れとして一般的に，保護観察所から県 BBS 連盟や地区 BBS 会の代表者にケースが依頼される場合が多い。その際 BBS 会では，ともだち活動を希望する会員の担当可能な地域や性別，活動頻度，活動内容が整理されたリストを元に担当者を決定する。

　担当少年には，保護観察所の担当保護観察官や保護司が必ず少年についていることから，依頼理由，活動目的・内容・方法，活動場所・時間，活動継続期間，対象少年の特徴等について事前の打ち合わせを行う。また注意事項や事前のルー

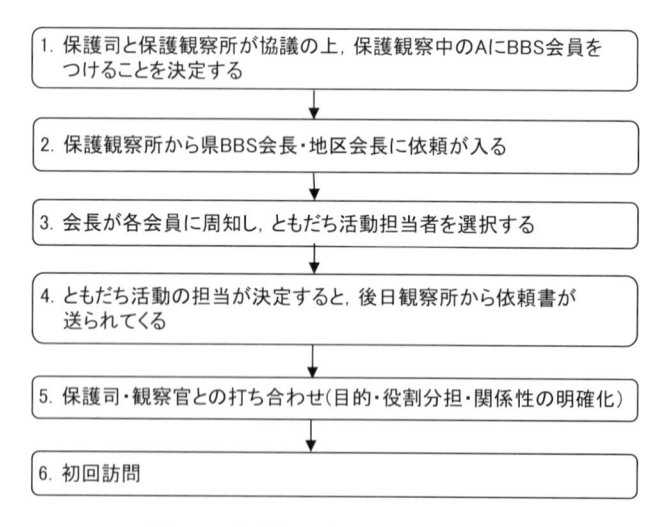

図 6-4　友だち活動の初回までの流れ

ル，活動の枠組み，報告書で書くべき事項等についても共有しておくことが望ましい。

　活動開始にあたり，初回面会の場所や確認事項についても事前に打ち合わせをしておくことが必要である（図6-4）。

（2）ともだち活動の開始：初回

　初回面会では，基本的には保護観察官もしくは保護司，依頼機関によっては児童相談所の児童福祉司であることもあるが，いずれも対象少年の支援に関わる主担当者と同席して開始する。

　保護観察中の少年にとって保護観察官は，本人の処遇を決定する権限をもつ権威として機能することから，ともだち活動担当者との役割の違いがあることを明確化しておくことが重要である。具体的には①保護観察の枠組みで行われること，②保護観察官や保護司，BBS会員との役割が異なること，③再非行が発覚した場合には保護司や保護観察官に報告すること，④「ともだち活動」を導入する理由等について確認することが必要になる。この点が明確化されていないと，ともだち活動を担当するBBS会員は保護観察官の「監視者」と誤解されて，関係構築の段階で困難な状況に陥ることがある。

　事前に打ち合わせで確認した事項について，依頼機関担当者，BBS会員，対象少年と共有する。活動目的，内容，頻度，方法，時間，報告書の事項，連絡手段などについても少年に説明し，少年の意向を確認して，開始する。

（3）ともだち活動の活動中の段階

　初回の面会が終了すれば，次回以降はBBS会員と少年との関わりになる。少年にとっては勉強を教えてもらうということがメインの希望であったとして，担当者は家庭教師のような役割を担いつつも，それ以上に身近な兄や姉としてのモデルを示すことや社会性，対人関係スキルを伸ばすきっかけを提供することが重要であることの方が多い。事前の確認事項でこの点も担当者と共有しておき，実際の活動を展開していくことが重要である。

　報告書は毎月1回月末までに活動回数，時間，内容を記載して保護司に提出し，その後保護観察官も目を通すことになる。身近な立場で関わるという視点から，具体的な活動内容や少年の様子を記載することがポイントになる。

　ともだち活動はBBS会員個人で引き受けるものではなく，組織として引き受

けている点も忘れてはいけない。ともだち活動を継続的に実施し，依頼されている地区BBS会では，月1回の会合を開きケース検討を実施していることが多い。地区会によっては保護司が毎月参加してくれ，ケース検討における助言を得られることが多い。担当するケースについて一人で考えるのではなく，定期的にケースを共有することは客観的に自らの取り組みを整理することができ，また今後ともだち活動を担当する会員にとっても役立つ。

(4) ともだち活動の終結

　ともだち活動は開始時点で期間や終結のタイミングを決めておくことが望ましい。例えば，「高校進学を機に一旦BBSのともだち活動は終結としましょう」などと共有しておくことで，スムーズな終結となる。また，保護観察期間の終了をもってともだち活動を終結する場合もある。

　なお，ともだち活動が終結したからといって，少年との関係が終結するわけではなく，今後も何かあれば相談したり一緒に考えたりできることなどを伝えておくことが重要である。

6. 社会資源を活用するために

　本章では情緒や行動上の問題を示す子どもに対して，社会資源を活用した支援の展開について説明した。社会資源をコーディネートするのは，児童相談所の児童福祉司や保護観察所の保護観察官，家庭裁判所の調査官など，ソーシャルワークを担う専門職である。こうした専門職はさらに，地域のボランティアを活用しながら支援を展開していく。地域のボランティアの中でも情緒や行動上の問題に対して長年の取り組みがあるBBS活動に焦点を当てて，メンタリングとしての機能や意義について説明をした。

　現在保護観察を中心とした展開を行っているBBSだが，それ以外にも児童福祉施設から地域への移行をする際に活用することや，学校を中心とした活動の展開も期待できる。対人関係上の課題をもつ子どもにとって，兄や姉の立場としての関わりは効果的に機能する。今後もこうした社会資源を活用していくことで，反社会的・非社会的傾向がある子どもたちの地域での適応が高まる可能性がある。

文献

Andrews, D. A., & Bonta, J. (2010). *The psychology of criminal conduct*. London: Routledge.

藤野京子（2002）．男子非行少年の交友関係の分析　教育心理学研究, *50*(4), 403-411.

東知幸（2001）．引きこもりがちな不登校生徒に対するメンタルフレンドによるアプローチ　心理臨床学研究, *19*(3), 290-300.

法務省保護局（2006）．ともだち活動をするみなさんへ　法務省保護局

伊藤美奈子（2002）．メンタルフレンド活動による不登校児童の変化——不登校のタイプとメンタルフレンドの属性による比較——　カウンセリング研究, *35*(3), 256-264

金井雅子（1997）．メンタルフレンドはどんな役割を果たしているか　児童心理, *51*(8), 105-110.

厚生労働省（2009）．要保護児童対策地域協議会設置・運営指針について

厚生労働省（2005）．ひきこもり等児童福祉対策事業の実施について　雇児発第 0328006 号（平成 17 年 3 月 28 日）

厚生労働省（2018）．児童相談所運営指針の改正について：第 1 章 児童相談所の概要 https://www.mhlw.go.jp/bunya/kodomo/dv-soudanjo-kai-honbun1.html

武藤州子（1989）．ボランティアとしての BBS の立場　罪と罰, *26*(3), 51-58.

内閣府（2018）．第 5 章 子供・若者の成長を支える担い手の養成（第 1 節）　https://www8.cao.go.jp/youth/whitepaper/h28honpen/s5_1.html（2018 年 9 月 13 日）

日本 BBS 連盟（2004）．BBS 運動基本原則解説

日本 BBS 連盟（2018）．BBS の歴史　http://bbs-japan.org/about/history

野田裕行（1983）．試験観察における BBS 活動との関わりについて——家裁におけるボランティアの活用——　調研紀要, *43*, 41-52.

大原天青（2009）．非行臨床における訪問援助活動の役割と課題— BBS のともだち活動の実践（ケース報告特集号）　カウンセリング研究, *42*(4), 312-321.

Rhodes, J. E., & DuBois, D. L. (2008). Mentoring relationships and programs for youth. *Current Directions in Psychological Science, 17*(4), 254-258.

酒井朗・伊藤茂樹（2001）．不登校児のケアにおけるボランティア活動の社会的意味——児童相談所におけるメンタルフレンド活動を中心に——　お茶の水女子大学人文科学紀要, *54*, 159-176.

酒井朗・伊藤美奈子・伊藤茂樹（2001）．不登校児の指導におけるメンタル・フレンドと学校との連携に関する実践的研究——新しい教育臨床のあり方を求めて——　マツダ財団研究報告書 青少年健全育成関係, *14*, 1-12.

生島浩（1993）．非行少年への対応と援助　金剛出版

Tierney, J. P. (1995). *Making a difference. An impact study of Big Brothers/Big Sisters.* New York: Public/Private Ventures

Tierney, J. P., Grossman, J. B., & Resch, N. L.（2000）. *Making a difference: An impact study of Big Brothers/Big Sisters.* Philadelphia, PA: Public/Private Ventures.（http://ppv.issuelab.org/resource/making_a_difference_an_impact_study_of_big_brothersbig_sisters_re_issue_of_1995_study）

土田幸子（2006）. 児童養護施設へのメンタルフレンドの導入──メンタルフレンドの機能とそれぞれの成長── 三重看護学誌, *8*, 119-124.

山田憲児（1988）. BBS の活用による保護観察処遇について 罪と罰, *26*(1), 73-75.

7

第7章
ミクロ実践からマクロ実践へ

　本章では，情緒や行動上の問題を示す子どもと家族のニーズに対する個別具体的な支援の展開から，より多くの人のニーズに対応するためのシステムづくりや法制度化することによる対応の考え方と方法について説明する。次に，個別具体的な支援を積み重ねることで，次の支援に生かすためのリサーチと実践の相互作用について紹介する。また，臨床的データを法制度化するための方法についても説明する。これらによって，実践とリサーチの循環やミクロ実践から法制度化への視点と方法について示唆する。

1. ミクロ実践からマクロ実践へ

　本書では，情緒や行動上の問題を示す子どもについて，第2章でアセスメントの視点と方法，第3章で個別面接による働きかけ，第4章で生活場面面接，第5章で家族合同ミーティング，第6章で地域で支える取り組みについて整理してきた。つまり，個別の理解と支援から徐々に子どもを取り巻く集団や学校，家族，地域資源を活用した支援へと視点を拡大させてきた。終章となる第7章では，実践を支えるシステムや法制度といったマクロな視点について取り上げたい。

　実践を支えるシステムや法制度は臨床心理学と社会福祉学で捉え方に違いがある。臨床心理学をはじめとした個別の心理面の理解と支援を担う専門職にとっては，実践を支えるシステムや法制度についてはあまり着眼することが少なかったかもしれない。一人の目の前の対象者をどのように理解し，その内面に働きかける専門職として，個人の外におかれた環境要因については考えないという選択をすることもある。一方で社会福祉学の見方は，対象に起こる困難を対象者の中に内在するものとして捉えない。個人と環境との相互作用の結果として，現在の困難さを捉える。そのため，個人に引き起る困難さを解決するには，何らかの外的要因で弱まっている当事者の力をエンパワメントするため環境要因を調整する視点に立つ。

　環境要因の中で重要な視点の1つは，対象者を支えるシステムや法制度である。子ども虐待を具体例に挙げて考えてみたい。全国の子ども虐待相談対応件数は1990年から厚生労働省（当時厚生省）によって集計が開始された。当初1,101件であった件数は平成30年度に15万件を超え，今なお増加し続けている。この過程で，2000年に児童虐待防止法が成立し，児童福祉法の改正も行われた。一人の被虐待児の治療や支援をするのみでよければ，専門職が個人への働きかけとして取り組めばよいことになる。しかし，被虐待児の通告が100ケース上がってきたとすると，これは一人の努力で対応できる範疇を超え，対応できない状況が生じてくる。

　このような状態にあるとき，社会福祉はこの支援を提供するためのシステムや法制度を整えることで，全国のどこで事件が起こっても一定の質を保った支援が提供できる体制を整備することになる。これがここで述べるシステムや法制度の意味である。つまり，個別のケースに対して直接的な支援を提供することだけが支援ではなく，システムや法制度を開発していくことも，結果として情緒や行動

上の問題を示す子どもや家族を支える社会資源になる。こうした意味で，支援システムや法制度を整えるマクロ実践への働きかけは社会福祉としてのアプローチとして，ミクロ実践を担う専門職であっても欠かすことができない視点である。

2.　ミクロ実践から法制度への働きかけ

ソーシャルワークのグローバル定義は，「ソーシャルワークは，社会変革と社会開発，社会的結束，および人々のエンパワメントと解放を促進する，実践に基づいた専門職であり学問である。社会正義，人権，集団的責任，および多様性尊重の諸原理は，ソーシャルワークの中核をなす。ソーシャルワークの理論，社会科学，人文学および地域・民族固有の知を基盤として，ソーシャルワークは，生活課題に取り組みウェルビーイングを高めるよう，人々や様々な構造に働きかける。この定義は，各国および世界の各地域で展開してもよい」（社会福祉専門職団体協議会（社専協）国際委員会，2016）である。

この定義の中で強調されている1つの視点は，ミクロな個人の問題解決だけではなくマクロな社会の変革を述べている点である。この場合は，世界の構造といった大きな視点であるが，ここでは情緒や行動上の問題を示す子どもを支える法制度を中心とした社会の構造として限定的に捉えて，それらを変える3つの働きかけについて述べる。

(1) 当事者運動から

支援を必要とする方々が自ら社会の慣習，風土，法律に対して働きかけた事例として，犯罪被害者およびその家族の取り組みを挙げることができる。特に1999年山口県の光市で起きた母子殺害事件は少年による事件であったことに加えて，その後の弁護士らの対応によっても社会的に注目を集めたことから，多くの方が周知の出来事であろう。当時18歳の少年が23歳の女性とその乳児（11ヶ月）を殺害した残虐な事件であり，被害者の夫であり父親である本村洋さんは，当時未成年であった加害者の人権が守られるのに対して，犯罪被害者の人権や知る権利が保障されていない社会の現実に対して，自らの言葉で社会に訴えた（本村・本村，2007; 門田，2008）。

また岡村勲弁護士も夫人を仕事の逆恨みから殺害された被害者家族として，被害者が守られていない現実を知り，犯罪被害者の遺族と共に犯罪被害者の権利と

被害回復制度の確立を目指して，全国犯罪被害者の会を立ち上げた（全国犯罪被害者の会，2018）。この活動では，犯罪被害者の権利の確立，被害回復制度の確立，被害者の支援，啓発活動，シンポジウムの開催，広報活動が行われた。その結果として，「犯罪被害者等のための施策の基本となる事項を定めること等により，犯罪被害者等のための施策を総合的かつ計画的に推進し，もって犯罪被害者等の権利利益の保護を図ることを目的」とした犯罪被害者等基本法の設立につながった（犯罪被害者等基本法，2004）。

このように，犯罪被害者家族が団結して，現状の法制度に対して改善を求める取り組みは，社会の変革を求めるソーシャルワークの取り組みである（伊藤・石井（滝口），2013; 滝口・伊藤，2010）。

（2）実証的な研究知見から

実証的な研究知見を法制度の具体的な仕組みや判断基準に活用したわかりやすい事例として，本書のテーマとは異なるが介護保険制度を挙げることができる。介護保険制度は，高齢化社会の到来を前に，高齢者の介護の問題を家族だけに負担させるのではなく社会全体で支えていく仕組みの1つとして，1997年に介護保険法が成立し，その3年後の2000年から開始された。この制度設計には，高齢者のニーズを捉え判断基準を客観的に整えるために実証的な研究知見の積み重ねが生かされている（筒井，1997, 1999, 2000）。

児童領域では実証的な研究知見が制度や政策に反映されることが少なく，他分野の知見や方法論を参考にしつつ，多くの子どもや家族を支えるためのサービスシステムを構築することが重要である。

（3）社会的問題から

児童虐待問題と法制度の対応の変遷について紹介したように，社会的な出来事に対する対応として法制度が成立していく動向について，虐待と非行の関連を例に示す。図7-1は虐待と非行に関する新聞記事を整理し，その取り上げられ方と法制度の関連を示したものである（大原・平野，2019）。新聞記事では虐待と非行の関連について大きく3つの類型に分けられ，それに対応する法制度の成立や改正があったことを示している。

まず3類型は，①過去の被虐待経験と非行行為への関連を示す記事が取り上げられた1990年代の第一類型，次に②少年（非行少年）自身が実子や再婚相手の

子を虐待することが非行行為として取り上げられた 2000 年代の第二類型，最後に③非行少年が入所施設に収監され，そこで暴力等を受けるという 2010 年代の第三類型であった。

こうした 3 つの虐待と非行の関連に関する分類に対応するように，1990 年代の第一類型では児童福祉法の改正，2000 年代の第二類型では児童虐待防止法の公布や少年法の改正，2010 年代の第三類型では少年院法の公布等が対応していた。

このように個々の事件とそれらが社会的に取り上げられたことによる相互作用を通して，法制度の整備が進められたと考えられる。

3.　法制度からミクロ実践への働きかけ

現在（令和元年），日本の社会的養護は，戦後の施設養育から里親養育へと転換しようという大きな施策が動き始めている。厚生労働省の部会である，新たな社会的養育の在り方に関する検討会（2017）によって，学童期以降は概ね 10 年以内を目途に里親委託率 50%以上を実現する方向である。施設養育については，「できる限り良好な家庭的環境」とし，全ての施設は原則として概ね 10 年以内を目途に，小規模化（最大 6 人）・地域分散化，常時 2 人以上の職員配置を実現し，

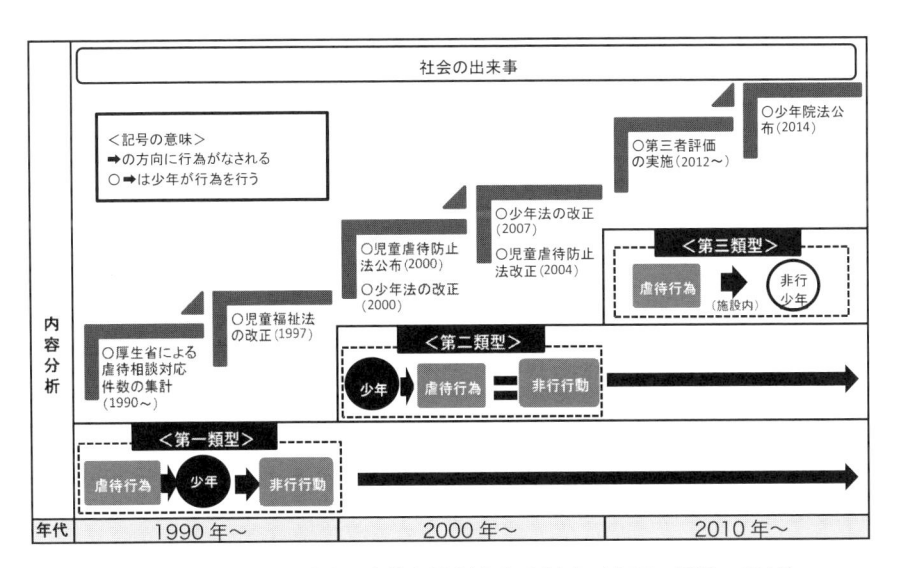

図 7-1　非行と虐待に関する事件と法制度との対応（大原・平野，2019）

更に高いケアニーズに対しては，迅速な専門職対応ができる高機能化を行い，生活単位は更に小規模（最大4人）となる職員配置を行う，などの具体的方針が立てられた。

　当然，これまで社会的養護を担ってきた児童養護施設からは様々な意見が出されるが，これは国の施策として今後も進められる。こうした方法は，実証的なデータやミクロ実践から導き出された制度的な取り組みというよりも，諸外国の里親養育の割合を踏まえたトップダウンによる取り組みの例でもある。時に大きな方針転換は，このような決断によってなされることも必要である。

　また同時に，こうした方針転換による効果評価を行っていく必要があり，複数の対象者（子ども，家族，専門職）に対して様々な評価基準と評価方法を組み合わせて行うことが，施策への改善にとって重要である。

4.　ミクロ実践の蓄積とリサーチから，次の支援を検討する

　ここでは，個別具体的な支援を展開する中で得られたデータを蓄積し，次の支援や施策，支援システムにつなげる方法について示す。図7-2は，情緒や行動上の問題を示す子どもや家族に関わるアセスメントや日々の支援に関する，データベースをイメージしている（施設入所した場合を想定）。具体的には，入所理由や家族の背景，子どもの心理テストや学力テストなどの個別的なアセスメントを行い，それらを共有するためのデータベースを作成する。また，入所期間中の支援に関わる自由記述データや再アセスメントの結果を蓄積していくシステムである。これらは個別的な支援や評価を行う点で，これまで説明してきたようなミクロ領域における実践の蓄積と評価の蓄積を意味している。

　次に，これらの蓄積されたデータを次の支援に活用する取り組みを考えてみたい。新たな対象者に出会うと，ベテランの実践家からは時々，「以前担当した○○に似ている」という話を耳にする。これはベテランの実践家の中には，すでにこれまで担当してきたデータベースが形成されており，特定の特徴をアセスメントし具体的な支援の展開をイメージすることができているためだと考えられる。これは経験を積むことで蓄積されていく臨床知としてのデータベースである。これと同様に，蓄積された知見を検索し，リサーチを実践に反映していくことで，初任者でもこれまでの過去の実践知を活用した支援を展開することができる。つまり，こうしたデータベースを作成することは，①個別のケースを支援するため

のデータベースと，②個々のデータの蓄積を量的に統合して一定の方向性を示す調査研究による知見の2つが可能になる。

まず，個別のケースに生かすデータベースについてもう少し詳細を述べる。例えば，入所理由，性別，行動特徴を入力すると，関連する対象者の一覧や，一定期間の中でどのような支援を展開してきたのかという情報が検索できれば，新たな対象者への支援に参考になる情報を得ることができる。これは個別のケースの参照枠組みを求めるもので，ベテランの実践家の頭の中のデータベースと同様の活用方法である。

もう1つは，個々の支援のデータベースの蓄積から，一定のニーズをもつ対象者に対して，重点的な支援を提供する根拠を導き出したり，具体的な支援方策を示したりすることもできる。例えば，教育的な働きかけを行った情緒や行動上の問題を示す子どもの長期的な変化を調べることで，一定期間後に触法少年となっている群（以下，触法少年群）と健全に育成している群（以下，健全育成群）に分けられたとする。個々のデータを統合し，統計的な方法によって処理をすると，

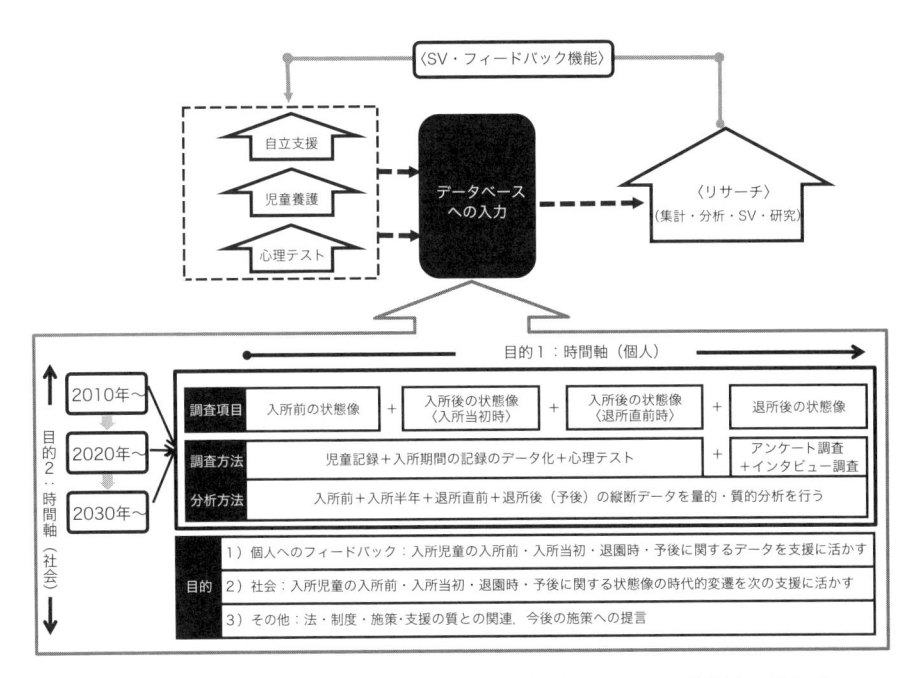

図7-2　ミクロ実践の蓄積とリサーチを次の支援とシステムづくりに活かす

触法少年群と健全育成群を判別する要因を明らかにすることもできる。例えば，触法少年群に該当する子どもを説明する要因として，「反社会的な認知」やADHD傾向が統計的に関連していたとする。こうした知見が導き出されれば，日々の支援の中で「反社会的な認知」やADHDの衝動性などの要因について重点的に介入していくことで効果的な支援を提供できる可能性がある。つまり，個々の支援のデータを蓄積し，複数の事例を統計的に処理することで，専門職が取り組まなければいけない方向性（個別の支援と施策）を導き出すことができる。

　この視点と方法は，ミクロ実践のみではなく，メゾ，マクロ領域にも展開することが可能である。家族支援に関するプログラムを実施することや地域資源をコーディネートする専門スタッフを配置することで，情緒や行動上の問題を示す子どもの予後が適応的になるとすれば，そうした取り組みを義務づけるような具体的な施策と法律を作ることで，情緒や行動上の問題を示す全国の子どもと家族に対して一定の支援を提供することができる予算や人員，方法を示すことができる。

　このように，子どもと家族に関わる専門職は，個別支援を行うのみではなく，困難を抱えた多くの子どもと家族を支援するためのデータを同時に取得し，自ら分析を行い，実践を変えていくことが必要である。その際，ミクロ実践を支えるシステムや法制度化する視点をもち続けることが，結果として個々のニーズを満たす支援になる。

5.　まとめ

　本章ではミクロ領域における支援からマクロ領域による支援へと視点を移し，その考え方やマクロ領域への働きかけの方法について検討した。直接的な支援を提供することも重要な支援であるが，支援のシステムや法制度を整えるための働きかけについてもミクロ領域を担う実践家から発信する重要性について述べた。

　情緒や行動上の問題を示す子どもと家族を支援するためには，個別のアセスメントから始まり，心理面接，生活場面面接，家族合同ミーティング，地域による支援など，多様な次元でアプローチしていくことが必要である。その際，マクロ領域への視点を常にもち続けることが，ミクロ領域への支援にも貢献することになる。

文献

新たな社会的養育の在り方に関する検討会（2017）．新しい社会的養育ビジョン（https://www.mhlw.go.jp/file/05-Shingikai-11901000-Koyoukintoujidoukateikyoku-Soumuka/0000173888.pdf）

犯罪被害者等基本法（2004）．犯罪被害者等基本法

伊藤冨士江・石井（滝口）涼子（2013）．日本における犯罪被害者支援の現状と課題　上智大学社会福祉研究, 37, 31-41.

門田隆将（2008）．なぜ君は絶望と闘えたのか――本村洋の3300日――　新潮社

本村洋・本村弥生（2007）．天国からのラブレター　新潮社

大原天青・平野悠（2019）．新聞記事の分析から捉える非行と虐待の関連　富田拓（編）平成29年度研究報告書 児童虐待に関する文献研究――非行と児童虐待――　子どもの虹情報研修センター

社会福祉専門職団体協議会（社専協）国際委員会（2016）．ソーシャルワーク専門職のグローバル定義と解説（https://www.jacsw.or.jp/06_kokusai/IFSW/files/SW_teigi_01705.pdf）

滝口涼子・伊藤冨士江（2010）．犯罪被害者遺族の被害者運動参加――エンパワメント・アプローチに着目して――　社会福祉学, 50(4), 55-68.

筒井孝子（1997）．公的介護保険制度における要介護度認定の考え方――全国60地域で行われた要介護認定結果を基に――　社会福祉学, 38(2), 36-52.

筒井孝子（1999）．良質な介護サービス提供体制の確立――国・都道府県の役割と新たなシステムの構築（特集：介護保険制度の創設と公衆衛生）――　公衆衛生研究, 48(1), 17-22.

筒井孝子（2000）．要介護認定の仕組みとその考え方（4）要介護認定システム開発のプロセス　保健婦雑誌, 56(4), 332-338.

全国犯罪被害者の会（2018）．（http://www.navs.jp/introduction/introduction.html）

あとがき

　本書では情緒や行動上の問題を示す子どもとその家族を対象とした理解の方法と支援の進め方を，理論とともに具体的に説明した，筆者にとっては初めての単著である。実践と研究と教育（研修）をつなぐことに取り組んできた筆者にとって，これまで関わってきた多くの子どもや保護者からの学び，職場の同僚，指導を得てきた先生方からの教えが本書に反映されている。子どもの支援や教育に関わる多くの方にこの内容を届けることができれば，真に実践と研究と教育をつなぐことになるのではないか，そんな思いから執筆に取り組んだ。

　筆者が初めて情緒や行動上の問題を示す子どもに出会ったのは 10 年以上前のことである。怒りを引き出すような挑発的な言動や，他児への攻撃性など，当時学生であった筆者には理解することができなかった。特に，ある関わりの難しい子どもとの出会いが，筆者の実践での取り組みのスタートであり，リードの提唱するリサーチと実践をつなぐプラクティショー・リサチャーモデルを志向するきっかけでもあった。

　この 10 年間の実践と理論やリサーチとの統合，リサーチをふまえた実践的取組みおよび研究の多くは，ソーシャルワークを専門とする伊藤冨士江先生（上智大学）にご指導をいただきながら整理してきた。本書をまとめる過程では，課題中心アプローチや非行領域における家族合同ミーティングの取り組みなど伊藤先生が専門としてこられた取り組みを，自然と実践の中に組み込んでいることを実感することにもなった。とはいえ筆者の力不足から，先生からすれば多くの不十分な点が本書に残されていると思う。この点は筆者の今後の課題とし，まずこれまでの実践と研究に関するご指導に深く感謝したい。

　これまで多くのことを教えてくれた逆境的体験を抱える子どもと家族，現場で時に厳しく時に温かく指導をしてくださった職員の皆様にも感謝を伝えたい。特に前国立武蔵野学院長相澤仁先生（現大分大学）には実践においても困ったときには的確なコメントをいただき，悩みの渦から救われたことが何度もあった。また，2016 年から生活場面面接研究会を主宰してくださり，本書執筆の「生活場面面接（version 1)」の内容を児童自立支援施設版へと更新し，研修メンバーとの議論の場を作ってくださったことにも感謝したい。

　また，国立武蔵野学院では富田拓先生（北海道家庭学校・児童精神科医）から日々子どもや家族の見立てと対応についてご指導いただき，青木建先生（国立武

蔵野学院院長）からは仕事への取り組み方法や法制度についてご指導いただいていることに深く感謝したい。さらに，実践と研究をつなげる取り組みの過程では，不甲斐ない筆者に対してご多忙であるにもかかわらず，快く根気強くいつもご指導をいただいている松浦直己先生（三重大学），萩生田伸子先生（埼玉大学），小林真理子先生（放送大学），鈴木崇之先生（東洋大学）にも感謝を述べたい。

　本書の執筆内容には，日本学術振興会奨励研究費や公益財団法人日工組社会安全研究財団若手研究助成をはじめ複数の研究成果の一部が含まれている。こうした実践と研究を支援してくれた各機関にも感謝を述べたい。

　最後に，本書のきっかけをつくっていただいた故楡木満生先生，丁寧なご助言や編集をしていただいた金子書房編集部の井上誠氏をはじめ，これまでに様々な機会でお世話になった方々に深く感謝したい。

　本書が，困難を抱える子どもや家族を支える方々にとって，少しでもヒントになれば幸いである。

2019 年 6 月　大原天青

●著者紹介

大原　天青（おおはら　たかはる）

国立武蔵野学院・厚生労働技官

上智大学大学院総合人間科学研究科博士後期課程・博士（社会福祉学）。

専門はソーシャルワーク・福祉心理学・非行臨床。

主な著書として『ソーシャルワークと修復的正義――癒しと回復をもたらす対話，調停，和解のための理論と実践――』（分担翻訳　エリザベス・ベック，ナンシー・P・クロフ，バメラ・ブラム・レオナルド著　林浩康編　明石書店　2012），『社会的養護内容』（分担執筆　相澤仁・村井美紀編　中央法規出版　2015），『司法福祉入門――非行・犯罪への対応と被害者支援――』（分担執筆　伊藤冨士江編　上智大学出版　2015）など。

感情や行動をコントロールできない子どもの理解と支援

児童自立支援施設の実践モデル

2019年10月29日　初版第1刷発行　　　　　　　　　　検印省略

著　　者	大原天青
発　行　者	金子紀子
発　行　所	株式会社 金子書房

〒112-0012　東京都文京区大塚3-3-7
TEL03-3941-0111（代）　FAX03-3941-0163
振替　00180-9-103376
URL　http://www.kanekoshobo.co.jp

印刷／藤原印刷株式会社
製本／一色製本株式会社